“十四五”职业教育国家规划教材

辽宁省职业教育“十四五”首批规划教材

“十二五”职业教育国家规划教材

经全国职业教育教材审定委员会审定

新编21世纪高等职业教育精品教材·电子商务类

电子商务应用与运营

（第四版）

主　编／相成久

副主编／张晓娟　刘　齐　金　薇

金　盾　苏　莉　史迎新

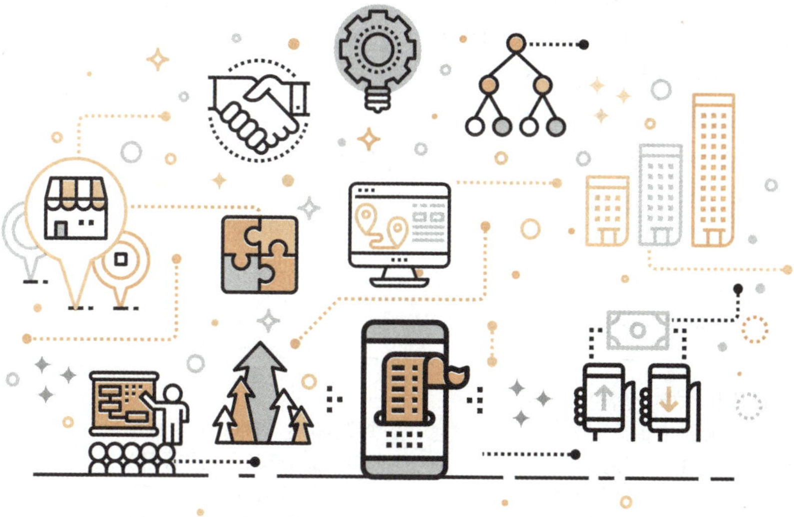

立德树人　案例生动　内容丰富　资源立体

中国人民大学出版社

·北京·

图书在版编目（CIP）数据

电子商务应用与运营 / 相成久主编 . --4 版 . --北京：中国人民大学出版社，2024.4
新编 21 世纪高等职业教育精品教材. 电子商务类
ISBN 978-7-300-32364-0

Ⅰ.①电… Ⅱ.①相… Ⅲ.①电子商务—运营管理—高等职业教育—教材 Ⅳ.①F713.365.1

中国国家版本馆 CIP 数据核字（2023）第 233478 号

"十四五"职业教育国家规划教材
辽宁省职业教育"十四五"首批规划教材
"十二五"职业教育国家规划教材
经全国职业教育教材审定委员会审定
新编 21 世纪高等职业教育精品教材·电子商务类

电子商务应用与运营（第四版）

主　编　相成久
副主编　张晓娟　刘　齐　金　薇　金　盾　苏　莉　史迎新

Dianzi Shangwu Yingyong yu Yunying

出版发行	中国人民大学出版社		
社　址	北京中关村大街 31 号	邮政编码	100080
电　话	010－62511242（总编室）		010－62511770（质管部）
	010－82501766（邮购部）		010－62514148（门市部）
	010－62515195（发行公司）		010－62515275（盗版举报）
网　址	http://www.crup.com.cn		
经　销	新华书店		
印　刷	北京溢漾印刷有限公司	版　次	2010 年 8 月第 1 版
开　本	787 mm×1092 mm　1/16		2024 年 4 月第 4 版
印　张	14.5	印　次	2025 年 1 月第 2 次印刷
字　数	295 000	定　价	48.00 元

前言
Preface

随着信息技术的快速发展，特别是移动互联网和新媒体技术的发展，电子商务近几年有了很大变化，也出现了不少新模式、新业态。比如移动电商成为主流，手机商城App、微信小程序商城广泛应用，社区团购深入生活，抖音、快手等视频内容电商成为风口，更多企业进军农业及生鲜电商等领域，物联网技术、质量追溯技术等新科技正与新零售融合。党的二十大提出："必须坚持科技是第一生产力、人才是第一资源、创新是第一动力，深入实施科教兴国战略、人才强国战略、创新驱动发展战略，开辟发展新领域新赛道，不断塑造发展新动能新优势。"可以预见，未来我国电子商务还会有更多的新领域、新模式。为了能让学生紧跟新时代电商发展的步伐，本次修订重新召集参编单位和企业对本书内容和课程资源进行了大量更新，将目前电商领域出现的新知识、新技能融入新版，同时结合课程思政把党的二十大的新思想、新任务、新目标浸润到教材内容中。

本次修订较前三版主要突出以下几个方面特点：

1. 本次修订进一步针对职业教育的类型特点，根据《国家职业教育改革实施方案》精神，通过深化产教融合、校企合作，让更多的企业人员参与到教材相关内容的开发中，通过校企"双元"合作开发教材，使得本书内容更贴近于企业典型岗位（群）职业能力要求。

2. 本次修订内容更加紧跟产业发展趋势和行业人才需求，将电商产业移动互联网时代发展的新技术、新规范写入教材内容，如5G的时代背景、微商的成熟、直播平台的兴起、社交电商的认同、兴趣电商的开启，通过更新使教材更具时代性和实践性。

3. 本次修订进一步完善了各项目学习任务单和学习任务考核单的设计，结合教师在多年的任务驱动教学法实践中发现的任务单和考核单设计的缺陷及总结出的好的教学设计，对其加以调整、补充。如：通过添加一些工作任务和小游戏把培养学生专业精神、创新创业精神、职业精神和工匠精神融入教材，同时将科教兴国战略、人才强国战略等融入教材，体现课程思政。

4. 本次修订紧紧围绕深化教学改革和"互联网＋职业教育"发展需求，探索立体化教材建设，如将一些知识链接设计成二维码的形式，让学生通过扫描二维码即可学习拓展知识。

5. 本次修订将课程建设与教材编写深入融合，将国家示范院校建设的电子商务应用与运营专业资源库与教材融合，同时，进一步更新完善教材配套资源包。相对第三版配套教学光盘，本次修订更新了相关视频资料和教学软件，并不再以光盘形式发行，而是在网络平台上发布，配套资源更丰富，教学内容安排和教学目的更紧密，更能体现“互联网＋教育”形式。

6. 本次修订编写人员及主要分工如下：

项目一：金盾；项目二：金薇、丁旭佳；项目三：刘齐、史迎新；项目四：刘齐、苏莉、张雷；项目五：相成久、李季；项目六：张晓娟、刘美玲、王木子；项目七：相成久、王小一。统稿：苏莉。

主　编：相成久（辽宁农业职业技术学院）
副主编：张晓娟（辽宁农业职业技术学院）
刘　齐（辽宁农业职业技术学院）
金　薇（常州工业职业技术学院）
金　盾（辽宁建筑职业技术学院）
苏　莉（营口市农业工程学校）
史迎新（辽宁农业职业技术学院）
参　编：刘美玲（辽宁农业职业技术学院）
李　季（辽宁农业职业技术学院）
王木子（辽宁农业职业技术学院）
王小一（辽宁农业职业技术学院）
丁旭佳（沈阳京东世纪贸易有限公司）
张　雷（辽宁京邦达供应链科技有限公司）

编者

目录
Contents

项目一　电子商务初识与体验…… 01
学习任务一　电子商务初识…… 03
学习任务二　电子商务体验…… 15
项目二　上网行为分析与电子商务盈利模式…… 25
学习任务一　上网行为分析…… 27
学习任务二　电子商务盈利模式…… 39
项目三　电子银行与电子支付…… 51
学习任务一　电子银行…… 53
学习任务二　电子支付…… 61
项目四　电子商务应用模式…… 72
学习任务一　C2C 电子商务模式…… 74
学习任务二　B2C 电子商务模式…… 82
学习任务三　B2B 电子商务模式…… 90
学习任务四　O2O 电子商务模式…… 97
学习任务五　新兴电子商务模式…… 106
项目五　电子商务物流配送…… 121
学习任务一　现代电子商务物流模式…… 123
学习任务二　电子商务物流解决方案…… 135
项目六　电子商务运营…… 143
学习任务一　平台电商运营…… 145
学习任务二　社交电商运营…… 181
学习任务三　直播（短视频）电商运营…… 195
项目七　电子商务安全与法规…… 209
学习任务一　电子商务安全技术…… 211
学习任务二　电子商务立法及相关法律…… 220

项目一 电子商务初识与体验

项目简介

21 世纪是一个以数字化、网络化为特征，以网络通信为核心的信息时代。电子商务作为一种新的商业模式，带动了经济结构的变革，对现代经济活动产生了巨大影响。电子商务是建立在电子技术和网络技术基础上的商业运作模式，是利用电子技术所提供的工具手段实现其操作过程的商务活动。

本项目主要有电子商务初识和电子商务体验两个学习任务。学生可通过具体的学习任务，借助互联网资源和教学资源包提供的资料展开自学，也可以和同学进行讨论交流，从而对电子商务产生兴趣，进而真正认识电子商务。

项目目标

★知识目标：

1. 了解电子商务的定义及基本组成要素；
2. 掌握电子商务的功能与特点；
3. 了解电子商务的发展历程；
4. 掌握电子商务的分类；
5. 了解电子商务的框架结构。

★能力目标：

1. 能够分析电子商务发展的现状及趋势；
2. 能够掌握电子商务的主要行业应用。

★素养目标：

1. 认识电子商务对促进我国经济社会发展的重要性，增强创业意识，提高创业能力；
2. 增强对我国电子商务行业发展的自信。

项目实施

通过案例分析、学生自学、小组合作、课堂讨论等形式，教师作为组织者、指导者和共同学习者，与学生共同完成本项目的学习，并进行总结。

引导案例

大学生电商创业，年收入 50 万元，成为学校创业明星

大学是一个充满各种挑战和诱惑的大世界，有些人抵抗不了各种诱惑，虚度了自己的大学生活，而积极乐观的小杨则选择了自主创业。小杨的家庭不算富裕，父母对他的期望比较高，但是小杨的学习成绩一直都不理想。高考的时候，小杨没能达到本科院校需要的成绩，最终考入了一家高职院校。

小杨有自己的梦想。大一开学没多久，小杨就开始在校内捡矿泉水瓶、易拉罐卖钱，然而，被说成是“捡垃圾的”让小杨大受打击。之后，他又找了一条稍“高端”的路线，到学生宿舍推销义乌产品——某品牌袜子。后来，在朋友的推荐下，小杨开始转战淘宝，而他所拥有的创业成本只是 1 辆自行车与 500 元生活费。

万事开头难，在淘宝网申请了账号后，他拿出了身上仅有的 500 元，又向同学借了 1 000 元，凭着这 1 500 元，他到商贸城进货，开始经营自己的网上店铺。刚开始小杨的店铺问津者寥寥。开张的第二天晚上，小杨发现有一名客户下了订单。客户选购了一件产品，如果发货，他只能赚 0.5 元。但小杨没有放弃，为赚这 0.5 元，他舍不得坐公交车，而是步行送货，因为坐公交车要花 1.5 元，那这单生意就亏本了。

无论客户大小，服务和信誉都不能打折。在实现了零的突破后，小杨更加注重把握营销方向、价格定位、产品质量。渐渐地，他开始从事化妆品销售，业务量稳步上升，最终稳定在每天 100 多笔订单、每月 2 万多元的销售额。

依托义乌的化妆品产业集群，小杨能以很便宜的价格进货，凭借价格优势他的淘宝店铺订单量节节攀升。现在小杨已成为该高职学院的创业明星，他每年的电商收入也达到了 50 万元。

思考：

1. 网上开的店与传统店铺一样吗？为什么小杨能赚到钱？
2. 网上开店就是电子商务吗？你如何理解电子商务？

学习任务一 电子商务初识

学习任务单 1－1

学习情境	出于对电脑和网络的热爱，小米报考了电子商务专业，可是她并不知道什么是电子商务，只是听人说电子商务是个热门专业，可以在网上赚到钱，她也听说很多人网上“淘金”赚到了钱。小米也想网上“淘金”，打算将来毕业之后从事电子商务，做个“白领”，或者开个网店创业，可是做这些需要哪些知识和技能？电子商务到底能干什么？它有哪些形式？对此小米都很模糊。你能告诉小米吗？
环境需求	1. 互联网接入。 2. 计算机（每人一台）。 3. 央视财经 3 分钟短片，感受 20 年中国电商发展与国人消费方式的巨变；央视财经评论：《第 11 个“双 11” 今年有啥不一样?》（教学资源包提供）。 4. 百度搜索引擎使用说明书（教学资源包提供）。 5. 学习任务考核单（可在教学资源包中下载电子版）。
任务描述	任务 1： 观看录像，调查同学中有过网上购物经历的比例，并请同学们谈谈网上购物的经历和对电子商务的初步理解。 任务 2： 利用搜索引擎（百度、搜狗等）搜索电子商务的含义、发展历史及现状，结合自身的理解，说说什么是电子商务，并填写学习任务考核单（要用自己的语言描述）；将电子商务发展的历史以时间段的形式填入学习任务考核单；将近年的电子商务发展现状以交易额数据的形式填入学习任务考核单。 任务 3： 通过网络了解目前社会对电子商务人才的需求情况，从教学资源包中下载《电子商务人才岗位需求调查统计表》，仔细阅读，了解你适合哪些岗位或者你将来想从事哪个岗位的工作，确定你学习的个人偏好并填入学习任务考核单。 以上任务建议 2 学时完成。
素养提升	学习“素养提升站”内容，思想和行动紧随党的二十大科教兴国战略、人才强国战略、创新驱动发展战略要求，树立创新意识，努力学习实践，使自己成为新时代中国式现代化建设的栋梁之材。
任务间歇	播放励志 MV《我真的很不错》（教学资源包提供）。
课堂讨论	你在大学期间想开网店创业吗？

续表

小调查	1. 你在网上购过物吗？ □没有 □购过 2. 如果网购过，你购买的是哪类商品？（可多选） □服饰 □鞋帽 □化妆品 □电器 □食品 □家具 □其他 3. 你在大学期间想开网店吗？ □很想 □看情况吧 □不想 □无所谓
任务拓展	根据你确定的学习偏好，到图书馆借阅相关书籍。

学习任务考核单 1－1

组名： 编号：1－1

序号	任务	分值	总结与归纳	成绩
1	你的购物经历。	10 分		
2	电子商务的定义。	20 分		
3	电子商务的发展史。	30 分		
4	电子商务的发展现状。	30 分		
5	你喜欢的电子商务岗位有哪些？	10 分		
合 计				

理论充电站

一、电子商务的定义

“电子商务”是一个外来词，最早由“Electronic Commerce”（E-Commerce 或 EC）翻译而来。后来国际商业机器公司（IBM）等公司提出了“Electronic Business”（E-Business 或 EB）。但迄今为止，人们对电子商务的理解尚未统一，不同组织、IT 公司、学者等都依据自己的理解和需要为电子商务做出了不同的定义。

（一）国际组织对电子商务的定义

1. 国际商会（ICC）对电子商务的定义

1997 年 11 月 6 日至 7 日，国际商会在法国巴黎举行了世界电子商务会议，从商业角度给出了电子商务的定义：电子商务是指对整个贸易活动实现电子化。

2. 经济合作与发展组织（OECD）对电子商务的定义

OECD 认为，电子商务是发生在开放网络上的包含企业之间（Business to Business）、企业和消费者之间（Business to Consumer）的商业交易。

（二）世界著名 IT 公司对电子商务的定义

1. IBM 公司对电子商务的定义

IBM 公司认为，电子业务（E-Business，EB）的概念包括三个部分：内联网（Intranet）、外联网（Extranet）和电子商务（E-Commerce，EC）。它所强调的是网络计算环境下的商业化应用。

2. 英特尔（Intel）公司对电子商务的定义

Intel 公司认为，电子商务＝电子化市场＋电子化交易＋电子化服务。

（三）我国学者对电子商务的定义

从上述定义可以看出，电子商务是一个不断发展的概念，人们从不同角度各抒己见，都有其科学之处。我国学者从广义和狭义两个方面给出了电子商务的定义。

1. 广义的电子商务

广义的电子商务一般用 EB 表示，是指各行业、各部门（包括政府机构和企业、事业单位）、各种业务的电子化和网络化。在这个定义下，电子商务又可以称为电子业务，泛指现代的一种经营手段和经营理念，包括电子政务、电子军务、电子教务、电子商务、电子医务、电子公务、电子事务、电子家务等。

小提示

目前，许多学校的网络教学模式、远程教学模式都属于广义的电子商务。

2. 狭义的电子商务

狭义的电子商务一般用 EC 表示，是指人们利用电子化手段进行的以商品交换为中心的各种商务活动，如企业与企业、企业与消费者利用计算机网络进行的以商品交换为中心的各种商务活动。此种意义的电子商务也可以称为电子交易，它包括网络营销、网络广告、网上洽谈、电子购物、电子支付、电子结算等不同层次、不同程度的电子商务活动。人们一般理解的电子商务是指狭义上的电子商务。

无论是广义的还是狭义的电子商务的概念，都涵盖了两个方面的内容：一是离不开互联网这个平台，没有了网络，就称不上是电子商务；二是通过互联网完成的是一种商务活动。

深度解码

新零售

（四）电子商务的概念模型

电子商务的概念模型是对现实世界中电子商务活动的一般抽象描述，它由电子商务实体、电子市场、交易事务和信息流、商流、资金流、物流等基本要素组成，如图 1－1 所示。

在电子商务概念模型中，电子商务实体是指能够从事电子商务的客观主体，如企业、银行、商店、认证中心、政府机构和个人等；电子市场是指电子商务实体从

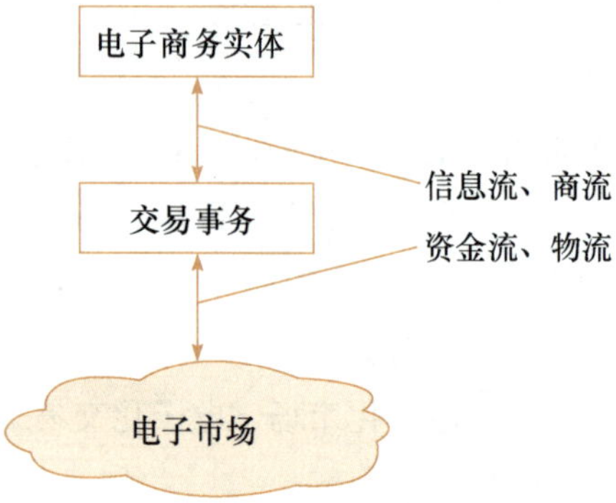

图 1-1　电子商务的概念模型

事商品和服务交换的场所，它由各种各样的商务活动参与者利用各种接入设备（计算机、个人数字助理等）和网络连成一个统一的整体；交易事务是指电子商务实体之间所开展的具体的商务活动的内容，如询价、报价、转账支付、广告宣传、商品运输等。

电子商务中的每一笔交易一般都包含四种基本“流”，即信息流、商流、资金流和物流。

（1）信息流是为服务于商流和物流所进行的信息活动的总称，既包括商品信息的提供、促销行销、技术支持、售后服务等内容，也包括诸如询价单、报价单、付款通知单、转账通知单等商业贸易单证，还包括交易双方的支付能力、支付信誉等。

（2）商流是指商品在购、销双方之间进行交易和商品所有权转移的运动过程。具体是指商品交易的一系列活动，包括交易前的商品宣传、用户选择及双方的谈判磋商，交易中的规则确认（合同）及订货、发货过程，交易后的服务行为等，往往涉及商检、税务、海关、运输等环节。

（3）资金流主要是指资金的转移过程，包括付款、转账、兑换等过程。它始于消费者，终于商家账户，中间可能经过银行等金融部门。

（4）物流主要是指商品和服务的配送和传输渠道。它包括配送、运输、保管、包装、装卸等多项活动。物流可以在线完成，也可以离线完成。

在电子商务环境下，信息流、商流和资金流的处理都可以通过计算机和网络通信设备来实现。而物流作为电子商务四种“流”中最为特殊的一种，是物质实体（商品和服务）的流动。

二、电子商务的基本组成

电子商务的基本组成要素有计算机网络、用户、认证中心、物流配送中心、网上银行、商家等，如图 1-2 所示。

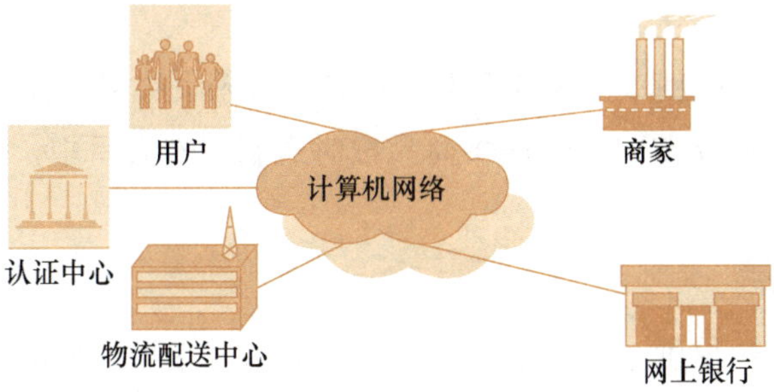

图 1-2　电子商务的基本组成要素

（一）计算机网络

计算机网络包括内联网（Intranet）、外联网（Extranet）和国际互联网（Internet）。

（1）Intranet 是企业内部商务活动的网络平台，是一个组织内部通过使用 Internet 技术实现通信和信息访问的方式。

（2）Extranet 是一个公共网络连接了两个或两个以上的贸易伙伴，是一个用 WWW（World Wide Web，万维网）构筑的商务系统，是企业对企业的 Web，更是企业与企业、企业与个人进行商务活动的纽带。

（3）Internet 是全球网络的集合，是连接众多网络的网络，它是电子商务的基础，也是商务、业务信息传送的载体。

知识拓展

国际互联网、内联网、外联网之间的区别和联系

（二）用户

电子商务用户可分为个人用户和企业用户。

（1）个人用户通过使用浏览器、电视机顶盒、个人数字助理、可视电话等接入 Internet，可获取信息、购买商品和服务、借助中介网络平台发布产品信息并销售产品、利用即时沟通工具进行聊天交友和网游等娱乐活动。

（2）企业用户通过建立企业内联网、外联网和企业管理信息系统（MIS），可对人、财、物、供、销、存进行科学管理。企业可利用 Internet 网页站点发布产品信息、接受订单，同时建立电子商场，在网上进行销售等商务活动，还可借助电子报关、电子报税、电子支付系统与海关、税务局、银行等机构进行有关的商务和业务处理。

（三）认证中心

电子商务是依靠网络进行的一种非面对面的商务活动，参与商务活动的各方出于交易安全的考虑希望能够确认对方的身份，因此身份识别是网上交易安全的首要问题，认证中心（CA）的产生正迎合了这一需要。

认证中心是电子商务交易安全的保障部门，是法律承认的权威机构，负责发放和管理电子证书，以便使网上交易的各方能够相互确认身份。电子证书是一个包含证书持有人个人信息、公开密钥、证书序号、有效期、电子签名等内容的数字文件。

（四）物流配送中心

物流配送中心接受商家的送货需求，组织运送无法从网上直接得到的商品，并在运输过程中跟踪商品流向，保证将商品按时送到消费者手中，如 EMS 快递、邮政的包裹业务等。

（五）网上银行

网上银行为用户提供 24 小时实时支付服务，并与信用卡公司合作，发放电子钱包，提供网上支付手段，为电子商务交易中的用户和商家服务，完成网上支付。

（六）商家

商家即提供商品和服务的用户或店铺。

三、电子商务的功能与特点

（一）电子商务的功能

通过 Internet，电子商务可提供网上交易和管理的全过程服务，它具有对企业和商品的广告宣传、交易的咨询洽谈、客户的网上订购、网上支付、电子账户、销售前后的物流服务、客户的意见征询、对交易过程的管理等各项功能。

1. 广告宣传

在电子商务过程中，企业可凭借 Web 服务器和客户的浏览器，在 Internet 上发布各类商业信息。客户可借助网上的检索工具迅速地找到所需商品信息，而商家可利用网上主页（Home Page）和电子邮件（E-mail）在全球范围内做广告宣传。与以往的各类广告相比，网上的广告成本最为低廉，但给客户提供的信息却最为丰富。

2. 咨询洽谈

在电子商务过程中，交易双方可借助非实时的电子邮件、新闻组（News Group）和实时的讨论组（Chat）来了解市场和商品信息，洽谈交易事务，如有进一步的需求，还可用网上的白板会议（White-board Conference）以图形的形式来进行即时的交流。网上的咨询和洽谈能超越人们面对面洽谈的限制，提供多种方便的异地交谈形式。

3. 网上订购

在电子商务过程中，客户可借助 Web 中的邮件交互传送实现网上订购。通常，在产品介绍页面上都会提供十分友好的订购提示信息和订购交互格式框。当客户填完订购单后，系统会回复确认信息单来保证订购信息的收悉。订购信息也可采用加密的方式，使客户和商家的商业信息不被泄露。

4. 网上支付

电子商务要成为一个完整的过程，网上支付是一个重要环节。客户和商家之间可采用信用卡账号进行支付。在网上直接采用电子支付手段可以省去交易中很多人员的开销。网上支付也需要更为可靠的信息传输安全性控制以防止欺骗、窃听、冒用等非法行为。

5. 电子账户

网上支付需要电子金融的支持，即银行或信用卡公司及保险公司等金融单位要提供网上操作的金融服务。而电子账户管理是其基本组成部分。信用卡账号或银行账号都是电子账户的一种标志，而其可信度需配以必要的技术措施来保证。如数字证书、数字签名、加密等手段的应用保证了电子账户操作的安全性。

6. 物流服务

在电子商务过程中，对已付款的客户应将其订购的货物尽快地传递到他们手中。有些货物在本地，有些货物在异地，需要在网络上进行物流的调配。而最适合在网上直接传递的货物是信息产品，如软件、电子读物、信息服务等，它们能直接从电子仓库中发送到客户端。

7. 意见征询

电子商务使得企业采用网页上的“选择”“填空”等格式文件来收集客户对其销售服务的反馈意见变得十分方便，这样企业的市场运营就能形成一个封闭的回路。客户的反馈意见不仅有助于提高企业售后服务的水平，更能使企业获得改进产品、发现市场的商业机会。

8. 交易管理

整个交易的管理涉及人、财、物等多个方面，包括企业和企业、企业和个人及企业内部等各方面的协调和管理。因此，交易管理是涉及电子商务活动全过程的管理。电子商务的发展将会提供一个良好的交易管理的网络环境及多种多样的应用服务系统，从而保障电子商务获得更广泛的应用。

（二）电子商务的特点

电子商务是在传统商务的基础上发展起来的，在信息技术的影响下，电子商务活动的方式呈现出新的特点。

1. 交易电子化

电子商务是通过互联网进行的商务活动，交易双方从收集信息、贸易洽谈、签订合同、货款支付到电子报关，无须当面接触，均可通过网络，运用电子化手段进行。

2. 贸易全球化

互联网打破了时空界限，把全球市场联结成一个整体。在网上，任何一个企业都可以面向全世界销售自己的产品，可以在全世界寻找合作伙伴，同时也要面对来自世界各地的竞争对手。

3. 运作高效化

由于实现了电子数据交换的标准化，商业报文能在瞬间完成传递与计算机自动处理，使电子商务克服了传统贸易方式费用高、易出错、处理速度慢等缺点，极大地缩短了交易时间，提高了商务活动的运作效率。互联网沟通了供求信息，企业可以对市场需求做出快速响应，提高产品设计和开发的速度，做到即时生产。

4. 交易透明化

互联网上的交易是透明的，通过互联网，买方可以对众多的企业产品进行比较，这使得买方的购买行为更加理性，对产品的选择余地也更大。一些建立在传统市场分隔基础上、依靠信息不对称制定的价格策略将会失去作用。通畅、快捷的信息传输可以保证各种信息之间互相核对，防止伪造单据和贸易欺骗行为。例如，网络招标体现了“公开、公平、竞争、效益”的原则，电子招标系统可以避免招投标过程中的“暗箱”操作现象，制止不正当交易、贿赂投标等腐败行为；实行电子报关与银行的联网有助于杜绝进出口贸易的假出口、偷漏税和骗退税等行为。

5. 操作方便化

互联网几乎遍及全球的各个角落，客户通过网络可以很方便地与贸易伙伴传递商业信息和文件。在电子商务环境中人们不再受时间和地点的限制，客户能以非常简便的方式完成过去手续繁杂的商务活动，如可以随时上网查询信息、通过网上银行全天候划拨资金、足不出户订购商品、跨越国界进行贸易洽谈等。

6. 部门协作化

电子商务要求企业内部各部门、生产商、批发商、零售商、银行、配送中心、通信部门、技术服务部门等各方之间通力协作。电子商务是协作经济，网络技术的发展，使得企业间的合作完全可以如同企业内部各部门间的合作一样紧密，企业无须追求“大而全”，而应追求“精而强”。企业应该集中于自己的核心业务，把自己不具备竞争优势的业务外包出去，通过协作来提高竞争力。

7. 服务个性化

到了电子商务阶段，企业可以进行市场细分，针对特定的市场生产不同的产品，为消费者提供个性化服务。这种个性化主要体现在三个方面：个性化的信息、个性化的产品、个性化的服务。个性化的信息主要是指企业可以根据客户的需求与爱好有针对性地提供商品信息，也指消费者可以根据自己的需要有目的地检索信息；个性化的产品主要是指企业可以根据消费者的个性化需求来定制产品；个性化的服务则包括服务定制与企业提供的针对性服务信息。

四、电子商务的发展历程

到目前为止，电子商务的发展大致经历了四个阶段：基于电子数据交换的电子商务；基于互联网的电子商务；基于普及移动通信技术的电子商务；新媒体电子商务。

（一）第一阶段：基于电子数据交换的电子商务

电子数据交换（Electronic Data Interchange，EDI）是信息技术向商业贸易领域渗透的产物。20 世纪 60 年代，随着国际贸易的快速发展，各种贸易单证、文件数量激增。此时，人们主要利用电报来发送商务文件，十分不便。到了 70 年代，传真机的出现代替了电报，使得数据交换更加快捷和方便。但是，传真的信息只能进行纸面打印，不能直接进入企业的管理信息系统中。因此，人们开始使用 EDI 技术作为企业间电子商务的数据通信手段。EDI 一经出现便显示出了强大的生命力，迅速在世界各主要发达国家应用开来。EDI 是企业与企业间电子商务活动的重要手段，即使是在 Internet 风靡世界的今天，在国际贸易中，交易双方的商业文书仍然大多采用 EDI 技术传输，它更能让企业感觉到安全和放心。

EDI 是将企业的商务文件按一个公认的标准从一台计算机传输到另一台计算机上去的电子传输方法。由于 EDI 大大减少了纸质票据的使用，因此，人们形象地称基于 EDI 的电子商务为“无纸贸易”或“无纸交易”。

（二）第二阶段：基于互联网的电子商务

由于使用增值网（Value-added Network，VAN）的费用很高，只有大型企业才会使用，因此限制了基于 EDI 的电子商务应用范围的扩大。20 世纪 90 年代中期后，互联网迅速走向普及化，逐步地从大学、科研机构走向企业和普通家庭，它也从一种信息共享的手段演变为一种大众化的信息传播工具。正是由于商业和公众的加入，互联网才有了今天的成就和辉煌。

基于互联网的电子商务才是真正完整意义上的电子商务，这是因为互联网有着比 EDI 电子商务更多的优势，这些优势主要体现在以下方面：

深度解码

互联网与电子商务

（1）成本更低廉：由于互联网是国际的开放性网络，使用费用很便宜，一般来说，其费用不到 VAN 的四分之一。这一优势使得许多企业尤其是中小企业对互联网很感兴趣。

（2）覆盖面更广：互联网几乎遍及全球的各个角落，用户通过普通电话线就可以很方便地与贸易伙伴传递商业信息和文件。

（3）功能更全面：互联网可以全面支持不同类型的用户实现不同层次的商务目标，如发布电子商情、在线洽谈、建立虚拟商场或网上银行等。

（4）使用更灵活：基于互联网的电子商务可以不受特殊数据交换协议的限制，任何商业文件或单证都可以直接通过填写与现行的纸质单证格式一致的电子单证来完成，不需要再进行翻译，任何人都能看懂或直接使用。

（三）第三阶段：基于普及移动通信技术的电子商务

深度解码

移动电子商务迭代

21 世纪初移动通信技术的迅猛发展和普及，使通过手机、PDA（个人数字助理）、上网本等移动通信设备与互联网有机结合进行电子商务活动成为可能，移动设备提供了一种简单的、易于操作的界面，使用户能轻松介入全球数字化经济。通过移动电子商务，用户可随时随地获取所需的服务、应用、信息和娱乐。他们可以在自己方便的时候，使用智能手机或 PDA、笔记本电脑等通信终端查找、选择及购买商品和服务，如用手机在网上订餐（见图 1 - 3）。采购可以即时完成，商业决策也可以即时实施。服务付费可通过多种方式进行，可直接转入银行、用户电话账单或者实时在专用预付账户上借记以满足不同需求。通过个人移动设备来进行可靠的电子交易被视为移动互联网业务最重要的一种能力。

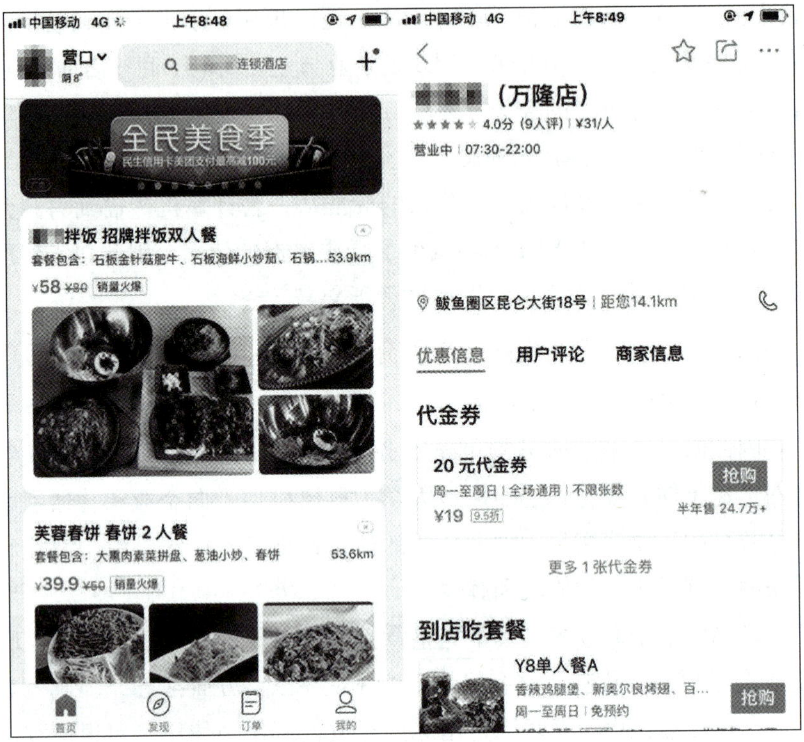

图 1-3　用手机在网上订餐

移动电子商务因其快捷、方便、无所不在的特点，已经成为电子商务发展的新方向。移动电子商务市场从长远看具有超越传统电子商务规模的潜力，这是因为移动电子商务具有一些无可匹敌的优势，它能在任何地方、任何时间真正解决做生意的问题。

小提示

21 世纪初期，当传统零售企业还未觉察到电子商务对整个商业生态圈可能产生的颠覆性作用之时，以淘宝、京东等为代表的电子商务平台破土而出。电子商务发展到今天，已经在中国零售市场上占据了主导地位。随着“新零售”模式的逐步落地，线上和线下将从原来的相对独立、相互冲突逐渐转化为相互促进、彼此融合，电子商务的表现形式和商业路径必定会发生根本性的转变。当所有实体零售都具有明显的“电商”基因特征之时，传统意义上的“电商”将不复存在，而人们现在经常抱怨的电子商务给实体经济带来的严重冲击也将成为历史。

（四）第四阶段：新媒体电子商务

新媒体电子商务即采用短视频、直播、微信、微博、社群等新媒体手段建立起商品展示和变现通道，实现商品在线销售的电子商务模式。新媒体电子商务主要是通过新媒体手段在线唤起消费者的消费意愿，并促使其完成购买行为。现在新媒体电子商务存在着两大阵营。一个是由新媒体营销这条路发展而来的新媒体短视频直播平台，典型代表是抖音、快手。它们是从新媒体的方向出发，随着发展加入了网络交易的部分模块而形成的新媒体电商。这类新媒体电商的核心是新媒体，暂称作“新媒体＋电商”行列。另一个则由传统的平台电商发展而来，在平台电商的基础上附加新媒体的引流部分，实现引流变现、合二为一，暂称作“电商＋新媒体”行列。

素养提升站

科教兴国战略、人才强国战略、创新驱动发展战略

在党的二十大报告中，习近平总书记强调，必须坚持科技是第一生产力、人才是第一资源、创新是第一动力，深入实施科教兴国战略、人才强国战略、创新驱动发展战略，开辟发展新领域新赛道，不断塑造发展新动能新优势。教育是国之大计、党之大计。我们要坚持教育优先发展、科技自立自强、人才引领驱动，加快建设教育强国、科技强国、人才强国，坚持为党育人、为国育才，全面提高人才自主培养质量，着力造就拔尖创新人才，聚天下英才而用之。

党的二十大报告强调，从现在起，中国共产党的中心任务就是团结带领全国各族人民全面建成社会主义现代化强国、实现第二个百年奋斗目标，以中国式现代化全面推进中华民族伟大复兴。那么，实现中国式现代化的第一动力是什么？是创新。

视界瞭望台

聚焦二十大：科教兴国助力中国式现代化

在党的二十大报告中，“创新”出现多达几十次，是最热的高频词之一。习近平总书记强调，贯彻新发展理念是新时代我国发展壮大的必由之路。必须坚持创新是第一动力，坚持创新在我国现代化建设全局中的核心地位。报告还提出，到2035年要实现“高水平科技自立自强，进入创新型国家前列”，建成科技强国的总体目标。

因此，作为新时代的职业教育学生，我们一定要培养科技强国观念，努力学习实践，养成精益求精的工匠精神和勇于改革与创新的精神。

素养提升小锦囊

“不积跬步，无以至千里；不积小流，无以成江海”，无论是学习还是创业，都是循序渐进的过程，只有脚踏实地、坚持不懈，才能得到自己想要的结果。

行动指南针

百度搜索的使用方法

常用的搜索引擎主要有百度（https://www.baidu.com）、搜狗（https://www.sogou.com）、360 搜索（https://www.so.com）等，其中，百度是目前国内使用最多的搜索引擎。

百度搜索使用方法如下：

（1）在 IE 地址栏输入 https://www.baidu.com，打开百度首页。选择搜索内容类型，默认是网页。在搜索栏输入想要搜索内容的关键词，如“电子商务交易额”，如图 1－4 所示。

图 1－4 输入搜索内容关键词

（2）点击“百度一下”，即可看到搜索结果。更多使用方法可参看本书配套教学资源包提供的百度搜索使用技巧。

实践心体会

你还能列举出哪些搜索引擎？请将结果写到下面横线上。

____

____

____

学习任务二　电子商务体验

学习任务单 1-2

学习情境	通过上个任务的学习，小米明白了什么是电子商务，她对此非常感兴趣。可是电子商务到底能给人们带来哪些便利？现实中有哪些电子商务行为？电子商务与传统商务有什么区别？小米很想亲自体验一下，以加深对电子商务的了解。
环境需求	1. 互联网接入。 2. 计算机（每人一台）。 3. 个人邮箱（没有的可以申请）。 4. 学习任务考核单（可在教学资源包中下载电子版）。
任务描述	任务 1： 1. 访问天猫（https://www.tmall.com）、苏宁易购（https://www.suning.com）、京东商城（https://www.jd.com）、唯品会（https://www.vip.com）、考拉海购（https://www.kaola.com）等网站，观察网站的网页和栏目设置，选择一件喜欢的商品，在该网站注册为会员，登录并体验网上购物流程（可以真实购买，也可试探性购买），并把产品和订单号填入学习任务考核单。 2. 访问阿里巴巴（https://www.1688.com）和义乌购（https://www.yiwugo.com），观察网站的网页和栏目设置。 3. 访问淘宝网（https://www.taobao.com），观察网站的网页和栏目设置，注册会员，选择一类产品搜索查看，选择一家信誉级别高的店铺，下载安装在线交流软件阿里旺旺或 QQ 等与客服进行交流。有兴趣的可尝试真实购物。 4. 比较上述网站的异同，结合使用搜索引擎搜索出的有关“电子商务模式”的知识，对上述网站进行归类并填写学习任务考核单。 任务 2： 1. 用手机应用商城下载并安装天猫、京东、唯品会、拼多多 App，体验移动购物。 2. 用手机应用商城下载美团 App，了解该 App 的基本功能，若有需要可尝试通过手机在线订餐。 以上任务建议 4 学时完成。
素养提升	学习“素养提升站”内容，探讨如何进行购物评价。消费者应该树立诚信意识，合理合法给予客观评价；商家也应该增强质量意识，包括产品质量和服务质量。
任务间歇	播放励志 MV《步步高》（教学资源包提供）。
课堂讨论	你觉得上述哪个网站做得好？为什么？
小调查	1. 作为大学生，你的主要消费项目是什么？（可多选） □学杂费　□生活费　□交际娱乐　□手机费　□购买学习资料 □购买礼品　□其他 2. 你觉得以上哪些消费可以通过网络实现？（可多选） □学杂费　□生活费　□交际娱乐　□手机费　□购买学习资料 □购买礼品
任务拓展	在手机上安装淘特、拼多多、京喜 App，尝试进行商品比价。你觉得哪家价格更优惠？

学习任务考核单 1－2

组名： 编号：1－2

序号	任务	分值	总结与归纳	成绩
1	画出网上购物的一般流程图。	30 分		
2	你所选购商品的描述及订单号。	30 分		
3	在淘宝网站搜索店铺（名称、网址、等级）。	20 分		
4	网站归类。	20 分		
合　计				

理论充电站

一、电子商务的框架结构

电子商务的框架结构是指电子商务活动环境中所涉及的各个领域以及实现电子商务应具备的技术保证。从总体上来看，电子商务框架结构由四个层次和两大支柱构成。其中，四个层次分别是：网络层、信息发布与传输层、一般业务服务层和应用层；两大支柱包括公共政策和法律规范、技术标准和安全网络协议。具体如图 1－5 所示。

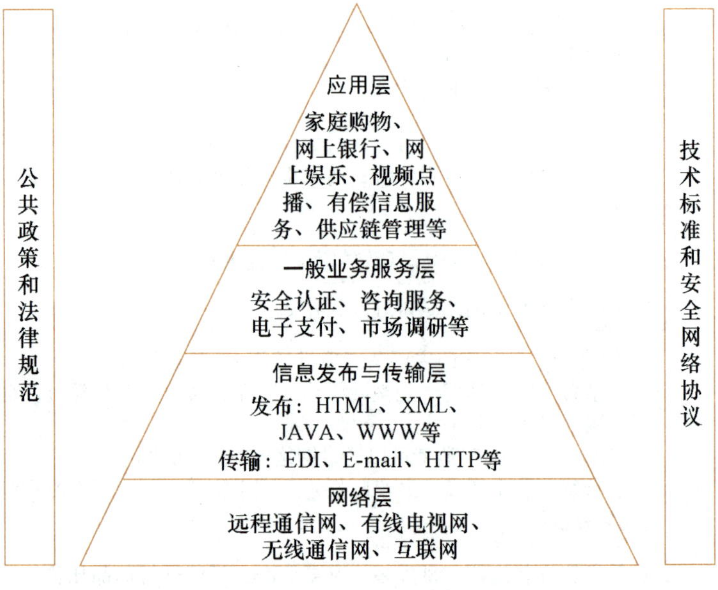

图 1－5　电子商务的框架结构

（一）网络层

这个层次主要是电子商务的硬件基础设施，也是实现电子商务的最底层的基本设施。网络基础设施主要是信息传输系统，包括远程通信网、有线电视网、无线通信网和互联网等。

远程通信网包括公用交换电话网、公用数据网、综合业务数据网等。

有线电视网是高效廉价的综合网络，它具有频带宽、容量大、多功能、成本低、抗干扰能力强、支持多种业务、连接千家万户的优势，它的发展为信息高速公路的发展奠定了基础。

无线通信网包括移动通信系统、微波通信系统和卫星通信系统。

互联网是计算机网络，由骨干网、城域网、局域网等层层搭建而成。

以上这些不同的网络都提供了电子商务信息传输的线路，但是，目前大部分的电子商务应用都是基于互联网的，所以互联网是网络基础设施中最重要的部分。

（二）信息发布与传输层

网络层决定了电子商务信息传输使用的线路，而信息发布与传输层则解决如何在网络上传输信息和传输何种信息的问题。它提供了以下两种交流方式：

（1）非格式化的数据交流，例如使用 Fax（传真）和 E-mail（电子邮件）传递消息，它的对象一般是人，需要人来干预。

（2）格式化的数据交流，例如使用 EDI（电子数据交换）传递消息，它的对象是机器，不需要人来干预，可以全部自动化。

目前互联网上最常用的信息发布方式是在 WWW 上用 HTML 语言的形式发布网页，并将 Web 服务器中发布和传输的文本、数据、声音、图像和视频等多媒体信息发送到接收者手中。从技术角度而言，电子商务活动的整个过程就是围绕信息的发布和传输进行的。

（三）一般业务服务层

一般业务服务层主要负责实现标准的网上商务活动服务，以方便网上交易。这个层次的服务是所有企业、个人做贸易时都会用到的。它主要包括安全认证、电子支付、市场调研、咨询服务等。

对电子商务来说，消息的传播要适合电子商务的业务要求，必须提供安全和认证机制来保证信息传递的可靠性、不可篡改性和不可抵赖性，且在有争议的时候能够提供适当证据。商务服务的关键问题就是安全的电子支付。目前，很多技术如密码技术、数字证书、SET 协议等都是为此服务的，后面我们会专门讨论电子商务中的安全与支付问题。

（四）应用层

在上述基础上，我们可以一步一步地建设具体的电子商务应用，如家庭购物、企业的网上采购、在线营销与广告、网上银行、网上娱乐、视频点播、有偿信息服务、电子交易市场、供应链管理等。

（五）公共政策和法律规范

法律维系着商务活动的正常运作，对市场的稳定发展起到了很好的制约和规范作用。进行商务活动，必须遵守国家的法律、法规和相应的政策，同时还要有道德和伦理规范的自我约束和管理，二者结合，共同发挥作用，才能使商务活动有序进行。

随着电子商务的产生和发展，由此引发的问题和纠纷不断增加，原有的法律法规已经不能适应新的发展环境，制定新的法律法规并形成一个成熟、统一的法律体系，成为世界各国发展电子商务的必然趋势。

（六）技术标准和安全网络协议

技术标准定义了用户接口、传输协议、信息发布标准等技术细节，它是信息发布、传递的基础，是网络信息一致性的保证。就整个网络环境来说，标准对于保证兼容性和通用性是十分重要的。

网络协议是计算机网络通信的技术标准，对于处在计算机网络中的两个不同地理位置上的企业来说，要进行通信，必须按照通信双方预先约定好的规程进行，这些双方共同约定的规程就是网络协议。

二、电子商务的分类

（一）按照参与电子商务交易的对象分类

按照参与电子商务交易的对象不同可将电子商务分为企业对企业的电子商务（B to B/B2B）、企业对消费者的电子商务（B to C/B2C）、消费者对消费者的电子商务（C to C/C2C）、政府对企业的电子商务（G to B/G2B）以及线上到线下（在线离线）的电子商务（O to O/O2O）等。

1. B to B/B2B

B to B（Business to Business），即企业对企业的电子商务，亦简称为 B2B。B2B 模式是电子商务中的重头戏，它是指企业在开放的网络中寻求贸易伙伴、谈判、订购到结算的整个贸易过程。目前采用 B2B 模式的电子商务平台主要以阿里巴巴、慧聪网等为代表。企业可以在网络上发布信息，寻找贸易机会，通过信息交流比较商品的价格和其他条件，详细了解对方的经营情况，选择交易对象。在交易过程中，企业可以迅速完成签约、支付、交货、纳税等一系列操作，加快货物和资金的流转。

2. B to C/B2C

B to C（Business to Consumer），即企业对消费者的电子商务，亦简称为 B2C。B2C 模式是我国最早应用的电子商务模式，以 8848 网上商城的正式运营为标志，目前采用 B2C 模式的电子商务平台主要以天猫、京东等为代表。在 B2C 模式下，企业通过互联网为消费者提供一个新型的购物环境——网上商店，消费者通过网络在网上商店里购物，这里的“物”包括实物、信息和各种售前与售后服务。这种模式节省了消费者和企业的时间和空间，大大提高了交易效率。目前 B2C 电子商务的付款方式是货到付款与网上支付相结合，而企业货物的配送，大多数选择物流外包方式以节约运营成本。随着消费者消费习惯的改变以及优秀企业示范效应的促进，网上购物消费者正在迅速增长，这种商业运营模式在我国已经基本成熟。

3. C to C/C2C

C to C（Consumer to Consumer），即消费者对消费者的电子商务，亦简称为 C2C。C2C 模式的产生以 1999 年易趣的成立为标志，目前采用 C2C 模式的电子商务平台主要以闲鱼、淘宝等为代表。C2C 模式是一种个人对个人的网上交易行为，目前 C2C 电子商务企业采用的运作模式是通过为买卖双方搭建拍卖平台，按比例收取交易费用，或者提供平台，方便个人在平台上开设网上商店，以会员制的方式收取服务费。

深度解码

C2C 从三足鼎立到一家独大

4. G to B/G2B

G to B（Government to Business），即政府对企业的电子商务，亦简称为 G2B。G2B 模式可以覆盖政府组织与企业间的许多事务，如政府采购等。政府采购是一种公共经济行为，其宗旨是降低成本，反腐倡廉，调控市场。通过政府采购，可以使政府的管理向透明化、高效率转型，同时在管理的取向上向科学化、服务性靠拢；政府通过提供企业报税、进出口报关、企业办事、招商投资、招标公告、中标公告等服务内容，向企业和个人投资者提供办事、政策、信用、财经、招标、投资、产业等方面的服务。

5. O to O/O2O

O to O（Online to Offline），即线上到线下（在线离线）的电子商务，亦简称为 O2O。O2O 模式是指线下销售与服务通过线上推广来揽客，消费者可以通过线上来筛选需求，在线预订、结算，甚至可以灵活地进行线上预订、线下交易和消费。这样就将线下商务的机会与互联网结合在一起，让互联网成为线下交易的前台。

深度解码

其他模式的电子商务

（二）按照电子商务所涉及商品的内容分类

按照电子商务所涉及商品的内容可将电子商务分为间接电子商务和直接电子商务。

1. 间接电子商务（有形商品电子商务）

有形商品指实体类商品，它的交易过程中所涉及的信息流和资金流完全可以在网上传输，买卖双方在网上签订购货合同后，还可以在网上完成货款支付。但交易的有形商品必须由卖方通过某种运输方式送达买方指定地点，所以有形商品电子商务还必须解决好货物配送的问题。有形商品电子商务不能完全在网上实现，又称非完全电子商务。

2. 直接电子商务（无形商品电子商务）

无形商品指软件、电影、音乐、电子读物、信息服务等可以数字化的商品，这类无形商品可以直接在网上联机订购、付款和交付或免费下载。无形商品电子商务与有形商品电子商务的区别在于，前者可以通过网络将商品直接送到购买者手中，而后者则不能完全在网上交付。无形商品电子商务完全可以在网上实现，又称完全电子商务。

（三）按照电子商务用户使用的设备终端分类

按照电子商务用户使用的设备终端不同可将电子商务分为传统电子商务与移动电子商务。

1. 传统电子商务

这是相对移动电子商务而言的，是指利用 PC 机（台式电脑、笔记本电脑等），通过互联网、内联网或 EDI 等有线网络所进行的电子商务。

2. 移动电子商务

这是指利用手机及掌上电脑等无线终端与互联网有机结合所进行的电子商务。它将互联网、移动通信技术、短距离通信技术及其他信息处理技术完美结合，使人们可以在任何时间、任何地点进行各种商贸活动。

深度解码

探索新型电子商务

三、电子商务的发展趋势

新一轮科技革命为电子商务创造了新场景，经济与社会结构变革为电子商务拓展了更广阔的空间，我国电子商务将步入规模持续增长、结构不断优化、活力持续增强的新发展阶段。因此，未来我国电子商务的发展将会出现以下趋势。

（一）移动购物

电子商务未来的主战场不是在 PC 上，而是在移动设备上。移动购物场景，已经成为目前消费场景中最重要的一部分。移动用户有很多特点，其中最重要的是购买的频次更高、更零碎，在碎片化的时间购买，随时随地通过手机购物。做好移动电子商务，要充分地利用移动设备的特征，比如它的扫描特征、图像和语音识别特征、感应特征、地理化特征、GPS 特征等。

（二）平台化

无论是大型的知名网站还是大型卖场，或者是做到一定规模的电商企业，都开始组建自有电商平台。自建电商平台可以最高效地把流量价值最大化，能够很好地结合自身的商品和服务，根据自身的产业特点建立最合适的网络商业生态，实现效益最大化。自建电商平台也可以拓展全新的网络渠道，与原有的渠道和资源相整合，其在留存客户、实现客户价值最大化方面的优势是传统商业模式不可比拟的。通过自建电商平台还能提高自身商品的丰富度，同时也能扩大销售区域，不再局限于某些地理位置。

（三）向三、四线及以下城市发展

随着一、二线城市网购渗透率接近饱和，电商城镇化、农村化将成为电商发展的重点，三、四线城市和乡镇等地区成为电商“渠道下沉”的主战场。电商在三、四线经济欠发达地区可以更好地发挥其优势，缩小其与一、二线城市的消费差别。目前，一些电商平台已经开始着手布局农村电商，在经济欠发达地区，农村电商将会拥有巨大的发展机会。

（四）物联网

随着各种智能设备的应用和普及，物联网的发展上了一个新台阶。物联网是利用局部网络和互联网等通信技术把传感器、控制器、机器、人员和物通过新的方式连在一起，使人与物、物与物相连，实现信息化、远程管理控制和智能化的网络。物联网是互联网的延伸，它包括了互联网上所有的资源，兼容互联网所有应用。通过物联网，消费者可以与商家进行便捷的互动交流，随时随地体验商品品质，传播分享信息，缔造一种全新的零接触、高透明、无风险的市场模式。未来，物联网将会是电商发展的一个新载体。

（五）社交购物

社交购物是一种集社交与购物于一体的新型网购模式，是指消费者通过各种 SNS 工具“晒”出自己所使用的商品和使用体验，看到的人因此而产生购买行为。社交即人与人的关系，社交对象可以是亲戚、朋友、同事、同学，也可以是有类似经历或者相同兴趣的人，甚至可以是消费者有一定信任感的意见领袖或者曾买过他希望购买的商品的其他消费者。消费者与他们由于某种关联打下了信任的基础，为影响他的购物决策埋下了伏笔。

随着微博、微信等 SNS 工具的迅猛发展，广大消费者可以很方便地在 SNS 上分享商品和自己的购物经验。大家互通有无，还可以一起讨论市场潮流，在交流中，消费者会做出最适合自己的购物选择。

素养提升站

如何看待网购差评?

随着网络时代的到来，网上购物已经成为主流消费方式。与之同步的是，购物评价机制也在不断完善，成为影响线上店铺信誉和口碑的重要指标。

你在网上购物时是否有过极度不舒适的体验，是否给过商家差评呢？你的差评是怎么写的呢？接下来我们来看一个案例：女子买坚果给差评被起诉索赔 5 万元。

新年之际，坚果礼盒成为众多家庭自用和送礼的首选。王霞（化名）在网上货比三家后，选定了一家价格比较优惠的店铺，购买了一盒坚果。下单后不久，王霞就收到了坚果礼盒的快递。满心欢喜地打开快递，结果却让王霞很失望，她感觉坚果的质量不佳，有的坚果上面还有些小坑，有的则是卖相不好，总之王霞很不满意。但是因为坚果已经拆开了，退货挺麻烦的，所以王霞唯一的维权手段就是给出自己的评价，以让店铺提高重视，并提醒其他消费者谨慎购买。

于是，王霞就在商品评价里写道：“速度快，包装跟往常都一样，但是打开后……我是买到假货了吗？还是整体质量下降了？看着坚果有坑的都比较害怕，会不会是老鼠磕掉的……蔓越莓干看着很差劲。记得之前有曝光卖假……介意的亲，慎拍，不差几十块，可以去官方买。”她还在评论里添加了五张照片佐证。

没想到，一石激起千层浪。这则评论一发出，王霞就收到了店铺的电话，目的就是让王霞删除差评。王霞不想把事情闹大，准备配合删除差评，但是却发现评价过了期限不能删除。

店铺认为王霞的行为属于造谣，于是起诉至法院，要求王霞删除差评，并且赔礼道歉、消除影响，赔偿经济损失 5 万元。

王霞做出差评的行为是自主评价行为还是恶意造谣呢？她的行为有没有侵犯到店铺的权利呢？围绕着这样的焦点问题，双方在法庭上展开辩论，最终法院做出了判决。

判决认定，王霞给出差评的行为不侵犯店铺的名誉权，无须承担民事责任，驳回店铺的全部诉讼请求。店铺上诉后，二审法院仍旧维持了一审判决。

差评能不能随意给，这是需要深入探讨的问题。旨在污蔑特定商家的恶意竞争行为肯定是不允许的，也是不被提倡的。在此之外，还是要给消费者自由评价的空间。那么这个案例给我们哪些启示呢？

1. 消费者有评价商品的权利，有权给予差评

消费者评价商品的权利是具有法律依据的。根据《消费者权益保护法》第 15 条第 1 款的规定，消费者享有对商品和服务以及保护消费者权益工作进行监督的权利。这项监督权利就意味着消费者可以对商品或者商家服务给予差评。《电子商务法》第 39 条第 1 款规定：电子商务平台经营者应当建立健全信用评价制度，公示信用评价规则，为消费者提供对平台内销售的商品或者提供的服务进行评价的途径。

2. 消费者监督权的边界：不可恶意捏造、诋毁

差评可以给，但是不能随意给。差评应当是理性的、客观的。比如王霞写的差评内容就比较客观：首先她描述的坚果质量问题有图片证实；在不确定的问题上使用的是疑问句，不是肯定句；肯定了快递速度，也反映出评论内容的客观性，不是一味否定。

如果恶意捏造事实、诋毁店铺，则会侵犯店铺的名誉权，属于侵权行为，要承担民事责任，比如恢复名誉、消除影响、赔偿损失、赔礼道歉等。

3. 差评要这样写才不会产生诉讼风险

评价一定要是客观的，习惯性好评是友好态度，但是真实评价才是引导良性竞争、帮助买家鉴别商品和服务的最佳方式。

视界瞭望台

首例网购恶意差评案告破

差评可以写，也应当实事求是地写：（1）所写的内容要有客观证据作为支撑，比如照片、视频、真伪查询结果等；（2）不确定的信息尽量不要写，如果写也不要使用肯定语气和口吻；（3）引导消费的话语尽量不要写，如果写也要提醒自行鉴别、自主决定、谨慎购买，切勿强硬地抵制他人购买，比如使用“千万不要买这家的东西”“谁买谁后悔”等语句；（4）不要使用辱骂、诋毁的词句，比如“别再上当了，卖家是骗子”。

你有过差评经历吗？你是怎么写的差评？有没有被卖家联系删除差评？你是怎么操作的？你对差评评价机制有何看法？如果你是卖家会如何对待差评呢？

素养提升小锦囊

“己所不欲，勿施于人”，我们在学习和生活中，要学会换位思考，与人为善。

行动指南针

网上购物体验指南

1. 网上购物推荐的几个 App

（1）淘宝。

淘宝是最常用的十大软件之一，也是国内出现较早的电商平台，受到很多用户的青睐，且淘宝经常有大型的感恩回馈活动，折扣也是比较大的，商品种类也非常全面。

（2）拼多多。

拼多多上线不久就迅速打开了消费市场，所涵盖的商品种类非常多，而且价格也非常实惠，还可以对商品进行砍价等，用更低的价格可以买到产品。

（3）京东。

京东主打家电和电子产品，质量较有保障，而且京东的售后服务也很好，问题处理很快，支持送货上门，退货也支持上门取货，非常便捷。

（4）唯品会。

唯品会是一家做特卖的网站，主要是针对女性用户，服饰、美妆、鞋包等品类比例很大，整体的性价比还是很高的。它致力于给用户带来更时尚的产品，受到了很多用户的赞誉。

（5）天猫。

天猫是阿里巴巴旗下的电商平台，是中国十大电商平台之一，它的商品种类也非常全面，不定期会有各种促销活动，从 2012 年上线至今受到了很多用户的欢迎。

（6）考拉海购。

考拉海购是阿里巴巴旗下以跨境进口业务为主的会员电商平台，主打官方自营、全球直采的零售模式。

（7）淘特。

淘特就是淘宝特价版，是购物软件 App 排行榜前十名之一，隶属于淘宝，于 2020 年上线，受到了不少用户的喜爱。它支持品牌直供、工厂直供、产地直供等。

（8）点淘。

点淘 App 是从淘宝直播中分离出来的直播带货平台，也是非常受欢迎的一款购物软件，而且价格比较实惠。它上面有很多直播，也有很多商品促销，能买到不少的便宜好货。

（9）美团。

美团是一家科技零售公司。美团以“零售＋科技”的战略践行“帮大家吃得更好，生活更好”的公司使命，是典型的 O2O 模式。

（10）抖音商城。

作为直播与短视频平台，抖音不断升级其电商功能，在短视频的助力下，直播销售的形式越来越受到消费者欢迎，销售品类也越来越丰富。

2. 购物的几点建议。

（1）同一种商品要多家比较，重点比较价格和评论，特别要关注差评。

（2）选择信誉好的商家（淘宝网要选择皇冠以上店铺），确定商品，截屏留存。

（3）比较各商家近期是否有活动，如拼购、闪购、秒杀、“618”、“双11”、“双12”等。

（4）活动时与之前留存的截屏比较活动价是否确实是低价，确认低价即果断购买。

实践心体会

结合自己的购物体验，谈一谈如何才能在网上买到物美价廉的正品。请将结果写到下面横线上。

项目小结

了解本项目的知识是学习电子商务课程的第一个环节，也是学习电子商务的基础。

通过本项目的学习，重点应掌握以下知识点：电子商务的定义；电子商务的功能与特点；电子商务的框架结构；电子商务的分类；电子商务的发展趋势。

知识小测验

项目一

拓展课余练

1. 浏览可口可乐公司网站（https://www.coca-cola.com/cn/），可以发现可口可乐公司没有在自己的网站上直接销售产品，可口可乐公司网站的重点是宣传可口可乐文化，这能说明它没有进行电子商务吗？

2. 结合本项目内容，登录电子商务相关网站，查询国内外电子商务的发展过程及现状，写出调查报告。

项目二

上网行为分析与电子商务盈利模式

项目简介

电子商务是互联网的核心应用形式，无论是给企业还是个人都带来了无限的商机和经济价值，那么如何才能应用这种流行商业模式来实现经济价值呢？首先应了解互联网的发展程度和现状，知道企业和个人的上网需求及行为模式；然后要知道目前电子商务针对这些需求实现盈利的模式有哪些，以此作为借鉴并进行创新。

本项目主要包括上网行为分析和电子商务盈利模式两个学习任务。学生可通过具体的学习任务，借助互联网资源和教学资源包提供的资料进行自学，也可以和同学进行讨论交流，揭开电子商务的神秘面纱，产生电子商务创业冲动，激发学习热情。

项目目标

★知识目标：

1. 了解我国网民规模与网民结构的特点；
2. 掌握网络消费者与企业上网行为的需求和特点；
3. 掌握电子商务的盈利模式。

★能力目标：

1. 能分析不同网络消费者的消费行为；
2. 能分析不同电商平台的盈利模式。

★素养目标：

1. 培养去伪存真、明辨是非的判断力；
2. 培养诚信守法、不弄虚作假的职业操守；
3. 培养吃苦耐劳、精益求精的工作态度。

项目实施

通过案例分析、学生自学、小组合作、课堂讨论等形式，教师作为组织者、指导者和共同学习者，与学生共同完成本项目的学习，并进行总结。

引导案例

电商企业竞争激烈，拼多多靠什么盈利？

拼多多公司是隶属于上海寻梦信息技术有限公司的一家商家入驻模式的第三方移动电商平台，创立于2015年9月。2016年9月，拼好货、拼多多宣布合并。2018年7月26日，拼多多在美国纳斯达克上市。2019年10月25日，拼多多市值达464亿美元，同日京东商城市值为448亿美元，拼多多市值首次超越京东商城，在阿里巴巴、腾讯、美团之后，成为中国市值第四高的企业。

拼单购买是拼多多的一大特点，用户找到想要购买的商品，可以选择原价购买或者拼单购买，拼单购买价格更低。如果选择拼单购买就在商品页面发起拼单邀请，付款后等待别人拼单，可以将拼单链接分享给朋友或者家人，也可以等待有相同需求的陌生人拼单。

拼多多的许多营销活动，比如“签到领现金”、“邀新用户注册提现金”以及“砍价免费拿”等，充分利用了人们对价格的敏感性。拼多多大部分的目标用户空闲时间较多、对价格较敏感、人均可支配收入较低。拼多多用户的需求主要有：省钱、得到“优惠”；通过购物等获得满足感、成就感；进行社交，获得归属感等。

利润点就是能创造利润的产品或服务，对于电子商务企业来说，利润多少最主要的是看用户数量。在吸引了一批用户之后，如何增强用户黏性和扩展新用户成为一个难题。为了解决这个难题，拼多多开发出了社交功能，用户可以将拼多多商品链接分享到微信，微信用户点链接就会自动生成一个拼多多账号，成为拼多多平台用户。

利润杠杆是指企业吸引用户使用其产品或服务的一系列活动。利润杠杆的目的是获取更多利润。在拼多多平台想要拼单购买商品，需要分享拼单给好友，这就增强了用户和好友的互动性。拼多多上市之初有一个“砍价免费拿”活动，用户通过分享链接邀请好友砍价就能免费拿到商品。要想免费拿到商品就必须分享链接给好友，如果是新用户那么砍掉的金额会更高，一时间“是朋友就帮我砍一刀”成为热点句子，这也从侧面反映出拼多多的社交功能。除此之外，拼多多的“公益扶贫”也属于相关活动。例如，拼多多给一些滞销农产品提供了销售平台，减少了农户损失，由于减少了中间环节，消费者也享受到了低价。对于C2B电子商务模式来说，消费者的需求是最重要的，所以，C2B电子商务企业的相关活动都要以消费者体验为基本，努力满足消费者的个性化需求。

利润是收入与成本的差额，利润来源也就是收入来源。企业通过提供商品和服务获取利润，有的企业收入来源途径多，有的少。一般来说，收入来源越多，盈利能力越好。

对于拼多多来说，它的主要收入来源是在线市场服务和交易服务。在线市场服务的一部分是在线营销服务，商家可以竞购平台搜索商品出现的顺序，也可以购买平台首页广告位置进行推广。

对于电子商务企业来说，无论采取了怎样的电子商务盈利模式，只要它适应企业自身的发展，那就是适合企业的盈利模式。所以，在C2B电子商务盈利模式并不多见的现在，拼多多能采用这种盈利模式实现自身发展，那这种盈利模式就是适合拼多多的。

不过，企业的盈利模式不是一成不变的，企业应当根据自身的实际情况做出调整，做到具体情况具体分析，顺应企业发展。就如拼多多，应当适时加强核心竞争力，注重用户体验，提升企业形象，最终实现企业价值最大化。

思考：

1. 你在拼多多上购买过产品吗？
2. 拼多多的主要收入来源是什么？

学习任务一　上网行为分析

学习任务单 2-1

学习情境	有这样一种说法："在互联网上只有两种人，一种是花钱的人，另一种是赚钱的人。"小米经常上网花钱，听说互联网遍地是黄金，她希望自己也能成为赚钱的人，赚得人生第一桶金。所谓"知己知彼，百战不殆"，要想在互联网上赚钱，先要知道网络消费者为什么花钱，还要知道成功者是如何赚钱的。对此小米展开了调查和学习。
环境需求	1. 互联网接入。 2. 计算机（每人一台）。 3. 学习任务考核单（可在教学资源包中下载电子版）。 4. 将班级划分为4个讨论组，每组设组长1名、首席发言人1名。
任务描述	任务1（各小组任务由抽签决定）： 第一组：访问中国互联网络信息中心（https://www.cnnic.net.cn），查找最新发布的《中国互联网络发展状况统计报告》并下载，小组成员共同阅读、共同讨论，选取大家认为热门的话题，分工合作制作5～8分钟的PPT，交给首席发言人（可设发言助理补充）准备完成任务2。 第二组：通过使用百度、搜狗等搜索引擎搜索"网络消费者的类型""网络消费者的特点""网络消费需求的特征"等关键词，收集相关资料。小组讨论并进行归纳整理，做成5～8分钟的PPT，交给首席发言人（可设发言助理补充）准备完成任务2。

续表

任务描述	第三组：通过使用百度、搜狗等搜索引擎搜索“网络消费者的购买心理”“网络消费者的购买动机”“网络消费购买过程”等关键词，收集相关资料。小组讨论并进行归纳整理，做成 5～8 分钟的 PPT，交给首席发言人（可设发言助理补充）准备完成任务 2。 第四组：通过使用百度、搜狗等搜索引擎搜索“企业为什么要上网”“企业上网做什么”等关键词，收集相关资料。小组讨论并进行归纳整理，做成 5～8分钟的 PPT，交给首席发言人（可设发言助理补充）准备完成任务 2。 任务 2： 按小组顺序请各小组首席发言人及发言助理到讲台上做报告，小组之间互评，并填写学习任务考核单上交。 以上任务建议 2 学时完成。
素养提升	通过学习“素养提升站”内容及观看视频，增强爱国精神和民族自信，树立正确的网络信息使用意识和个人信息保护意识。
任务间歇	播放励志 MV（教学资源包提供）。
课堂讨论	我国网民数量世界第一，这给我国经济带来了什么影响？
小调查	1. 你每个月上网多少小时？ □500 以上 □301～500 □101～300 □30～100 □30 以下 2. 你每个月的手机费用是多少？ □100 元以上 □50～100 元 □50 元以下 3. 你每个月手机上网流量是多少？ □500MB 以上 □201～500MB □100～200MB □100MB 以下 4. 你每个月通过手机购物的费用是多少？ □100 元以下 □100～300 元 □301～500 元 □500 元以上
任务拓展	利用业余时间仔细阅读中国互联网络信息中心发布的最新《中国互联网络发展状况统计报告》及相关互联网热点问题调查报告。

学习任务考核单 2-1

组名：　　　　　　　　　　　　　　　　　　　　　编号：2-1

组长及职责：
首席发言人：
发言助理：

口号：

序号	任务	分值	小组互评	成绩
1	第一组	100 分		
2	第二组	100 分		
3	第三组	100 分		
4	第四组	100 分		
合　计				

理论充电站

一、中国互联网发展情况

中国网民规模与结构、互联网基础资源、上网条件和网络应用等方面的互联网发展情况信息，对国家和企业掌握互联网发展动态和制定决策有着十分重要的意义。1997 年，经国家主管部门研究，决定由中国互联网络信息中心（CNNIC）联合当时的四大互联网络单位共同实施相关统计工作，并于同年 11 月发布了第 1 次《中国互联网络发展状况统计报告》。之后 CNNIC 于每年上半年和下半年各发布一次《中国互联网络发展状况统计报告》。

视界瞭望台

2023 年第 52 次《中国互联网络发展状况统计报告》新闻

2023 年 8 月发布的第 52 次《中国互联网络发展状况统计报告》显示，截至 2023 年 6 月，我国网民规模达 10.79 亿人，互联网普及率达 76.4%；截至 2023 年 6 月，我国手机网民规模达 10.76 亿人，网民使用手机上网的比例为 99.8%。

深度解码

第 52 次《中国互联网络发展状况统计报告》

二、个人上网需求分析

我国庞大的网民享受着互联网带来的便利和红利。人们上网有着各自不同的目的，主要是获取信息、休闲娱乐、学习教育、购物交易和获取收益。

（一）获取信息

在网络等技术革命风起云涌的今天，人类社会正由工业经济全面转向信息经济，网络使得信息需求者主动获取信息成为可能。在“信息爆炸”的今天，各种信息铺天盖地，而各个需求者只需要按照自己的意愿从世界上数以千万计的信息站点中筛选即可。这些站点每天都即时更新不同的信息，人们只要知道该怎么找，几乎就可以从网上找到自己所需要的所有信息。

人们上网搜索信息时，也会有各自不同的需求。调查数据显示，新闻、计算机软硬件信息、休闲娱乐信息、电子书籍、科技教育信息、求职招聘信息、社会文化信息、旅游交通信息、商贸信息是人们最感兴趣的信息。而在传统媒体上，比如电视、报纸，人们只能被动地获取由编辑选定的信息，如各类广告信息、医疗信息、交友征婚信息等。许多门户网站正是利用了用户上网搜寻信息的需求，并且针对用户信息需求结构的比例，制定自身的网络经营特色，从而大获成功。

（二）休闲娱乐

互联网上拥有大量的休闲娱乐资源，人们可以自由地在网上交友、聊天和游戏。其中聊天是最普遍的一种休闲方式，数据显示，在中国网络用户最常使用的网络服务中，即时通信工具和聊天室占据相当的比例。人们还可以上网联机打游戏，网游已经成为互联网的热点。人们上网还有交友的需要，一些有着共同语言的人会被吸引到一起组成虚拟社区。

（三）学习教育

随着科技的日新月异，社会对高素质人才的需求越来越迫切。人们为了不被时代所淘汰，都必须不断地给自己“充电”，补充新鲜的知识，使自己变得更有竞争力。因此，越来越多的人开始在网上学习新知识，因为在互联网这一最新媒介上，有着最前沿的理论和技术。比如在中经网上，可以即时阅读专家对国内外经济形势的评述和探讨；在美国计算机研究协会的网站上，可以学习和了解最尖端的计算机技术。同时，网上教育也在人们不断增长的求知欲望下应运而生。网上教育不同于传统教育，学习者可以根据自己的兴趣和能力进行有选择的自主学习，而所有的硬件要求只是一台可以联网的计算机。

（四）购物交易

随着电子商务如火如荼地在互联网上展开，B2C 的网上商店也让人目不暇接，借助信息技术，传统商店的柜台被搬上互联网，成为一个个多媒体画面，消费者可以足不出户，只要坐在电脑前动一动鼠标或在手机屏幕上动一动手指就可以了解不同商品的图像、文字介绍、技术参数指标、同类商品比价等相关信息，这样就不必实地逛商店或根据商店的营业时间调整自己的日程安排，并且网上商店所提供的商品其丰富程度是传统商家无法比拟的。

（五）获取收益

大多数网民在互联网上都是消费者身份，而有消费者就有经营者，因此还有很多利用互联网获利的经营者，互联网就是他们的经营场所，他们通过互联网应用获得收益。

三、网络消费者分析

（一）网络消费者行为分析

网络消费者行为分析是经济学研究的重要内容，消费者行为方面的研究过去主要集中于传统的购物行为，而网络购物与传统的购物活动有很大的区别，因此，网络销售商应该多关注网络消费者行为。

1. 网络消费者的类型

进行网络购物的消费者可以分为以下几种类型：

（1）简单型。简单型消费者需要的是方便、直接的网上购物。他们每月只花少量时间上网，但他们进行的网上交易却占了网上交易总量的一半。网络销售商必须为这一类型的人提供真正的便利，让他们觉得在自己的网站上购买商品将会节约更多的时间。

（2）冲浪型。冲浪型消费者占 8%，而他们在网上花费的时间却占了 32%，并且他们访问的网页数量是其他消费者的 4 倍。冲浪型消费者对常更新、具有创新设计特征的网站很感兴趣。

（3）接入型。接入型顾客是刚触网的新手，占 36%，他们很少购物，而喜欢网上聊天和发送免费问候卡。那些有着著名传统品牌的公司应对这群人保持足够的重视，因为网络新手们更愿意相信生活中他们所熟悉的品牌。

（4）议价型。议价型顾客占 8%的比例，他们有一种趋向购买便宜商品的本能，他们喜欢讨价还价，并有强烈的愿望在交易中获胜。

（5）定期型和运动型。定期型和运动型顾客通常都是被网站的内容所吸引的，定期型顾客常常访问新闻和商务网站，而运动型顾客喜欢访问运动和娱乐网站。

目前，网络销售商面临的挑战是如何吸引更多的网民，并努力将网站访问者变为消费者。同时，网络销售商应将注意力集中在其中的一两种类型上，这样才能做到有的放矢。

2. 消费者网络购物的活动过程

网络购物是指消费者为完成购物或与之有关的任务而在网上虚拟的购物环境中浏览、搜索相关商品信息，从而为购买决策提供所需信息，并实施决策和购买的过程。

心理学家将消费者的购物活动称作问题解决过程或购买决策的信息处理过程，它一般分为三个阶段：需求确定、购前信息搜索和备选商品的评价。消费者的购买决策过程实际上是一个收集相关信息与分析评价的过程，它具有不同的行为程度和脑力负荷。

3. 消费者网络信息空间的活动

消费者网络信息空间的认知和任务活动可分为以下三种方式：

（1）浏览。浏览是非正式和机会性的，没有特定的目的，完成任务的效率低且较大程度依赖外部的信息环境，但能较好地形成关于整个信息空间结构的概貌。此时，消费者在网络信息空间的活动就像随意翻阅一份报纸，他能大概了解报纸信息包括了哪些内容，能否详细地阅读某一消息依赖于该信息的版面位置、标题设计等因素。

（2）搜索。搜索是为了在一定的领域内找到新信息。搜索中收集到的信息都有助于达到发现新信息的最终目的，搜索时消费者要访问众多不同的信息源，搜索活动对路标的依赖性较高。消费者在网络信息空间的搜索就如根据目录查阅报纸，获取某一类特定信息一样。

（3）寻找。寻找是在大信息量、信息集里寻找并定位特定信息的过程。寻找的目的性较强，活动效率最高。例如消费者根据分类目录找到旅游信息的位置之后，在众多旅游信息中进行比较、挑选等活动。

（二）网络消费的特点

1. 网络消费者群体的特征

消费者行为以及购买行为永远是经营者关注的一个热点，对电商企业来说也是如此。网络用户是电商企业的主要个体消费者，也是推动电商企业发展的主要动力，它的现状决定了今后电商企业的发展趋势和道路。我们要做好电商企业营销工作，就必须对网络消费者的群体特征进行分析以便采取相应的对策。网络消费者群体主要具备以下四个方面的特征：

（1）注重自我。网络消费者往往拥有不同于他人的思想和喜好，有自己独立的见解和想法，对自己的判断能力也比较自信。所以他们的具体要求越来越独特，而且变化多端，个性化越来越明显。因此，电商企业应想办法满足其独特的需求，尊重消费者的意见和建议，而不是用大众化的标准来寻找大批的消费者。

（2）头脑冷静，擅长理性分析。网络消费者一般不会轻易受舆论左右，对各种产品宣传有较强的分析判断能力，因此电商企业应该加强信息的组织和管理，加强企业自身文化的建设，以诚信待人。

（3）喜好新鲜事物，有强烈的求知欲。网络消费者爱好广泛，无论是对新闻、股票市场还是网上娱乐都具有浓厚的兴趣，对未知的领域保持着永不疲倦的好奇心。

（4）好胜，但缺乏耐心。网络消费者以年轻人为主，大多比较缺乏耐心，当他们搜索信息时，往往比较注重搜索所花费的时间，如果链接、传输的速度比较慢，他们一般会马上离开这个站点。

2. 网络消费需求的特点

电子商务的发展使消费者的消费观念、消费方式发生了重要的变化，同时也促进了消费者主权地位的提高。电子商务系统巨大的信息处理能力，为消费者提供了前所未有的选择空间，使消费者的购买行为更加理性化。

网络消费需求主要有以下八个方面的特点：

（1）消费者消费个性回归。在近代，由于工业化和标准化生产方式的发展，消费者的个性被淹没于大量低成本、单一化的产品洪流之中。进入 21 世纪后，这个世界变成了一个计算机网络交织的世界，消费品市场变得越来越丰富，消费者进行产品选择的范围实现了全球化，产品的设计越来越多样化，消费者开始制定自己的消费准则，整个市场又回到了个性化的基础之上。消费者的消费心理是各不相同的，每一个消费者都是一个细小的消费市场，个性化消费成为消费的主流。

（2）消费者需求呈现出差异性。不仅仅是消费者的个性消费使网络消费需求呈现出差异性，对于不同的网络消费者来说，因其所处的时代、环境不同，也会产生不同的需求，即便是同一需求层次上的网络消费者，他们的需求也会有所不同。网络消费者来自世界各地，有不同的国别、民族、信仰和生活习惯，因而会产生明显的需求差异性。所以，电商企业要想取得成功，就必须在整个生产过程中，从产品的构思、设计、制造，到产品的包装、运输、销售，认真思考这些差异性，并针对不同消费者的特点，采取相应的措施和方法。

（3）消费的主动性增强。在社会化分工日益细化和专业化的趋势下，消费者对消费的风险感随着选择的增多而上升。在许多大额或高档的消费中，消费者往往会主动通过各种可能的渠道获取与商品有关的信息并进行分析和比较。或许这种分析、比较不是很充分和合理，但消费者能从中得到心理的平衡以减轻风险感或购买后产生的后悔感，提高对产品的信任度或增强心理上的满足感。消费主动性的增强来源于现代社会不确定性的增加和人类需求心理稳定与平衡的欲望。

（4）消费者直接参与生产和流通的全过程。传统的商业流通渠道由生产者、商业机构和消费者组成，其中商业机构起着重要的作用，生产者不能直接了解市场，消费者也不能直接向生产者表达自己的消费需求。而在网络环境下，消费者能直接参与到生产和流通中来，与生产者直接进行沟通，减小了市场的不确定性。

（5）追求消费过程的方便和享受。在网上购物，除了能够满足实际的购物需求以外，消费者还能得到许多信息，并获得在各种传统商店购物所没有的乐趣。今天，人们对现实消费过程的追求出现了以下两种趋势：一部分工作压力较大、紧张程度高的消费者以方便性购买为目标，他们追求的是时间和劳动成本的尽量节省；而另一部分消费者由于劳动生产率的提高，自由支配时间增多，他们希望通过消费来寻找生活的乐趣。今后，这两种相反的消费心理将会在较长的时间内并存。

（6）消费者选择商品更加理性。电子商务的蓬勃发展为消费者提供了前所未有的商品选择空间，消费者会根据在网上得到的信息对商品进行反复比较，以决定是否购买。对企事业单位的采购人员来说，可利用预先设计好的计算程序，迅速比较进货价格、运输费用、优惠、折扣、时间效率等综合指标，最终选择有利的进货渠道和途径。

（7）价格仍是影响消费心理的重要因素。从消费的角度来说，价格不是决定消费者购买的唯一因素，但却是消费者购买商品时肯定要考虑的因素。网上购物之所以具有生命力，是因为网上销售的商品价格更有优势。尽管经营者都倾向于以各种差别化来减轻消费者对价格的敏感度，避免恶性竞争，但价格始终对消费者的心理具有重要的影响。因为消费者可以通过网络联合起来向厂商讨价还价，产品的定价逐步由企业定价转变为消费者引导定价。

（8）网络消费仍然具有层次性。在网络消费的开始阶段，消费者偏重于精神产品的消费；到了网络消费的成熟阶段，等消费者完全掌握了网络消费的规律和操作，并且对网络购物有了一定的信任感后，消费者才会从侧重于精神消费品的购买转向日用消费品的购买。

想一想

你属于哪一种网络消费者类型？你觉得“95后”和“00后”的网络消费有哪些特征？

四、网络消费者的购买过程

电子商务的热潮使网上购物这种崭新的个人消费模式日益受到人们的关注。消费者的购买决策过程是消费者需要、购买动机、购买活动和买后使用感受的综合与统一。网络消费者的购买过程可分为以下五个阶段：确认需要→收集信息→比较选择→购买决策→购后评价。

（一）确认需要

网络购买过程的起点是诱发需求，当消费者认为已有的商品不能满足自己的需求时，才会产生购买新产品的欲望。在传统的购物过程中，消费者的需求是在内外因素的刺激下产生的，而对网络购物来说，诱发需求的动因只能局限于视觉和听觉。因而，网络购物对消费者的吸引是有一定难度的。企业或中间商一定要注意了解与自己产品有关的实际需要和潜在需要，掌握这些需求在不同时间内的不同程度以及刺激诱发的因素，以便设计相应的促销手段去吸引更多的消费者浏览网页，诱导他们的购物欲望。

（二）收集信息

当需求被唤起后，消费者都会希望自己的需求能得到满足，所以，收集信息、了解行情成为消费者购买的第二个环节。

收集信息的渠道主要有两个：内部渠道和外部渠道。消费者首先在自己的记忆中搜寻可能与所需商品相关的知识经验，如果没有足够的信息用于决策，他便要到外部环境中去寻找与此相关的信息。当然，不是所有的购买决策活动都要求同样程度的信息和信息搜寻。根据消费者对信息需求的范围和搜寻需求信息的努力程度，可将信息的收集分为以下三种模式：

（1）广泛的问题解决模式：指消费者尚未建立评判特定商品或特定品牌的标准，也不存在对特定商品或品牌的购买倾向，而是很广泛地收集某种商品的信息。处于这个层次的消费者，可能是因为好奇、消遣或其他原因而关注自己感兴趣的商品。这个过程收集的信息会为以后的购买决策提供经验。

（2）有限的问题解决模式：有限的问题解决模式的消费者已建立了对特定商品的评判标准，但尚未建立对特定品牌的倾向。这时，消费者会有针对性地收集信息。这个层次的信息收集才能真正而直接地影响消费者的购买决策。

（3）常规的问题解决模式：在这种模式下，消费者对将来购买的商品或品牌已有足够的经验和特定的购买倾向，因此购买决策需要的信息较少。

（三）比较选择

消费者需求的满足是有条件的，这个条件就是实际支付能力。消费者为了使消费需求与自己的购买能力相匹配，就要对从各种渠道汇集而来的信息进行比较、分析、研究，根据产品的功能、可靠性、性能、模式、价格和售后服务，从中选择一种自认为“足够好”或“满意”的产品。

由于网络购物不能直接接触实物，因此，电商企业要对自己的产品进行充分的文字描述和图片描述，以吸引更多的消费者；但不能对产品进行虚假宣传，否则可能会永久失去消费者。

（四）购买决策

网络消费者在完成对商品的比较选择之后，便进入购买决策阶段。

（1）与传统的购买方式相比，网络消费者在进行购买决策时主要有以下三个方面的特点：

1）网络消费者理智动机所占比重较大，而感情动机所占比重较小。

2）网络购物受外界影响小。

3）网上购物的决策行为与传统购买决策相比速度要更快。

（2）网络消费者在决定购买某种商品时，一般要具备以下三个条件：

1）对厂商有信任感。

2）对支付有安全感。

3）对产品有好感。

电商企业要重点抓好以上工作，促进消费者购买行为的实现。

（五）购后评价

消费者购买商品后，往往通过使用对自己的购买选择进行检查和反省，以判断这种购买决策的准确性。购后评价往往能够决定消费者的购买动向，因此，企业一定要记住这句话：“满意的消费者就是最好的广告。”

为了提高竞争能力，最大限度地占领市场，企业必须虚心听取消费者的反馈意见和建议。方便、快捷、便宜的电子邮件，为企业收集消费者购后评价提供了得天独厚的优势。企业在网络上收集到这些评价之后，通过计算机的分析、归纳，可以迅速找出工作中的缺陷和不足，及时了解消费者的意见和建议，制定相应对策，改进自己产品的性能和售后服务。

五、企业上网需求分析

随着“互联网+”的发展和深入，各大、中、小企业纷纷投入互联网及电子商务领域，如果企业能够实时掌握网络使用情况，将大大降低隐藏风险的可能。通过对企业上网需求进行分析，可以实时了解、统计、分析互联网的使用状况，制定合适的策略并对网络使用情况进行调整和优化。

（一）扩大企业知名度

在传统经济模式下，企业要想扩大品牌知名度，就需要在传统媒体上投入巨大的广告费用，一些小企业根本无力承受如此高昂的市场开拓费用。而现在，企业只需要一个主页，就可以把地址加入百度等搜索引擎的搜索结果清单中，使用户能方便地获取企业网址及相关介绍。如果用户对企业产品感兴趣，也可以方便地通过链接登录企业的网页进一步浏览。这样，企业实际上就针对潜在用户做了一个免费广告，扩大了企业的知名度。

（二）开展产品市场调研

企业可以在网上通过两种方式开展产品的市场调研。一种是将传统的产品调查问卷放在自己的网站或其他一些门户网站上，对答完问卷并留下联系方式的用户给予一定奖励。这种方法和线下分发问卷的调研方式并无太大区别，但是减少了调研的工序，节约了调研人员和纸张印刷的成本，扩大了调研的范围，也使计算机统计分析结果更为方便。但这种方法还是不能避免用户在答卷时由于种种原因不能客观作答的缺陷。而另一种方式能够利用现代网络跟踪监控技术较好地解决这一问题。比如：一个潜在消费者进入奥迪公司主页，网站可以记录下他首先选择了奥迪的哪一个车型；他是否打开了车型内外展示的页面，是在车内装潢还是在车外观的页面驻留时间更长；他是否进入了产品性能装备的页面，曾经点击过其中哪些性能指标等。这些浏览行为明确无误地说明了消费者对产品的偏好和对产品某些性能的关注程度，如果记录下所有浏览者的数据，那将是一份真实而且完美的产品调研报告。

（三）收集对手和自身的市场信息

“知己知彼”是经商亘古不变的制胜之道，在传统经济中，由于信息收集渠道不畅，探听对手动态、获取市场对自己企业评价的成本都非常高。而在今天，网络的大规模数据存储和快捷、有效的检索方式，使得这些都成为可能。比如，联想电脑公司想了解方正电脑公司目前在研发方面有什么新动态、在市场方面有什么新活动，只需要登录方正公司的主页，就可以得到一手的公开商业信息。如果企业是做鲜花礼品的，只要在百度搜索栏中输入“鲜花”，就可以找到与之相关的商家，然后去看看它们今天的报价是多少、推出了什么新品种，而且可以了解到网上对于自己企业的相关评论。

（四）在线采购

在传统经济中，购买原材料和服务是一个极为复杂的过程，购买企业首先要找到供货商，确定产品的质量、价格和生产能力是否符合自己的要求。在签订合同以后，购买企业开出采购订单，然后等待供货商的确认回函，当货物发出时，购买企业还要得到通知，收货后由财务部门核单付款。互联网的出现使这些烦琐的流程变得简单，并且大大降低了采购过程中的劳动、打印和邮递成本，而且为新的供货商和中小采购企业提供了更多的商业机会。分析数据显示，目前在线采购可以降低10％的采购成本。例如，1996 年通用电气公司照明部开始使用在线采购系统，每天公司将各个部门的领料单打包通过网络传给世界各地的供货商，两个小时以内，世界各地的供货商就会报出各自的价格，通用电气公司就可据此做出决策。这样，降低了 30％的劳动成本，调整了 60％的采购人员，同时由于接触到更多的供货商，供货价格降低了 20%。

（五）网络营销

网络营销是企业上网的主要目的，国家统计局电子商务交易平台调查数据显示，2023 年中国电子商务市场规模再创新高，全国电子商务平台交易额为 46.8 万亿元，按可比口径计算，比上年增长 9.4%；全国网上零售额为 15.4 万亿元，按可比口径计算，比上年增长 11.0%，其中，实物商品网上零售额增长 8.4%，占社会消费品零售总额的比重为 27.7%；全国网购替代率（线上消费对线下消费的替代比例）为 81.0%。

素养提升站

网上造谣传谣的后果你了解吗？

你见过网络上流传的谣言吗？你曾中过招吗？或者，你转发过吗？

这些造谣者，有些是因为觉得好玩，有些是想起哄，还有些是为了提高自己的网络知名度，就随意在网络上造谣传谣，引起民众恐慌。然而，网络不是法外之地，造谣必被惩。

1. 造谣传谣究竟会受到怎样的处罚

根据《治安管理处罚法》第 25 条的规定，有下列行为之一的，处 5 日以上 10 日以下拘留，可以并处 500 元以下罚款；情节较轻的，处 5 日以下拘留或者 500 元以下罚款：

（1）散布谣言，谎报险情、疫情、警情或者以其他方法故意扰乱公共秩序的；

（2）投放虚假的爆炸性、毒害性、放射性、腐蚀性物质或者传染病病原体等危险物质扰乱公共秩序的；

（3）扬言实施放火、爆炸、投放危险物质扰乱公共秩序的。

根据《刑法》第 291 条的规定，编造虚假的险情、疫情、灾情、警情，在信息网络或者其他媒体上传播，或者明知是上述虚假信息，故意在信息网络或者其他媒体上传播，严重扰乱社会秩序的，处 3 年以下有期徒刑、拘役或者管制；造成严重后果的，处 3 年以上 7 年以下有期徒刑。

2. 面对谣言我们应该怎么做

除了故意发布造谣信息的人以外，很多网民会将这些信息通过各种渠道转发，善意提醒朋友同事，这些网民虽然在主观上没有恶意，但如果达到一定的社会危害性，仍然会被给予相应处罚。

在通过网络获取和发布信息时要注意以下几点：

（1）要树立文明上网的意识，对自己的行为负责，不造谣；

（2）不轻信网络谣言，不传谣；

（3）遇到似有模板的谣言信息时，善用检索工具；

深度解码

个人信息保护的重要性

（4）遇到不确定的信息时，仔细观察细节纰漏、信息来源，可求助权威部门或人士；

（5）遇到谣言要积极向有关部门举报；

（6）个人合法权益因他人造谣而受侵害时，要及时向公安机关报案，用法律保护自己。

在信息技术高速发展的今天，网络资源给我们带来了许多便利，成为人们工作、生活中不可或缺的一部分。但是，在使用网络获取和传播信息时，我们也要注意辨别信息的真实性，不过度依赖和轻信盲从网络信息，对没有经过证实或难以证实的网络信息要保持理性，提高对网络谣言的辨别能力和免疫力。

视界瞭望台

一分钟了解《个人信息保护法》

素养提升小锦囊

“勿以恶小而为之，勿以善小而不为”，网络有边界，道德有底线。要树立正确的网络使用意识，争做理性网络、文明网络、绿色网络、和谐网络的维护者，以及网络文明建设的参与者。

学习任务二　电子商务盈利模式

学习任务单 2-2

学习情境	小米通过上个任务的学习了解了人们上网的需求和行为模式，最近她发现现实中很多网站资源都是免费提供的，小米知道做一个网站是要花钱的，天下没有免费的午餐，这些网站肯定是赚钱的，可是它们是靠什么赚钱呢？又是怎么赚钱的呢？小米对此很不理解，你能告诉小米吗？
环境需求	1. 互联网接入。 2. 计算机（每人一台）。 3. 学习任务考核单（可在教学资源包中下载电子版）。
任务描述	1. 通过使用百度等搜索引擎搜索“电子商务盈利模式”关键词，收集相关资料，并进行归纳整理，填写学习任务考核单。 2. 登录以下网站或手机下载其 App，分析其盈利模式：阿里巴巴、淘宝网、百度、小红书、拼多多、腾讯。 3. 通过使用百度等搜索引擎搜索上述网站的盈利模式，与自己分析的结果进行比较，并填写学习任务考核单。 4. 你觉得这些网站还有其他的盈利模式吗？尝试为其设计新的盈利模式，并填入学习任务考核单。 以上任务建议 2 学时完成。
素养提升	学习“素养提升站”内容，树立“正能量、守底线、有德行、守法纪”的职业价值观。
任务间歇	播放励志 MV 或播放“互联网盈利模式”讲座（教学资源包提供）。
课堂讨论	1. 现在几乎所有的邮箱都是免费注册和使用的，你如何看待这一现象？ 2. 你如何看待 Q 币等虚拟货币？
小调查	1. 你是 QQ 会员吗？你每年在 QQ 上花费多少钱？ □1 000 元以上　□501～1 000 元　□100～500 元　□100 元以下 2. 你经常上网吗？你每年在网上花费多少钱？ □1 000 元以上　□501～1 000 元　□100～500 元　□100 元以下 3. 你的网上花费主要在哪些方面？ □购物　□游戏　□其他
任务拓展	现在今日头条和小红书等 App 访问量很大，它们是靠什么盈利的？

学习任务考核单 2－2

组名： 编号：2－2

序号	任务	分值	总结与归纳	成绩
1	电子商务盈利模式有哪些	10 分		
2	阿里巴巴	10 分		
	淘宝	10 分		
	百度	10 分		
	搜狗	10 分		
	小红书	10 分		
	拼多多	10 分		
	腾讯	10 分		
3	新的电子商务盈利模式	20 分		
合　计				

理论充电站

一、电子商务的主要盈利模式

目前，互联网正在发生着巨大的变化，而电子商务具有得天独厚的技术优势和盈利模式多元化的优势，所以盈利模式越来越多。

概括地说，电子商务的盈利模式主要有四类：会员制、广告盈利、销售盈利、渠道盈利。

（一）会员制

企业通过第三方电子商务平台参与电子商务交易，必须注册为电子商务网站的会员，每年要交纳一定的会员费，才能享受网站提供的各种服务。目前会员费已成为我国电子商务网站最主要的收入来源，比如阿里巴巴网站收取中国供应商、诚信通两种会员费。

（二）广告盈利

网络广告是门户网站的主要盈利来源，同时也是许多电子商务网站的主要收入来源。它们相当于传统的广告公司和媒体，帮助广告主制作或者发布网络广告来获得收入。新浪、网易等的盈利模式就是典型的广告盈利。

（三）销售盈利

网站相当于传统的店铺或集市，它们自己销售商品（服务）或者帮助生产商销售商品（服务），通过差价或者租金来获得收入。阿里巴巴、淘宝、京东等的盈利模式就是典型的销售盈利。

（四）渠道盈利

网络公司可以通过搭建通往用户的渠道来盈利，只要所搭建的渠道是畅通的、有效的，就可以在这个渠道中销售相应的产品来获得收入。如现在流行的 SNS 社区就是渠道盈利模式；再如腾讯公司，它依靠 QQ 这个沟通工具搭建了与用户之间的强大通道，这个通道的唯一性和排他性将用户牢牢捆绑起来，使其无法脱离，这个时候，腾讯公司就可以向用户销售各种各样的商品或服务：广告（腾讯网）、产品、道具、虚拟币、游戏……这就是典型的渠道盈利模式。

二、电子商务具体盈利模式及运营

（一）网上目录盈利模式

这种网上销售商品和服务的盈利模式是在网络出现之前就存在的邮寄目录业务模式的基础上产生的。在邮寄目录盈利模式下，商家通常会建立一种品牌形象，并利用这个形象的优势，通过向潜在购买者邮寄商品目录来推销商品，购买者通过邮寄或拨打商家付费电话来下订单。这种业务模式通常称为邮购模式，在很多消费品（包括服装、计算机、家电、家庭用品及礼品等）的销售上都非常成功。

将邮寄目录的模式扩展到网上，就是企业用网站上的信息来替代商品目录的分发，这种模式称为网上目录盈利模式。消费者可通过网站或电话提交订单。这种新渠道不需要新建实体店铺，还能接触到世界各地的消费者。采用网上目录盈利模式销售的商品主要包括计算机与家电产品、图书与音像制品、奢侈品、服装、鲜花与礼品、折扣商品、特殊商品等，随着物流和结算方式的完善，目前网上目录盈利模式销售的商品已基本涵盖了所有商品大类。下面介绍一些企业应用网上目录盈利模式的运营方式。

知识拓展

邮购的由来

1. 计算机与家电产品

戴尔公司、联想公司等计算机制造商都已在网上取得了很大成功。它们都通过网站向个人、企业和其他机构销售从台式电脑到大型服务器等全线计算机产品，戴尔公司支持消费者在网上指定所订购计算机的配置，其整个业务模式都是以允许消费者灵活配置为核心，从而为消费者提供个性化商品，具体如图 2－1 所示。其他直接在网上向消费者销售的 PC 机制造商，也像戴尔公司一样为访问者提供了多种访问产品信息的方法。这些网站都提供特色产品，并为消费者提供特定链接。

很多家电零售商也采用网上目录盈利模式开展电子商务，例如国美电器、苏宁电器、京东商城就将销售业务扩展到了网上。同样，有的家电制造商也开设很多网上商店来销售自己生产的商品，例如，海尔就开设了专门的网上商城。

2. 图书与音像制品

事实证明，利用网上目录盈利模式销售图书与音像制品是最为适合的。1994

图 2-1　戴尔为消费者提供个性化商品

年，华尔街的证券分析师杰夫·贝佐斯（Jeff Bezos）对快速发展的互联网产生了兴趣。经过仔细分析后他发现，图书最适合在网上销售。贝佐斯没有图书销售经验，但他认为图书属于小件商品，送货方便而且便宜。许多消费者能够接受不亲眼看到书籍就付款购买，而且促销得当较易引发购买冲动。当年全球共出版 400 万种图书，而最大的书店也只能容纳 20 万种图书。贝佐斯发现了一个网上销售的战略性机会。8 年后，贝佐斯创办的亚马逊网上书店年销售额超过 30 亿美元，客户超过2 800万名。今天的亚马逊不仅销售图书和音像制品，还销售家电、家用器皿、五金工具和其他商品。

中国自 1997 年开始探索网上图书销售之路，目前网上书店已经初具规模，如当当网就是国内一个较有影响的网上书店。当当网自 1999 年 11 月开通，目前是全球最大的中文网上图书音像商城（如图 2-2 所示）。

图 2-2　当当网

3. 服装

很多服装公司将商品目录销售的模式转移到了网上，如李宁（如图 2－3 所示）；也有很多企业或个人在网上直接开服装店；还有的在淘宝网、易趣网等第三方平台上开店。这些网上服装商店提供服装的图片、价格、尺寸规格、颜色和裁剪细节等信息，顾客可仔细比较后在网上订购。

图 2－3　李宁官网

4. 鲜花与礼品

很多鲜花与礼品零售商也采用了网上目录盈利模式，如花礼网（如图 2－4 所示）、巧思网等，顾客可以利用网上目录来选择自己满意的鲜花礼品。

图 2－4　花礼网

（二）数字内容盈利模式

面对信息量急剧膨胀的网上数据资源，用户对特定信息的查询往往会产生两种结果：信息过载和信息迷向。信息过载是指找到的信息太多，无法有效消化和应用；信息迷向是指基于目前的技术，难以有效地表达需求和准确寻找到所需资源。鉴于此，能有效解决信息分类、对信息进行深入加工和提供专业检索的网站，必然能获得巨大的市场。原来做信息业务的传统企业，在向互联网迁移的过程中，利用其自身的信息优势，依托互联网来提供更好、更方便的检索手段，必然会赢得越来越多的受众。这种网站盈利模式的核心竞争能力不在于信息技术，而在于它能给用户提供高质量的信息内容。

中国知网（如图 2－5 所示）——CNKI（中国知识基础设施工程）把国内 6 600 多种学术期刊搬到网上进行信息资源共享，其市场细分非常明确，为高校和学术团体进行信息查询和学术研究提供服务。中国知网自 1999 年开通以来已有 100 多个定向站点，高校和一些省市级的图书馆都是其用户。中国知网的专业检索技术极大地方便了高校和学术团体进行信息查询和学术研究，现在，中国知网只是把期刊、一部分报纸、博硕士论文、学术会议信息放在网上，还有很多信息没有进行数字化，没有进行深入加工，还有很好的市场前景。

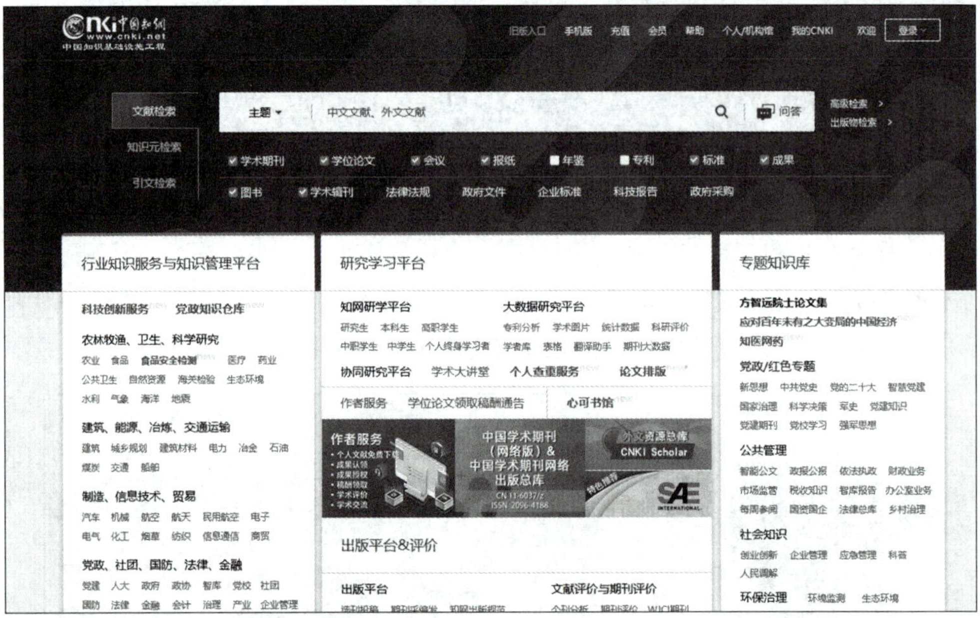

图 2－5　中国知网

在数字内容方面，目前做得较成功的有超星数字图书馆（如图 2－6 所示）和万

图 2－6　超星数字图书馆

方数据，还有通过互联网销售软件产品或提供在线翻译与数据服务等的公司，如华军软件园（如图 2-7 所示）等。

图 2-7　华军软件园

（三）广告支持的盈利模式

在线广告是网站盈利的一种比较普遍的方式，其形式繁多，从 Banner（旗帜）、Logo（图标）广告，到 Flash 多媒体动画、在线影视等，多种多样。从收费的方式来看，现在比较受欢迎的是按点击次数收费，谷歌和百度等搜索引擎网站都主要采取此类广告方式。另外，现在比较流行一种“窄广告”的概念，就是针对更专业的浏览群体投放广告，其有效的用户比例会大幅提高。广告收益也是可以在一般的网站实现的，只要有规模足够大的浏览群体（最好是某一类型的专业浏览群体），就具备了网站广告收费的条件。当然，也可以做大型网站的广告合作伙伴以获得一定的盈利。

采取广告支持的盈利模式的网站目前主要有以下几种运营方式。

1. 门户网站

一些门户网站由于有一定的影响力和访问量，可以通过在网站页面为其他企业制作和发布广告获得盈利。比如网易（如图 2-8 所示）、新浪等。地方性门户网站也多采取此种模式。

2. 搜索引擎

百度、搜狗等搜索引擎网站主要通过广告获得收入。

3. 专业网站

一些专业网站因为有固定的专业群体，可用来投放相关企业广告，如中国钢铁网（如图 2-9 所示）、56 网等。

深度解码

盈利模式要清晰　网站才能长足发展

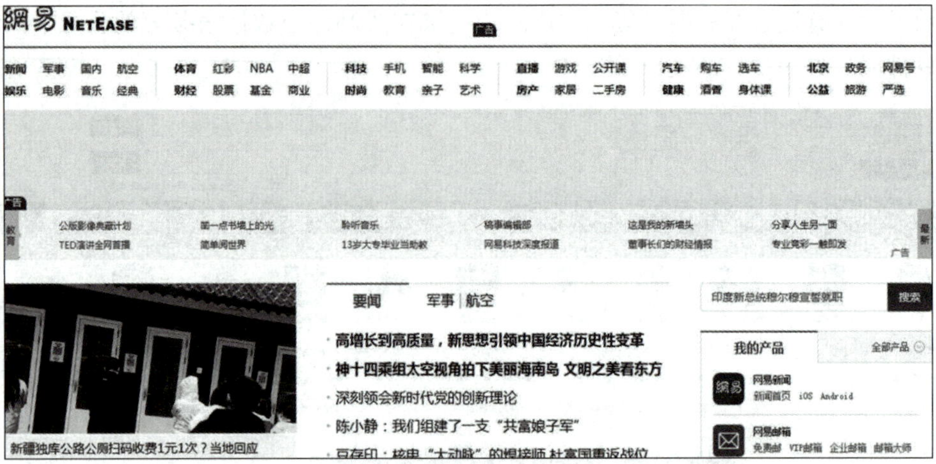

图 2-8　网易首页

图 2-9　中国钢铁网

（四）交易费用模式

交易费用模式是指网站为交易的双方提供一个交易平台，从中收取佣金的盈利模式。这类网站大量存在，如很多行业网站、招商网站、旅游代理网站、中介服务网站等，但做得最好的往往都有自己的核心竞争能力，如先入优势、行业优势或者其他方面的优势。

1. 旅游代理网站

旅游代理网站从它所售的机票、预订的旅馆、租用的汽车和导游活动中收取佣金，佣金由交通或住宿服务商支付。目前做得比较好的有携程旅行网（如图 2－10 所示）、艺龙旅行网等。

2. 第三方交易平台

这主要是指一些网上交易平台，如淘宝网、天猫网等，它们通过在交易过程中收取费用或佣金获利。

3. 中介服务网站

如证券经纪公司、保险经纪公司、票务公司、房地产公司、在线银行等。

图 2-10　携程旅行网

（五）服务费用模式

现在网上提供各种收费服务的公司越来越多，这些服务既非证券经纪服务，也不是按交易量进行收费的服务，而是按其本身的价值收费的服务。这类服务包括游戏、娱乐、理财建议以及专业人员（如会计师、律师、医生等）提供的服务。

1. 网络游戏

网络游戏是一个巨大的产业，主要包括计算机游戏和视频游戏。多数网络游戏通过充值卡的形式直接进行收费，也有一些网络游戏虽然是免费的，但通过向玩家出售虚拟的道具或物品来进行间接收费。

2. 音乐和电影

随着宽带上网的家庭越来越多，许多网站开始向付费用户提供音乐和电影服务，如彩铃下载、电影在线观看、向付费用户播放音乐会录像等。例如，滚石唱片和中国电信在北京签署了一项战略合作协议，双方宣布在中国电信的“互联星空”网络平台上推出“滚石星空”在线音乐栏目，下载歌曲收费 1 首歌约 1 元人民币或 15 元包月。目前，困扰该领域的问题主要是音乐以及电影的知识产权保护，这既是一个法律问题，也是一个技术问题。例如，服务商如何通过技术措施来限制用户付费下载后对作品的复制与传播。

3. 网络咨询服务

网络咨询服务是指通过网络咨询收取费用的一种模式。以万方网络咨询服务有限公司为例，该公司成立于 2003 年年初，是一家从事互联网技术服务开发和应用、商务信息平台交易、电子商务贸易的专业综合性经济类网络公司，万方网络独特的运营模式和企业核心理念迅速得到了国内大型门户网站的认可。

电子商务盈利模式是多样的，新的盈利模式也在不断出现。企业对盈利模式的选择是专业化好还是多元化好，要根据企业自身的特点来决定。

素养提升站

互联网企业谋利应守住道德底线

互联网行业在中国兴起和发展已有二十多年，尤其是近年在4G网络普及、5G投入使用之后，互联网可谓蓬勃发展，如今，互联网对经济发展的贡献日益突出，并在经济转型升级背景下被寄予厚望，既有阿里巴巴、腾讯、百度这样的老牌互联网企业，也有拼多多、字节跳动、美团等新贵。

不过，野蛮生长之下，一些少见于传统行业的社会、道德问题也开始凸显。除了疑似“窃听”问题外，个人信息泄露、搜索竞价排名、制造信息“茧房”等也经常发生。这些现象不仅损害了用户利益，且触及公众道德底线，让互联网这样一个公共空间陷入“公地的悲剧”。

一些新兴资讯类平台擅长利用算法精准推送，其潜在危害不容小觑。人们习惯性地被自己的兴趣所引导，从而将自己的生活桎梏于像蚕茧一般的“茧房”中，资讯平台的算法思维加剧了这一现象。很明显，这对个人思维水平的提升和社会的进步是有相当的负面作用的，值得警惕。

正常而言，移动互联网时代，平台企业想方设法吸引流量、发布广告的盈利模式无可厚非。但如果一味地野蛮生长，没有守住法律和道德底线，甚至利用算法等技术手段干违法缺德的勾当，坑害消费者、危害未成年人成长，这就让人不齿。

比如，偷偷打开录音进行数据采集这一行为属于“窃听”，再利用“窃听”的数据或未授权的数据来进行盈利活动属于不当得利，均属违法行为。至于游走在法律边缘的触及道德底线、损害公众利益的行为，就数不胜数了。

如今，随着手机的普及，互联网已经成为国人日常生活中不可或缺的一部分。为保障个人信息安全、维护公众利益，这一问题必须得到重视。一方面，互联网企业必须树立正确的价值观，守住法律和道德底线，加强自律和内部管理，确保自身经营活动合法合规、合乎道德。另一方面，主管部门要依法加强对互联网企业和平台的监管，同时加强立法保护个人信息，及时向存在违反法律法规、有悖道德规范等行为的互联网企业“亮剑”，依法惩治，不能轻饶，屡教不改者甚至可以吊销相关证照。

应该说，一个企业要受人尊重、走得长远，坚守法律和道德底线是基本要求，希望一连串的事件能让部分互联网企业迷途知返，真正践行网络让生活更美好这一理念。

素养提升小锦囊

“君子爱财，取之有道”，每个人都应该把坚持正确的原则和道德标准放在最重要的位置，树立“正能量、守底线、有德行、守法纪”的职业价值观，唯有使用正当方式取得的财富才是真正有意义的。

行动指南针

如何做好 PPT 汇报?

你知道怎么做 PPT 汇报吗？下面就教你一些技巧，帮助你做好 PPT 汇报。

1. 用色传统一些

商务蓝、中国红、简洁灰，是中国的大众色，也是专家与领导比较容易接受的颜色。

2. 背景简洁一些

因工作汇报 PPT 的内容较复杂，所以背景一般都是由色块、线条以及简单点缀图案组成，有些专家与领导也喜欢亮一些的点缀色。放置内容的空间尽可能大一些。

3. 框架清晰一些

工作汇报一般由这几部分组成：前言或背景、实施情况、成绩与不足、未来规划等。

4. 文字保留一些

通常情况下，工作汇报 PPT 的制作人并不是汇报人，所以要尽可能根据汇报人的演示特点制作，有时候会出现汇报人不熟悉内容、紧张、应对领导深入提问等情况，所以，在前言、内页、图表等位置要尽可能保留一些提示性文字。

5. 图表丰富一些

形式丰富的图表，以彰显专业性和严肃性，同时也避免了传统 PPT 的呆板；这些图表更倾向于鲜明的色彩、立体的质感、内容与背景高度对比的画面风格。

6. 图片多样一些

背景图、点缀图标、衬托图片等适当放置，“眼见为实”是人的普遍心理，图片的大量应用会大大增强业绩的说服力。

7. 动画适当一些

传统观点认为，工作汇报 PPT 应简洁明了，无须使用动画。但近年来，PPT 动画的应用已经深入人心，特别是逻辑动画的适当应用，不仅能让 PPT 变得鲜活，更有利于理清思路、强化 PPT 的说服力。

实践心体会

各小组在做完汇报以后，结合自己小组汇报情况，对比其他小组汇报情况，你认为你们小组哪方面做得好？

____

____

____

哪方面还要改进？

____

____

____

项目小结

网络消费行为是消费者在通过网络满足其消费需求过程中的一系列活动的总称。研究我国网民的规模与特点，分析网络消费者与企业用户的上网行为，掌握电子商务主要的盈利模式是学好电子商务、开展电子商务的关键，有利于企业结合网络有效地开展电子商务活动。

通过本项目的学习，重点应掌握以下知识点：网络消费者群体的特征；网络消费需求的特点；网络消费者的购买过程；电子商务盈利模式。

知识小测验

项目二

拓展课余练

大家都知道开发一款软件费用是很高的，但 360 安全卫士等软件一直都是免费的，那么 360 奇虎公司是靠什么盈利的呢？

项目三 电子银行与电子支付

项目简介

计算机网络、信息技术与金融行业的不断融合，促进了电子银行和电子支付的出现和发展，改变了传统的支付行为和金融环境，为人们的生活和企业的经营带来了许多便利和深刻的影响。

本项目主要包括电子银行、电子支付两个学习任务，学生可通过具体的学习任务单，借助互联网资源和教学资源包提供的资料进行自学，也可以和同学进行讨论交流，充分认识电子支付的意义，改变传统支付观念。

项目目标

★知识目标：

1. 熟悉网上银行及手机银行的功能；
2. 了解互联网及移动网络第三方支付应用流程。

★能力目标：

1. 能够申请开通、使用网上银行及手机银行，完成在线支付和转账等基本操作；
2. 能够使用互联网及移动网络平台进行支付和转账，能在平台上进行产品及账务查询、使用理财融资等增值服务；
3. 能够使用支付宝、微信支付等电子支付工具进行支付和转账等基本操作。

★素养目标：

1. 培养自主探究能力；
2. 能够与时俱进，时刻关注电子支付的新科技、新动态；
3. 树立诚信意识；
4. 树立民族自信。

项目实施

通过案例分析、学生自学、课堂讨论、模拟演练等形式，教师作为组织者、指导者、共同学习者与学生共同完成本项目的学习，并进行总结。

引导案例

支付宝——移动支付的伟大创新

阿里巴巴集团为了解决网络交易安全问题，使用了“第三方担保交易模式”，即由买家将货款打到支付宝账户，由支付宝向卖家通知发货，买家收到商品确认后指令支付宝将货款交给卖家，至此完成一笔网络交易。

支付宝（中国）网络技术有限公司成立于2004年12月，是国内的一个第三方支付平台，致力于为企业和个人提供“简单、安全、快速、便捷”的支付解决方案。支付宝从2004年成立开始，始终以“信任”作为产品和服务的核心，旗下有“支付宝”与“支付宝钱包”两个独立品牌。自2014年第二季度开始，支付宝成为当前全球最大的移动支付厂商。

支付宝与国内外180多家银行以及VISA（维萨）、MasterCard（万事达卡）国际组织等机构建立战略合作关系，成为金融机构在电子支付领域最为信任的合作伙伴。经过短短三年时间，支付宝的用户便覆盖了整个C2C、B2C、B2B乃至线下各种支付领域。

2014年“双11”全天，支付宝手机支付交易笔数达到1.97亿笔。

2016年年底，支付宝公布用户数达到4.5亿。

2018年11月28日，支付宝全球用户数已经超过9亿，其中，在国内的活跃用户中，70%的用户使用3项及以上支付宝的服务。

2019年1月9日，支付宝正式对外宣布，支付宝全球用户数已经超过10亿。

2019年2月2日，支付宝成为首批获得国家认证的企业之一。支付宝针对用户个人信息安全和隐私保护的体系已达到国家最严格的标准。截至2019年4月，支付宝“风险大脑”已经与河北、北京、天津、重庆、温州、广州、贵阳、西安、厦门、合肥等10个省、市的金融办合作，成为它们发现和预警高危企业的“千里眼”。

2020年2月，尼泊尔央行向支付宝颁发牌照。7月，支付宝入选区块链战“疫”优秀方案名单。10月，支付宝上线“晚点付”功能。

2021年12月2日，支付宝发布公告表示，支付宝与中国银联在2020年开始基于条码互联互通业务展开密切沟通和探索，并陆续在北京、天津、广州、深圳、成都、重庆、西安等多个城市实现收款码扫码互认。

2022年5月，支付宝上线了“数字人民币”搜索功能，帮助新用户更方便地开通数字人民币钱包，并支持一站式使用数字人民币收付款、转账和银行卡管理等功能。

截至2021年12月，支付宝的注册用户数已经超过了13亿，在月活跃用户数方面，支付宝也表现优异，月活跃人数达到了9.08亿，可以说我国绝大多数网民都在使用支付宝。

思考：

1. 你用过支付宝吗？哪些功能用得比较多？
2. 你还知道哪些第三方电子支付平台？

学习任务一　电子银行

学习任务单 3-1

学习情境	小米在完成上个任务时看好了一件商品，并下了订单，可是她在结算时遇到了问题，她发现有好几种结算方式：(1) 银行卡支付；(2) 支付宝；(3) 微信支付；(4) 云闪付等。小米之前把一张银行卡绑定了支付宝，可是发现这张银行卡里没有钱了，支付宝里也没有余额，于是小米打电话让妈妈给自己的银行卡里转钱，小米妈妈离当地银行比较远，你能告诉小米妈妈如何足不出户用手机银行转账吗？
环境需求	1. 互联网接入。 2. 计算机（每人一台）。 3. 学习任务考核单（可在教学资源包中下载电子版）。
任务描述	任务 1： 1. 登录几大银行网站了解其电子银行业务开展情况。 中国建设银行：https://www.ccb.com/cn/home/indexv3.html； 中国工商银行：https://www.icbc.com.cn； 中国农业银行：https://www.abchina.com/cn/； 中国银行：https://www.boc.cn； 招商银行：https://www.cmbchina.com。 2. 登录上述某家银行，查看该银行网上银行类型和开通网上银行的条件与步骤。 任务 2： 1. 根据本人拥有的银行卡，下载相应银行的手机 App 并安装，了解其功能模块。 2. 利用业余时间到相应银行前台开通手机银行（移动银行）业务。 以上任务建议 1～2 个工作日完成。
素养提升	树立诚信意识。
任务间歇	播放励志 MV（教学资源包提供）。
课堂讨论	现在几乎所有银行都开设了网上银行业务，你如何看待这一现象？
小调查	1. 你使用过哪家银行的银行卡？ □工行　□建行　□中行　□农行　□交行　□其他银行 2. 你使用过手机银行 App 吗？ □有　□没有 3. 你觉得哪家银行服务好？ □工行　□建行　□中行　□农行　□交行　□其他银行
任务拓展	你还知道哪些银行？它们有网上银行业务吗？

学习任务考核单 3-1

组名： 编号：3-1

序号	任务	分值	总结与归纳	成绩
1	什么是电子银行？	20分		
2	什么是网上银行？	20分		
3	什么是移动银行？	20分		
4	电子银行、网上银行、移动银行三者有什么关系？	40分		
合　计				

理论充电站

一、电子银行简介

电子银行是指商业银行利用网络技术和信息技术，为客户提供的各种自助形式的、综合的、实时的全方位金融服务。电子银行是基于电子商务平台和银行支付系统的网上金融服务系统，客户使用电子银行可以在网上办理银行账户资金查询、银企对账、银企转账、银行账号挂失、公共信息查询等银行业务，还可以实现网上购物、网上缴费等功能。电子银行是电话银行、网上银行、移动银行、自助银行的统称。

电子银行相对于传统银行来说，具备几个主要优势：一是开放性，它在传统银行金融电子化的基础上，广泛采用互联网系统，成为一个兼容性的开放式金融业务处理系统。二是以客户为中心，采用多种服务方式和服务渠道，如ATM、电话银行、网上银行、移动银行等。三是集成性，电子银行利用新技术集成不同的银行服务手段，并采用金融企业组织形式进行经营与管理。

二、网上银行

网上银行是Internet时代金融电子化与信息化建设的最新内容，是电子银行的高级发展阶段。它是一种崭新的网上金融系统，突破了实物媒介在空间与时间上的局限性，缩短了客户与银行间的距离，能够为客户提供全方位、全天候、便捷、实时的金融服务。

（一）网上银行的定义

网上银行也称为网络银行、在线银行，是指银行利用网络技术，通过网络向客户提供开户、销户、查询、对账、行内转账、跨行转账、信贷、网上证券、投资理财等传统服务项目，使客户足不出户就能够安全便捷地管理活期和定期存款、支票、信用卡及进行个人投资等。可以说，网上银行就是网络上的虚拟银行柜台，它直接把触角延伸到了客户办公室、家中的桌面上，大大延伸与拓展了银行业务的范围，直接为电子商务的发展服务。

（二）网上银行与传统银行的比较

与传统银行相比，网上银行有以下优点。

1. 实现零距离服务

网上银行是以计算机网络与通信技术为依托，以金融服务业为主导的现代化银行。网上银行不仅提供丰富的信息资讯服务，而且可以进行实际的金融交易，使客户足不出户便可完成与银行的各种业务往来，实现银行对客户的零距离服务。

2. 突破时空限制

网上银行突破了传统银行业务在时间上的限制，实行7（天）×24（小时）全天候运营，使银行更加贴近客户，更加方便客户。

3. 成本优势

网上银行能降低成本，提高效益，是银行竞争更加有效的手段。

（三）网上银行的分类

1. 按照网上银行的主要服务对象分类

按照网上银行的主要服务对象可以将网上银行分为企业网上银行和个人网上银行两种。

（1）企业网上银行。企业网上银行主要面向企业与政府部门等企事业组织客户。企事业组织可以通过企业网上银行服务实时了解组织财务运作情况，及时在组织内部调配资金，轻松处理大批量的网上支付和工资发放业务，并可处理信用证相关业务。

（2）个人网上银行。个人网上银行主要适用于个人与家庭的日常消费支付和转账。客户可以通过个人网上银行服务，完成实时查询、转账、网络支付、汇款和理财投资等操作。个人网上银行服务的出现，标志着银行的业务触角已经延伸到个人客户的家庭电脑和手机中，方便实用。

2. 按照网上银行的组成架构分类

按照网上银行的组成架构可以将网上银行分为纯网上银行和以传统银行拓展网上业务为基础的网上银行两种形式。

（1）纯网上银行。纯网上银行是一种完全在互联网基础上发展起来的全新网上银行，也称为虚拟银行。此类网上银行除了后台处理中心外，没有其他任何物理上的营业机构，没有分支机构，也没有营业网点，所有的银行业务均通过互联网进行。

深度解码

我国第一批纯网上银行

（2）以传统银行拓展网上业务为基础的网上银行。这类网上银行是指在传统银行基础上运用公共的互联网服务，设立新的网上服务窗口，开展传统的银行业务，并且通过提供个人网上银行、企业网上银行等服务，将传统银行业务延伸到网络上，在原有银行的基础上开发网上银行业务，是实体与虚拟相结合的银行。此类网上银行是利用互联网辅助银行开展业务，而不是完全的电子化和网络化的形式。

（四）网上银行提供的服务

随着金融业信息化水平的不断提高，网上银行提供的服务种类越来越丰富，服务的深度也越来越高。网上银行除了能够提供在线查询账户、转账、汇款、自助缴费功能，还能够提供一些非常方便的增值服务，比如自助归还贷款、基金外汇的买卖、资金在储蓄账户和股票保证金账户之间的转换、不限时的股票委托买卖等。客户只需开通网上银行功能，无论在哪家银行，都可以享受这些基本的服务。

网上银行一般情况下主要为客户提供以下服务。

1. 基本网上银行业务

商业银行提供的基本网上银行服务包括在线查询账户余额与交易记录、下载数据、转账和网上支付等。

2. 网上投资

金融服务市场发达，可以投资的金融产品种类众多，国外的网上银行一般提供包括股票、期权、共同基金投资和信用违约合同（Credit Default Swaps，CDS）买卖等多种金融产品服务。国内的网上银行提供基金、理财、保险、国债、黄金、贷款等金融产品服务。

3. 网上购物

商业银行的网上银行开展的网上购物协助服务，大大方便了客户网上购物，为客户在相同的服务品种上提供了优质的金融服务和相关的信息服务，加强了商业银行在传统竞争领域的竞争优势。

4. 个人理财助理

个人理财助理是国外网上银行重点发展的一个服务品种。各大银行将传统银行业务中的理财助理转移到网上进行，通过网络为客户提供理财的各种解决方案，并提供咨询建议，或者提供金融服务技术的援助，从而极大地扩大了商业银行的服务范围，并降低了相关的服务成本。

5. 企业银行

企业银行服务是网上银行服务中最重要的部分之一。其服务品种比个人客户的服务品种更多，也更为复杂，对相关技术的要求也更高，所以能够为企业提供网上银行服务是商业银行实力的象征之一，一般中小网上银行或纯网上银行只能部分提供，甚至完全不提供这方面的服务。

企业银行服务一般提供账户余额查询、交易记录查询、总账户与分账户管理、转账、在线支付各种费用、透支保护、储蓄账户与支票账户资金自动划拨、商业信用卡等服务。有的网上银行也会提供投资服务。此外，部分网上银行还会为企业办理网上贷款业务。

6. 其他金融服务

除了银行服务外，大商业银行的网上银行均通过自身或与其他金融服务网站联合的方式，为客户提供多种金融服务产品，如保险、抵押和按揭等，以扩大网上银行的服务范围。

三、移动银行（手机银行）

移动银行（Mobile Banking Service）也可称为手机银行，是利用移动通信网络及终端办理相关银行业务的简称。作为一种结合了货币电子化与移动通信的崭新服务，移动银行业务不仅可以使人们在任何时间、任何地点处理多种金融业务，而且极大地丰富了银行服务的内涵，使银行能以便利、高效而又较为安全的方式为客户提供传统和创新的服务。而移动终端所独具的贴身特性，使之成为继ATM、互联网、POS之后银行开展业务的又一种强有力工具，越来越受到国际银行业者的关注。

手机银行也是电子银行系统的重要组成部分。它作为一种崭新的银行服务渠道，在网上银行全网互联和高速数据交换等优势的基础上，更加突出了移动通信“随时随地、贴身、快捷、方便、时尚”的独特性，真正实现了“Whenever、Wherever”（任何时间、任何地点）银行业务的办理，成为银行业一种更加便利、更具竞争性的服务方式。

国内各大商业银行纷纷推出手机银行服务，基本能够提供银行的各类基础业务服务。以中国工商银行为例，其手机银行服务已经能够覆盖所有移动和联通手机用户，客户可以获得7（天）×24（小时）的全天候服务，包括：查询账户、转账/汇款资金实时到账、捐款、缴纳电话费和手机话费、网络消费实时支付等。

手机银行是网上银行的延伸，也是继网上银行、电话银行之后又一种方便银行客户的金融业务服务方式，有“贴身电子钱包”之称。国内开通手机银行业务的银行有中国邮政储蓄银行、中国工商银行、招商银行、中国银行、中国建设银行、交通银行、广东发展银行、平安银行、中信银行、中国农业银行等，其业务大致可分为三类：（1）查缴费业务，包括账户查询、余额查询、账户明细查询、转账汇款明细查询、缴水电费、缴电话费等；（2）购物业务，指客户将手机信息与银行系统绑定后，可通过手机银行平台进行商品购买；（3）理财业务，包括炒股、炒汇等。如图3-1所示。

总的来说，同传统银行和网上银行相比，手机银行有以下特点：

（1）更方便。可以说手机银行功能强大，是网络银行的一个精简版，但是远比网络银行方便，因为可随身携带，而且便于小额支付。

中国建设银行　　　　交通银行

图 3-1　手机银行 App

视界瞭望台

数字人民币

（2）更广泛。提供 WAP 网站的支付服务，实现一点接入、多家支付。

（3）更有潜力。暂时还不成熟的商业模式和用户习惯，导致手机银行和支付的发展还没有达到许多人在“.com”时代的预期。网络银行的成功在于它不仅是银行业电子化变革的手段，而且迎合了电子商务的发展要求，而手机银行在这方面还有很大的潜力可以发掘。

行动指南针

手机银行和网上银行开通及使用的步骤

各大银行手机银行和网上银行开通步骤基本相同，下面以建设银行手机银行和网上银行为例，介绍开通及使用的流程。

视界瞭望台

新征程 再出发：从二十大报告看中国、看文化自信

1. 手机银行开通及使用指南

手机银行分为签约高级版和非签约普通版。签约高级版需要客户持建行银行卡和身份证去建行网点签约，签约后可享受转账、缴费支付、信用卡等各类服务；非签约普通版客户可以凭银行卡通过手机或网站直接开通，开通后可使用缴费支付、查询等功能。

（1）开通条件。

您只需拥有：建行银行卡或存折、在申领银行卡或存折时使用的有效身份证件、

一部支持上网功能的手机。

（2）开通指南。

用户类型	非签约普通版客户	签约高级版客户
开通方式	通过建行官方网站或手机开通	通过网点开通
注意事项	客户需拥有建设银行银行卡、身份证件；如果使用手机银行客户端，需拥有一部智能手机	客户需拥有建设银行银行卡、身份证件；如果使用手机银行客户端，需拥有一部智能手机
可享服务	可使用各项查询类功能以及账户管理、缴费支付及网点搜索等功能	可使用手机银行全部功能

（3）非签约普通版客户开通流程。

电脑：进入建设银行官方网站，选择“电子银行”→在“手机银行”栏目点击“马上开通”→阅读协议及风险提示→填写手机号码及账户信息→输入短信验证码及账户密码→设置手机银行登录密码。进入后可以通过“悦生活”进行缴费支付等交易。

手机：手机上下载建行手机银行客户端→安装→进入“建行手机银行客户端”功能，左上角点击“未登录”→开通→阅读“建行手机银行服务协议”，点击接受→填写手机号码及账户信息→输入短信验证码及账户密码→设置手机银行登录密码。进入后可以通过“悦生活”进行缴费支付等交易。

（4）签约高级版客户开通流程。

客户可携带本人身份证与建行卡，去建行任一网点签约建行手机银行。进入手机银行后可使用转账、缴费支付、信用卡等各类功能。

2. 个人网银开通及使用指南

个人网银分为签约高级版、非签约普通版、非签约便捷支付客户。签约高级版需要客户持建行银行卡和身份证去建行网点签约，签约后即可享受转账、缴费支付、信用卡等各类服务；非签约普通版和非签约便捷支付客户可以凭银行卡通过网站直接开通，开通后可使用缴费支付、查询等功能。

（1）开通条件。

您只需拥有：建行银行卡或存折、在申领银行卡或存折时使用的有效身份证件。

（2）开通指南。

用户类型	非签约普通版客户	非签约便捷支付客户	签约高级版客户
开通方式	在建行官方网站或通过柜台、E 动终端开通	在建行官方网站或通过柜台、E 动终端开通	在建行网点或通过 E 动终端开通
手机绑定	需要	需要	需要

续表

用户类型	非签约普通版客户	非签约便捷支付客户	签约高级版客户
注意事项	身份证件类型、证件号码需与签约账户开户时一致	账户开户时预留的手机号码和目前使用的手机号码一致	开通后首次使用网上银行，需设置网上银行登录密码
可享服务	账户查询、投资理财、本人信用卡还款	小额转账汇款、单笔缴费支付、网上支付功能	网银提供的全部功能，包括：我的账户、转账汇款、缴费支付、信用卡、个人贷款、投资理财等

（3）非签约普通版客户开通流程。

电脑：进入建设银行官方网站，选择“电子银行”→在“网上银行”栏目点击“马上开通”，选择“便捷支付客户网上自助开通”→阅读协议及风险提示→填写手机号码及账户信息→输入短信验证码及账户密码→设置登录密码、私密问题及答案。

（4）签约高级版客户开通流程。

客户可携带本人身份证与建行卡，去建行任一网点签约建行网上银行。进入网上银行后可使用转账、缴费支付、信用卡等各类功能。

实践心体会

同学们各自开通自己银行卡的手机银行，相互比较一下不同银行的手机银行有什么特点和不同。

____

____

____

学习任务二 电子支付

学习任务单 3-2

学习情境	小米下载了自己手中银行卡的手机银行 App，完成注册并利用业余时间到银行柜台完成了手机银行绑定。小米又听说网上购物用支付宝付款更方便，有第三方做担保，退款更容易，而且支付宝刷脸支付特别方便。小米决定开通支付宝，完成购物体验。同学们，你也和小米一道开通支付宝吧！
环境需求	1. 互联网接入。 2. 计算机（每人一台）。 3. 智能手机。 4. 银行卡。 5. 学习任务考核单（可在教学资源包中下载电子版）。
任务描述	任务 1：体验电子支付。 登录移动或联通网上营业厅为自己的手机进行话费充值（金额自定义）： 中国移动：http://www.10086.cn； 中国联通：http://www.10010.com。 任务 2：体验第三方支付。 1. 手机下载安装支付宝 App，注册并实名认证，登录并绑定个人银行卡。 2. 查看并了解支付宝都有哪些功能，尝试购买电影票等。 3. 开通支付宝刷脸支付，并体验刷脸支付。 4. 打开微信服务钱包绑定个人银行卡，了解微信支付服务的范围。 5. 横向对比支付宝与微信支付，总结二者的异同。 任务 3：体验数字人民币（开通试点地区尝试，未开通地区忽略此任务）。 手机下载数字人民币 App，注册登录，了解其功能和服务范围。 以上任务建议 2 学时完成。
素养提升	学习“素养提升站”内容，树立民族自信。
任务间歇	播放励志 MV（教学资源包提供）。
课堂讨论	你对电子支付有什么看法？
小调查	1. 你的手机用的是什么网络？ □联通 □移动 □电信 2. 你经常使用下列哪种付款方式？ □现金 □支付宝 □微信 □其他 3. 你知道数字人民币吗？ □知道 □不知道
任务拓展	数字人民币和支付宝有什么不一样？网上搜索相关内容，并做总结。

学习任务考核单 3-2

组名：　　　　　　　　　　　　　　　　　　　　　　　　　　　　编号：3-2

序号	任务	分值	总结与归纳	成绩
1	怎样给手机充值?	20 分		
2	开通支付宝的条件和步骤是怎样的?	20 分		
3	支付宝与微信支付有什么区别?	30 分		
4	数字人民币与第三方支付有什么区别?	30 分		
合　计				

理论充电站

一、电子支付简介

（一）电子支付的定义

2005 年 10 月，中国人民银行公布了《电子支付指引（第一号）》，其中规定："电子支付是指单位、个人（以下简称客户）直接或授权他人通过电子终端发出支付指令，实现货币支付与资金转移的行为。电子支付的类型按电子支付指令发起方式分为网上支付、电话支付、移动支付、销售点终端交易、自动柜员机交易和其他电子支付。"

简单来说，电子支付（Electronic Payment）是指电子交易的当事人，包括消费者、厂商和金融机构，使用安全电子支付手段，通过网络进行的货币支付或资金流转。电子支付是电子商务系统的重要组成部分。

（二）电子支付的特点

电子支付通常在专用网络上进行信息传输，通过 PC、POS 等机具进行处理。与传统的支付方式相比较，电子支付具有以下特点：

深度解码

电子支付的发展阶段

（1）电子支付采用先进的信息技术来完成信息传输，其各种支付方式都是采用数字化的方式进行款项支付的；而传统的支付方式则是通过现金的流转、票据的转让及银行的汇兑等物理实体的流转来完成款项支付的。

（2）电子支付的工作环境基于一个开放的系统平台（如互联网）；而传统支付则是在较为封闭的系统中运作。

(3) 电子支付使用的是最先进的通信手段，如互联网、外联网，它对软件、硬件设施的要求很高；而传统支付使用的则是传统的通信媒介，它对软件、硬件设施没有那么高的要求。

(4) 电子支付具有方便、快捷、高效的优势。用户只要拥有通信网络终端设备，足不出户便可在短时间内完成整个支付过程。电子支付可以完全突破时间和空间的限制，可以满足每周 7 天、每天 24 小时的工作模式。而传统支付则受时间和空间的制约，使用不便捷。

视界瞭望台

我国支付方式的变迁

(三) 常见的电子支付方式

在电子商务高速发展的今天，支付方式也多种多样，常用的有汇款、货到付款、电子支付等方式，这些方式同时并存，但又不尽相同。其中，电子支付是目前电子商务支付的主流，如支付宝、微信支付等。

二、第三方支付平台

随着电子商务的蓬勃发展，网上购物、在线交易对于消费者而言已经从一个新鲜、未知的事物变成了日常生活的一部分。对于网络商家而言，传统的支付方式如银行汇款、邮政汇款等，都需要购买者去银行或邮局办理烦琐的汇款业务；而如果采用货到付款方式，又给商家带来了一定风险和昂贵的物流成本。买卖双方都迫切需要一种便捷又安全的付款方式。因此，网上支付平台在这种需求下逐步产生和发展起来。在线支付作为电子商务的重要组成部分之一，成为网络商务发展的必然趋势。

第三方支付平台的应用有效避免了交易过程中退换货、诚信等方面的风险，为商家开展 B2B、B2C 甚至 C2C 交易等电子商务服务和其他增值服务提供了完整的支持。所谓第三方支付平台，就是一些和国内外各大银行签约并具备一定实力和信誉保障的第三方独立机构提供的交易支持平台，它相当于一个中介人的角色，连接着卖家与买家。买家在网上选定要购买的商品后，将货款支付给第三方支付平台，平台收到货款后通知卖家发货，等买家收到商品后给出确认信息，第三方支付平台就会将货款转入卖家的账户中（如图 3-2 所示）。由于整个交易过程中货款寄存在第三方支付平台这个中介处，因此买家不用担心自己付款以后卖家不发货，卖家也不必担心发货以后买家不付款。

与网上银行和传统的汇款方式相比，第三方支付平台有明显的优势：

第一，第三方支付平台有延期付款功能，买家可在收到货物后才确认付款，从而规避部分网购欺诈风险。

第二，付款不受时间限制。卖家开通一家第三方支付平台，可对接买家几乎所有银行卡，免去传统支付方式中买家要办理多家银行卡的烦恼。

第三，免去了传统支付方式（如银行汇款、邮政汇款等）的烦琐业务。

深度解码

中国第三方支付产业概况

中国的第三方支付产品主要有支付宝、微信支付、百度钱包、中汇支付、拉卡拉、财付通、融宝、盛付通、通联支付、易宝支付、中汇宝、快钱、国付宝、

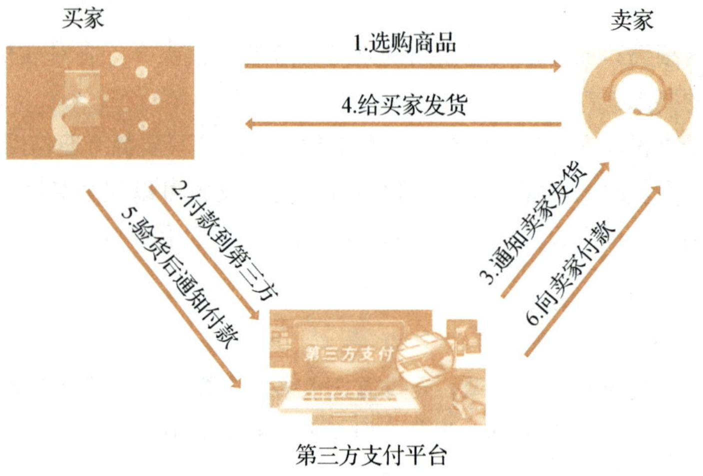

图 3－2　第三方支付交易流程图

物流宝、网易宝、网银在线、环迅支付、汇付天下、汇聚支付、中投科信、宝付、乐富等。下面主要介绍几款常用的支付平台，其他平台可以通过百度搜索了解。

（一）支付宝

支付宝（AliPay）是阿里巴巴集团淘宝网于 2003 年推出的第三方支付服务，支付宝（中国）网络技术有限公司于 2004 年成立。支付宝旗下有“支付宝”与“支付宝钱包”两个独立品牌，2013 年，支付宝就已超越贝宝（PayPal）成为全球最受欢迎的数字钱包。手机支付宝页面如图 3－3 所示。

图 3－3　手机支付宝页面

深度解码

支付宝的发展历程

支付宝与国内外 180 多家银行以及 VISA、MasterCard 等国际组织建立了战略合作关系，成为金融机构在电子支付领域最为信任的合作伙伴之一。

支付宝的主要功能如下：

（1）支持余额宝，理财收益随时查看；

（2）支持各种场景关系，群聊群付更方便；

（3）提供本地生活服务，买单打折尽享优惠；

（4）为父母、子女建立亲情账户；

（5）随时随地查询淘宝账单、账户余额、物流信息；

（6）免费异地跨行转账；

（7）还信用卡、付款、缴费、充话费、卡券信息智能提醒；

（8）行走捐，支持接入 iPhone 健康数据，可与好友一起健康行走及互动，还可

深度解码

支付宝已覆盖国家和地区名单

以参与公益；

（9）蚂蚁森林，通过特定方式获得能量，能量可以养成一棵树，养成后即可在现实中某个地域种下一棵实体的树。

（二）微信支付

微信支付是腾讯集团旗下中国领先的第三方支付平台。腾讯发布的数据显示，截至 2023 年第三季度，微信及 WeChat 的月活跃账户达到 13.36 亿，依托微信平台的微信支付，其潜在客户数量和支付规模也是相当可观的。其国内市场份额仅次于支付宝，全球排名第三。微信支付页面如图 3－4 所示。

图 3－4　微信支付页面

知识拓展

微信支付发展历程

微信支付已实现刷卡支付、扫码支付、公众号支付、App 支付，并提供企业红包、代金券、立减优惠等新营销工具，满足用户及商户不同的支付场景需求。

微信支付主要功能如下。

1. 技术保障

微信支付后台有腾讯的大数据支撑，借助海量的数据和云计算功能能够及时判定用户的支付行为是否存在风险。基于大数据和云计算的全方位的身份保护，能够最大限度地保证用户交易的安全性。同时微信安全支付认证和提醒，能够从技术上保障每个交易环节的安全。

2. 客户服务

7（天）×24（小时）客户服务，加上微信客服，及时为用户排忧解难。同时为微信支付开辟专属客服通道，以最快的速度响应用户提出的问题并做出判断处理。

3. 业态联盟

基于智能手机的微信支付，将受到多个手机安全应用厂商的保护，如腾讯手机管家等，与微信支付一道形成安全支付的业态联盟。

4. 安全机制

微信支付从产品体验的各个环节考虑用户心理感受，形成了整套安全机制和手段。这些机制和手段包括：硬件锁、支付密码验证、终端异常判断、交易异常实时监控、交易紧急冻结等。这一整套的机制将对用户形成全方位的安全保护。

视界瞭望台

怎么制作微信、支付宝二合一收款码

（三）度小满钱包

度小满钱包（原“百度钱包”），是度小满金融（原“百度金融”）旗下的第三方支付应用和服务平台。度小满钱包提供的链接包括百度 App、百度网盘、百度地图、百度贴吧、爱奇艺、度小满理财、有钱花等各大消费、投资理财场景的商户与海量用户，让用户在移动时代享受一站式支付体验。

度小满钱包支持包括国有银行、股份制银行、城商行、农商行、地方性银行等在内的百余家银行。除了支付账户服务，度小满钱包还提供各类期限定期理财、保险、基金、消费贷款等金融服务。

度小满钱包余额除提现外，还可以用于话费充值、交易消费、有钱花还款或转账到他人的度小满钱包中，同时在百度 App 小说、阅读、文库及百度网盘、百度地图、百度贴吧、爱奇艺中也可使用。

三、移动支付

（一）移动支付的含义

移动支付是电子支付的一种常用形式，是指移动客户端使用手机等终端设备，通过接入通信网络或使用近距离通信技术完成信息交互，使资金从支付方向受付方转移，从而实现支付目的的一种方式。移动支付将互联网、终端设备、金融机构有效地联合起来，形成了一个新型的支付体系。移动支付无需烦琐的手续，操作简单、方便，随着人们对移动支付的接受度和信任度越来越高，它在日常生活各个领域中的使用范围也越来越广。

（二）移动支付的方式

在国家大力投资新型基础设施建设的背景下，移动支付的方式也在不断创新，并呈现出多元化的发展态势。目前，移动支付的方式主要包括条码支付、二维码支付、近距离无线通信（NFC）支付和刷脸支付四种。

1. 条码支付

条码支付是一种现场支付方式。在该支付方式下，商家直接使用扫码枪等条码识别设备扫描消费者手机上的条形码，完成付款。消费者仅需出示付款码，所有收款操作由商家端完成。条码支付多用于日常购物消费，如便利店、超市、自动售货机、餐饮店等。

2. 二维码支付

二维码支付是一种基于账户体系搭建的新一代无线支付方式，它是通过把账号、商品价格等交易信息汇集起来生成一个二维码，然后用手机扫描二维码来完成交易。

二维码支付主要有两种支付方式：一是消费者让商家扫描付款码付款；二是由消费者扫描商家给的二维码转账付款。不管采用哪种方式付款，二维码支付都需要具备二维码、扫码设备和网络三个要素。

调查数据显示，在移动支付方式中，二维码支付占比高达 95.2%，购物、餐饮、出行、医疗服务、各种缴费等都可以通过二维码支付的方式来结算，其中支付宝扫码支付和微信扫码支付较为典型。

3. NFC 支付

NFC 支付是指消费者在购买商品或服务时，即时采用 NFC（Near Field Communication）技术通过手机等手持设备完成支付。它是新兴的一种移动支付方式。NFC 支付的信息处理在现场进行，并且在线下进行，不需要使用移动网络，而是使用 NFC 射频通道实现与 POS 机或自动售货机等设备的本地通信。NFC 近距离无线通信是近场支付的主流技术，它是一种短距离的高频无线通信技术，允许电子设备之间进行非接触式点对点数据传输交换数据。该技术由射频识别（Radio Frequency Identification，RFID）演变而来，并兼容 RFID 技术，其由飞利浦、诺基亚、索尼、三星、中国银联、中国移动、捷宝科技等主推，主要用于手机等手持设备中。

4. 刷脸支付

刷脸支付是一种基于人工智能、机器视觉、大数据等技术实现的新型支付方式，具有便捷、安全、体验好等优势。使用这种支付方式，消费者不需要钱包、信用卡或手机，只需要面对 POS 机屏幕上的摄像头，系统便会自动地将消费者面部信息与个人账户相关联并完成支付。图 3－5 所示为刷脸支付的使用场景。

图 3－5　刷脸支付的使用场景

刷脸支付属于典型的生物识别支付，随着移动支付与金融领域的加速融合，未来生物识别支付可能会出现更多的形式。一般来说，任何新技术的推广都需要一个过程，要想缩短这个过程，就需要更多贴合商家需求的功能和应用场景的落地，以及安全性的保障。

视界瞭望台

熊猫公交刷
掌脉付款
购票购物

四、数字人民币支付

（一）数字人民币的含义

数字人民币，字母缩写按照国际使用惯例暂定为“e-CNY”，是由中国人民银行发行的数字形式的法定货币，由指定运营机构参与运营并向公众兑换，以广义账户体系为基础，支持银行账户松耦合功能，与纸钞和硬币等价，具有价值特征和法偿性，支持可控匿名。

数字人民币的概念有两个重点：一个是数字人民币是数字形式的法定货币；另一个是与纸钞和硬币等价。数字人民币主要定位于现金类支付凭证（M0），将与实物人民币长期并存，主要用于满足公众对数字形态现金的需求，助力普惠金融。

与比特币等虚拟币相比，数字人民币是法币，与法定货币等值，其效力和安全性是最高的；而比特币是一种虚拟资产，没有任何价值基础，也不享受任何主权信用担保，无法保证价值稳定。这是央行数字货币与比特币等加密资产的最根本区别。

（二）数字人民币的特点

1. 双离线支付

可满足飞机、邮轮、地下停车场等网络信号不佳场所的电子支付需求。

2. 安全性更高

如果真的发生了盗用等行为，与实名钱包相比，数字人民币的优势是可提供挂失功能，安全更有保障。

3. 多终端选择

不愿意用或者没有能力用智能手机的人群，可以选择 IC 卡、功能机或者其他硬件。

4. 多信息强度

根据掌握客户信息的强度不同，可把数字人民币钱包分成几个等级。如大额支付或转账，必须通过信息强度高的实名钱包进行。

5. 点对点交付

通过数字货币智能合约的方式，可以实现定点到人交付。如民生资金，可以发放到群众的数字钱包上，从而杜绝虚报冒领、截留挪用的可能性。

6. 高可追溯性

在有权机关严格依照程序出具相应法律文书的情况下，进行相应的数据验证和交叉比对，可为打击违法犯罪提供信息支持。即使腐败分子通过化整为零等手段遮掩，也难以逃避监管。

素养提升站

树立民族自信

2022 年 2 月 10 日，在北京“两区”建设专场新闻发布会上，北京市地方金融监督管理局介绍，数字人民币试点已经覆盖冬奥全场景 40 余万个，交易金额达到 96 亿元。冬奥会的一位志愿者表示：“我接触到的志愿者和工作人员基本都使用了数字人民币 App，几分钟就完成了下载、注册、绑定银行卡。办理数字人民币硬钱包，也有中国银行的工作人员全程指导，用餐、咖啡厅以及特产店等都可以直接使用，现在我们使用数字人民币已经相当熟练。”

更有外媒认为，在2022年的北京冬奥会上，VISA迎来竞争者，不得不与中国法定数字货币e-CNY共同构成冬奥会电子支付体系。外宾普遍认为数字人民币开立与消费都相当友好，在工作人员的指导下，几分钟就完成了外汇兑换与数字人民币App的下载，还免费兑换了数字人民币硬钱包。

行动指南针

第三方支付工具申请与使用程序

下面以支付宝为例，介绍第三方支付工具的申请与使用。

1. 注册支付宝

(1) 电脑端登录支付宝官网（www.alipay.com），选择“我是个人用户”，点击“立即注册”。

(2) 推荐去支付宝App注册，如果想要继续在电脑上注册，点击“切换”。电脑端注册时，默认选择“中国大陆”，输入手机号码和校验码，点击“下一步”，如校验码一直没有收到，可以点击“重新获取短信”，如图3-6所示。

图3-6　支付宝个人账户手机号注册

(3) 填写账户基本信息“账户注册成功则默认为手机注册账户，账户绑定此手机号”。

温馨提示：姓名、身份证号码必填，需要您的真实信息。注册完成后不可修改。另外，该页面的职业、常用住址信息亦为必填项。

(4) 点击“确认”成功后，会有两种情况：

第一种：未通过身份信息验证，可以在网上购物，但不可以充值、查询收入明细，收款功能也不可使用。解决方法是点击完成“实名认证”。如原来已有支付宝账户通过了实名认证，可点击“关联认证”操作。

第二种：通过身份信息验证，可以使用支付宝所有功能，但收款额度只有5 000元/年。解决方法是完成实名认证，完成后即无收款额度限制。

（5）姓名和身份证号码通过身份信息验证后，页面提示绑定银行卡，输入银行卡卡号及该卡银行预留手机，点击“同意协议并确定”，如图3-7所示。

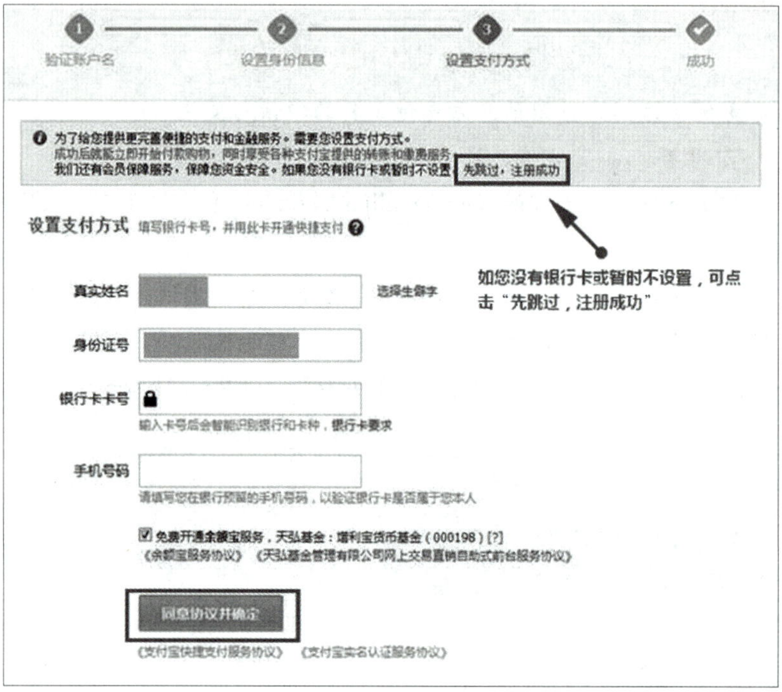

图3-7　绑定银行卡

（6）输入校验码，点击“确认，注册成功”，开通支付宝服务且绑定银行卡的操作就完成了，如图3-8所示。

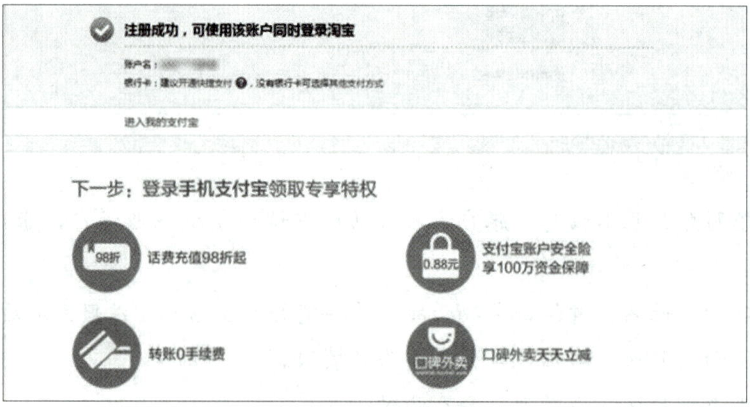

图3-8　开通支付宝服务且绑定银行卡操作完成

2. 使用支付宝

在电脑端进入支付宝相关网页，或者手机端下载支付宝 App 并登录注册好的支付宝账号就可以使用了。

实践心体会

通过体验支付宝付款，谈谈你对第三方支付的看法，并将结果写到下面横线上。

____

____

____

项目小结

电子银行、电子支付等都是电子商务领域比较重要的内容，学生应重点掌握手机银行、第三方支付平台、数字人民币等支付方式的具体使用过程。

拓展课余练

知识小测验

项目三

1. 访问中国银行、中国工商银行、招商银行、中国建设银行官网，分析不同银行网上银行的特点。

2. 登录支付宝和微信支付平台，了解这两个支付平台的功能。

3. 实地调查你所在城市目前有哪些业务已经实现移动支付（例如乘坐公交、缴费业务、自动售货机等）、采用哪些移动支付方式。

项目四
电子商务应用模式

项目简介

随着电子商务的迅猛发展，我们的衣食住行已逐渐离不开电子商务，企业也利用电子商务的方式进行管理和营销。电子商务的参与者很多，有顾客、企业、政府、网络服务的提供者（ISP）、在线服务的提供者、配送和支付服务的提供者、认证中心等。由于参与者性质和交易对象的不同，电子商务形成了 B2C、B2B、C2C 等不同的电子商务应用模式。近年来随着互联网的不断发展，又出现了 O2O 电子商务、移动电子商务等应用模式。

本项目主要包括 C2C 电子商务模式、B2C 电子商务模式、B2B 电子商务模式、O2O 电子商务模式、新兴电子商务模式等五个学习任务，通过实例分析、课堂讨论和实践、实训等形式，帮助学生由浅入深地理解并掌握几种典型的电子商务应用模式。

项目目标

★知识目标：

1. 了解 C2C 电子商务模式的含义、主要利润来源，掌握 C2C 电子商务交易平台的经营模式；
2. 了解 B2C 电子商务模式的含义、特点，掌握 B2C 电子商务的应用模式；
3. 了解 B2B 电子商务模式的含义、优势，掌握 B2B 电子商务交易平台的类型；
4. 了解 O2O 电子商务模式的含义、优势、发展历程，掌握 O2O 电子商务平台的运营模式和应用实例；
5. 了解移动电子商务、跨境电商和农村电商的含义，掌握移动电子商务的主要应用、跨境电商产业链、农村电商的分类和农产品电商发展趋势。

★能力目标：

1. 能辨析 C2C 电子商务交易平台的经营模式；
2. 能辨析 B2C 电子商务的应用模式；
3. 能辨析 B2B 电子商务交易平台的类型；
4. 能辨析 O2O 电子商务平台的运营模式；
5. 能辨析移动电子商务的主要应用；
6. 能辨析农村电商的分类。

★素养目标：

1. 树立诚信意识、质量意识；
2. 能够与时俱进，时刻关注电子商务应用模式的发展；
3. 具备创新思维，会用发展的眼光看问题。

项目实施

通过案例分析、学生自学、课堂讨论、模拟演练等形式，教师作为组织者、指导者和共同学习者，与学生共同完成本项目的学习，并进行总结。

引导案例

20 万大学生上淘宝开店 “鬼点子”助突出重围

根据教育部的统计，2023 年全国普通高校毕业生为 1 158 万人，就业压力增大，有些人选择开网店实现梦想。据估计，20 年来约有 20 万大学生涌入淘宝开店创业。这里的大学生指的是 25 岁以下的在校生、应届毕业生等。

《中国大学生创业报告》数据显示，2019 年有超过 75%的受访在校大学生具有创业意愿。在新的就业形势下，教育部也鼓励高校毕业生自主创业，并首次明确把“开网店”纳入就业统计指标。

各类开网店平台成为年轻人的创业起点，它们门槛低、商业基础设施完善，聚集了大批年轻用户，对创业者十分友好。

数据显示，淘宝上每天都会诞生 1 000 多个新奇“鬼点子”，小众文化也能找到同类，年轻人靠创意在激烈的竞争中突出重围。

生于 1997 年的成都女孩张静雯创立了淘宝汉服店“兰若庭”，第一年销售额就过了 100 万元，随后年年业绩飙升。如今，她的淘宝店 1 年的销售额超过 1 亿元，其销量是淘宝上汉服行业的第 1 名。她的店里不只有漂亮的传统汉服，还上新了一款可以穿着跑步的运动汉服。

从澳大利亚回国开淘宝店的“95 后”大学生黄斓曦，做了一款宠物专属奶茶，让宠物也能体验人类喝奶茶的快乐，产品一上架就被“喵星人”“汪星人”爱上了，现在店铺每个月销售额超过 40 万元。

思考：

1. 毕业后，你更愿意进入职场，还是选择创业？

2. 淘宝是一种什么类型的电子商务应用模式？电子商务应用模式有哪些？为什么很多大学生都选择在淘宝开店？

学习任务一 C2C 电子商务模式

学习任务单 4-1

学习情境	小米开通了支付宝，在淘宝店铺里购买了一件心仪已久的裙子，完成了一次网上购物，拿到裙子后小米非常满意，小米觉得网络太好了，足不出户就买到了物美价廉的商品。通过之前的课程学习，小米了解到，这家淘宝店铺是个人店铺，应该属于 C2C 交易模式，那么常见的 C2C 电子商务交易平台有哪些？这些平台主要有哪些利润来源，又有哪些经营模式呢？同学们和小米一起来学习吧！
环境需求	1. 互联网接入。 2. 计算机（每人一台），相机（每组一台）。 3. 学习任务考核单（可在教学资源包中下载电子版）。
任务描述	访问淘宝网和拼多多 App，利用搜索工具了解 C2C 业务的基本概念、经营模式分类，并在学习小组中讨论交流。 以上任务建议 4～6 学时完成。
素养提升	学习“素养提升站”内容，谈一谈如何看待刷单问题，了解《电子商务法》，树立合法合规经营的意识。
任务间歇	播放励志 MV（教学资源包提供）。
课堂讨论	淘宝网与拼多多有什么差别？
小调查	1. 淘宝网和拼多多，你更喜欢在哪个平台上购物？ □淘宝网　□拼多多 2. 你在闲鱼 App 上发布过二手商品吗？ □是　□否
任务拓展	在手机上下载闲鱼 App，尝试买卖二手商品。

学习任务考核单 4-1

组名：　　　　　　　　　　　　　　　　　　　　　　　　编号：4-1

序号	任务	分值	总结与归纳	成绩
1	C2C 电子商务的利润来源主要有哪些？	30 分		
2	C2C 电子商务交易平台的经营模式有哪些？	40 分		
3	体验 C2C 购物。	30 分		
合　计				

理论充电站

一、C2C 电子商务模式简介

（一）C2C 电子商务的含义

C2C（Consumer to Consumer），即消费者与消费者之间的电子商务。通过互联网，消费者之间也可以互相买卖商品，其特点是消费者与消费者之间可以讨价还价。例如，网上拍卖网站、全球性在线竞价交易网站，每天均可提供上万件在线商品供客户竞价。C2C 电子商务交易平台的成功之处在于它正确的市场定位，网站可以是多客户类型、多交易类型、多拍卖类型，以各种网上拍卖的方式运营。网站通过提供交易平台和相关服务，收取交易佣金。

（二）C2C 电子商务的主要利润来源

C2C 电子商务交易平台是以一种第三方平台的身份参与 C2C 模式的，此特性注定 C2C 企业的网上盈利点不会很多，列举如下。

1. 交易手续费

交易平台向交易成功的双方收取占交易额相对比例的佣金。例如，拼多多的收费政策便体现在这一方面。

2. 增值服务费

网站为提高用户满意度，满足用户个性化服务的要求，可以向用户提供基本服务以外的特色服务，并从中收取一定比例的佣金，这称为增值服务费。目前此种收费模式在 C2C 网站得到广泛应用，如店铺管理增值服务、卖家推广服务、网站主页广告服务、个性化广告推广增值服务等，比如淘宝直通车、店铺装修等。

3. 广告费

网站向有关行业出售一定版面作为广告的展示平台，从中收取佣金，这也是互联网企业最稳定的收入来源。

二、C2C 电子商务交易平台的经营模式

知识拓展

中国 C2C 简史

C2C 网站的主要经营模式是网上拍卖。网上拍卖指网络服务商利用互联网通信传输技术，向商品所有者或某些权益所有人提供有偿或无偿使用的互联网技术平台，让商品所有者或某些权益所有人在其平台上独立开展以竞价、议价方式为主的在线交易的模式。

（一）网上拍卖的交易方式

目前国内外拍卖网站采用的交易方式主要有网络英式拍卖、网络荷兰式拍卖、集体议价、逢低买进、标价求购（反拍卖）和一口价等几种。这些网上拍卖交易方

式中，有一些是从传统拍卖中的某些交易方式演变而来的，还有一些是针对互联网本身的特点和消费者的喜好而形成的新的交易方式。

1. 网络英式拍卖

英式拍卖（English Auction）也称为“公开拍卖”或“增价拍卖”，是传统拍卖中最常见的拍卖方式。这种拍卖方式被网上拍卖所采用，成为网上拍卖中最基本、最常见的在线交易方式。网络英式拍卖采用的是正向竞价形式，其规则是后一位出价人的出价要比前一位的高，竞价时间结束时的最高出价者可获得竞价商品的排他购买权。买方可以通过浏览历史价格（当前其他买家的出价）决定自己对商品的最高报价，然后提供给系统，系统自动更新后，其所出的价格和历史价格就可以显示在网页上。

2. 网络荷兰式拍卖

荷兰式拍卖（Dutch Auction）是一种公开的减价拍卖，又称“出价渐降式拍卖”。网络荷兰式拍卖是针对一个卖家有大量相同的商品要出售的情况产生的，它采用的是逆向竞价形式。网络荷兰式拍卖不存在价格下降的情况，一般是竞价时间结束时，出价最高者获得他所需要的数量，如果商品还有剩余，就由出价第二高的人购买。网络荷兰式拍卖的原则是价高者优先获得商品，相同价格先出价者先得，成交价格是最低成功出价的金额。

3. 集体议价

集体议价是一种不同于传统拍卖的网上拍卖方式，它多采用 C2B 的形式，并无竞价过程，提供集体议价的网站会将商品的基础价格（初始价）公布，由众多买家构成一个庞大的购物集团，然后根据卖方在登记的表格中所标明不同数量、等级的商品的单价进行购买，买家人数越多，商品价格越低，但通常会有一个最低价（集合底价）。集体议价实质上更像网站替一批不认识的人去批发购买他们想要的商品。

4. 逢低买进

逢低买进也是不同于传统拍卖方式的一种交易形式，买家可以暂不投标加入，而是根据商品的价格曲线，选一个自己认可的价格段，一旦价格降到此价格段上，系统会发送通知，告诉买家目前商品已达到他所期望的价位，并将他自动加入购买集体。逢低买进与集体议价的显著不同在于，消费者加入竞买时尚未取得购买资格，能否取得购买资格也是不确定的。

5. 标价求购（反拍卖）

标价求购（反拍卖）是由卖方出价，卖方成为“买方”，其竞争的是向消费者提供服务的机会，具体指消费者可以提供自己所需的产品、服务需求和价格定位等相关信息，由商家之间以竞争方式决定最终产品、服务供应商，从而使消费者以最优的性能价格比实现购买。

6. 一口价

一口价指在交易前卖家预先确定一个固定的价格，让买家没有讨价还价的余地。交易时，买家根据卖家预先设定好的价格（一口价）进行付款。如果卖家出售的是数量大于1的多数商品，则交易将持续到买家以一口价购完全部商品或在线时间（竞价时间）结束。一般在网上拍卖的实际运用中，一口价的买卖方式可以单独使用，也可以结合其他交易类型（如网络英式拍卖）一起使用。

（二）拍卖网站的类型

由于网上拍卖的交易活动本身与《中华人民共和国拍卖法》（以下简称《拍卖法》）中对拍卖活动所做的规定有很大的差异，因此网上拍卖在拍卖标的、拍卖程序、交易类型、交易场所、竞价时间、拍卖方式、交易成本、中介机构的服务以及法律责任等方面与传统拍卖活动都有很大的区别。根据网站所组织的拍卖活动是否符合《拍卖法》，可以将拍卖网站分为两类：一类是符合《拍卖法》的专业拍卖网站；另一类是不符合《拍卖法》的网上竞价买卖型网站。

1. 专业拍卖网站

此类网站的经营者是有拍卖企业营业执照的企业，具有《拍卖法》所规定的拍卖人资格，由经验丰富的拍卖师严格按拍卖规则主持网上拍卖活动。中国拍卖网（如图4－1所示）、雅昌拍卖网都是取得拍卖法人资格的网站。

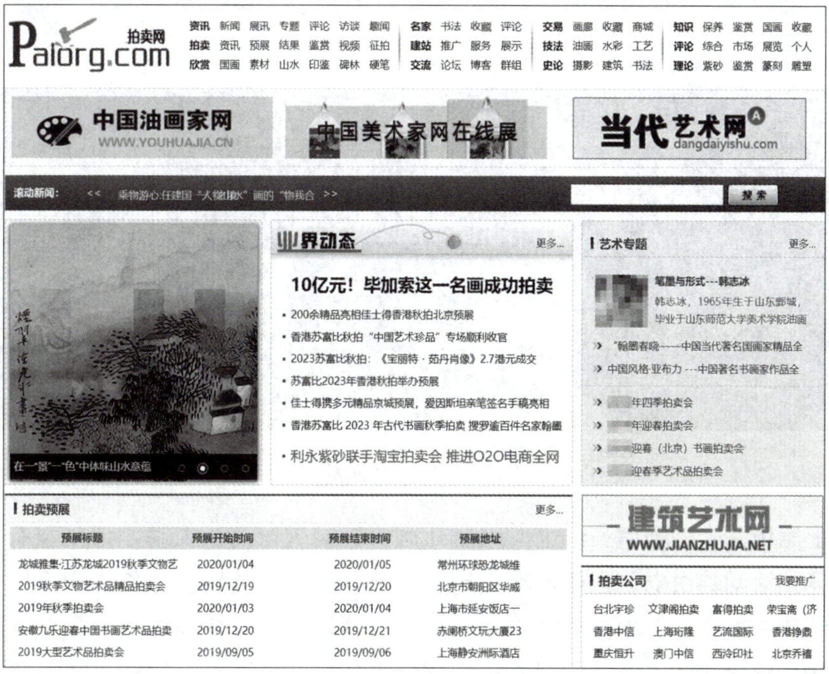

图4－1　中国拍卖网首页

2. 网上竞价买卖型网站

此类网站的经营者没有相应的拍卖资质，多是一些互联网企业，经营目标是为买卖双方搭建一个信息交流平台，并促成买卖双方之间的在线交易，其拍卖服务主要采用 C2C 或 B2C 模式，如阿里拍卖（如图 4－2 所示）和京东拍卖（如图 4－3 所示）中的竞价买卖部分、转转 App 中的拍卖等。另外，还有一些网站是互联网企业和传统拍卖企业联合推出的。

图 4－2　阿里拍卖首页

图 4－3　京东拍卖首页

网上竞价买卖型网站虽然也采用公开竞价机制进行商品交易，但是没有专业拍卖师，竞拍活动均由电脑程序自动完成。另外，国内多数网上竞价买卖型网站都是给众多消费者提供一个虚拟店铺空间，并借助网站的聚集效应吸引大量个体消费者网上购物。比如转转 App，它是一个网上二手商品交易 App。转转上面的降价拍卖（如图 4－4 所示），是通过降价拍卖方式进行商品销售，吸引消费者购买，即商品从原价开始，匀速降价，直至单个商品价格下降至保留价，在降价过程中，消费者可以随时点击“马上抢”，使降价停止并以当前价格支付购买商品。

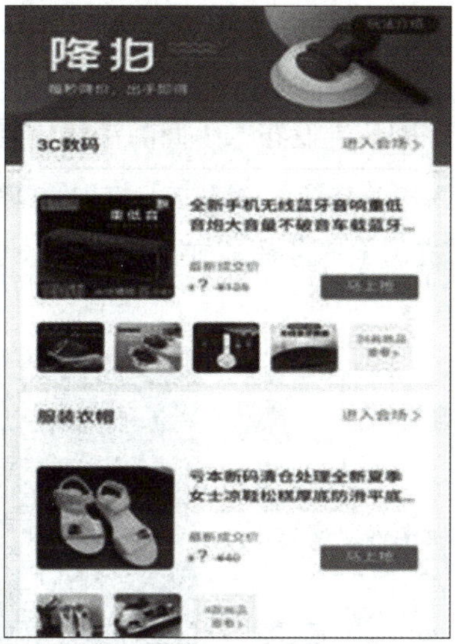

图 4-4　转转 App 的降价拍卖

素养提升站

大学生刷单被骗近 2 万元

小倩（化名）是某高校的一名在校大学生，她通过网络广告找到一份网络兼职工作，主要在淘宝网上进行刷单，对方承诺刷的金额越高，返还她的佣金越多。抱着试试看的心态，小倩刷了第一单，随后收到了公司退回的本金和几十元佣金。之后的几笔操作中，她成功地领回了本金和佣金。尝到甜头后，小倩彻底放下了对对方的防范。面对对方要其多刷两单大单，给她申请最高金额佣金的诱惑，她深信不疑，从同学和朋友处七拼八凑了 19 000 元，投入刷单中。然而，等到几天后再联系网络公司时，却发现自己已被对方拉黑，这才意识到被骗了。

刷单，一般是店铺为了获得单品或店铺较好的搜索排名而采取的作弊行为。

在电商平台上，用户评价往往是消费者选择商品的重要参考因素。也正因如此，一些不良卖家为吸引消费者的注意力、获取更多交易机会，寻找“刷手”进行虚假交易，以不正当方式提高商品销量、用户好评度和店铺信誉，损害了消费者利益。

2021 年，国家市场监管总局在全国范围内开展重点领域反不正当竞争执法专项整治，加大网络不正当竞争行为监管力度，严厉打击组织专业团队，利用网络软文、网络红人、知名博主、直播带货等方式进行“刷单炒信”、虚假宣传等不正当竞争行为。截至 2021 年上半年，全国各级市场监管部门共查办各类不正当竞争案件 3 128 件，罚没金额 2.06 亿元。

> **素养提升小锦囊**
>
> “不闻不若闻之，闻之不若见之，见之不若知之，知之不若行之”，实践是连接现实和梦想的桥梁，只有不断学习、不断实践，才能帮助我们收获真知。

行动指南针

在闲鱼上发布二手商品销售信息

（1）下载闲鱼 App，注册并登录，点击下方的“卖闲置”按钮，点击选择“发闲置”（如图 4-5 所示）。有淘宝账号的，可以用淘宝账号授权登录闲鱼。

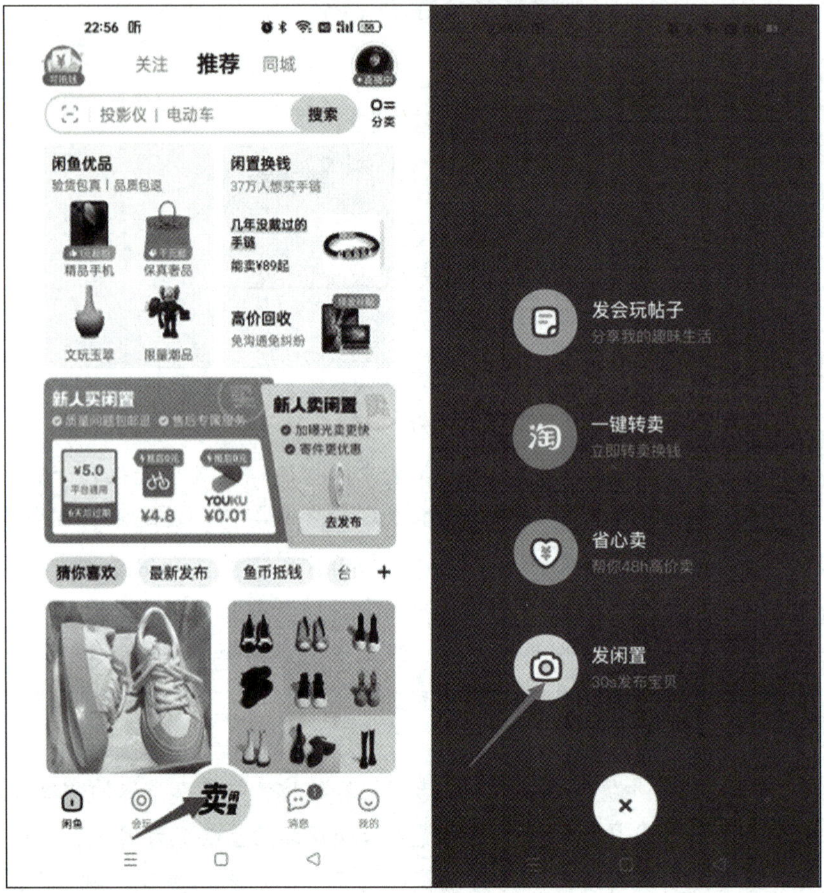

图 4-5　闲鱼“发闲置”页面

（2）输入二手商品的信息，并上传照片，再点击“价格”。

（3）输入要卖出的价格及运费（如图 4-6 所示），点击“确定”后即可发布。

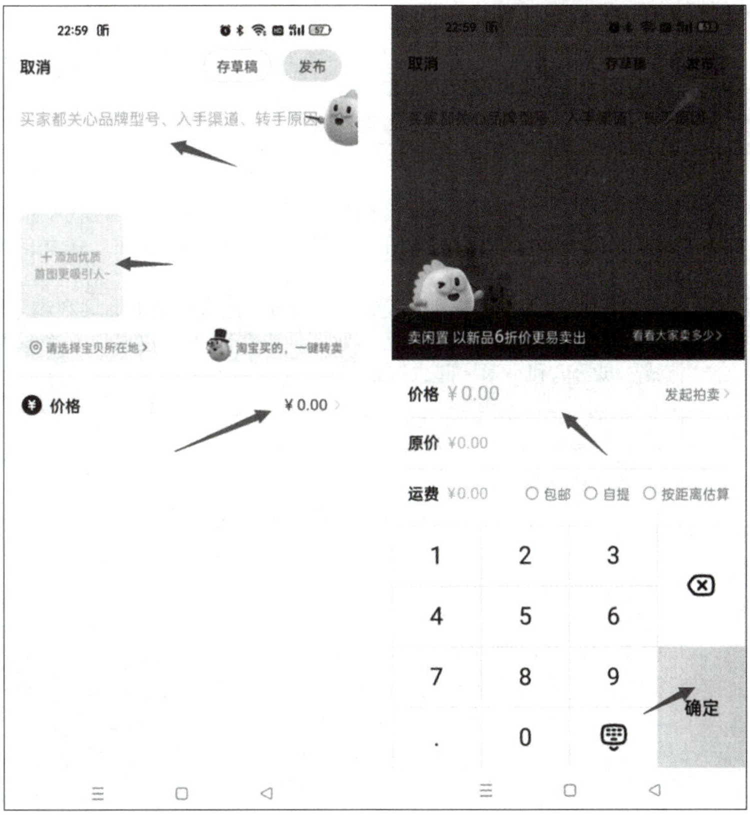

图 4-6　设置价格及运费并发布商品

实践心体会

在闲鱼上发布一件二手商品的销售信息，谈谈你的体会，并将结果写到下面横线上。

____

____

____

学习任务二 B2C电子商务模式

学习任务单 4-2

学习情境	小米和同学在淘宝网上开了个店，在经营过程中，小米发现淘宝店网址很难记，店铺的设置也有局限性，店铺没有自己的会员群，信息的发布量也有限。另外，小米自从体验了网购后，就喜欢上了网购，在网购过程中她发现有一些独立的网上商城很不错，小米想知道这些网上商城和淘宝网店之间有什么不同。她想，将来自己毕业了，有条件了，也可以开个这样的网上商城。同学们和小米一起去探索吧！
环境需求	1. 互联网接入。 2. 计算机（每人一台）。 3. 学习任务考核单（可在教学资源包中下载电子版）。
任务描述	任务1： 访问以下网站，并就所列问题进行讨论： 1. 天猫：https://www.tmall.com。 2. 京东：https://www.jd.com。 3. 苏宁：https://www.suning.com。 4. 亚马逊：https://www.amazon.cn。 5. 考拉海购：https://www.kaola.com。 6. 唯品会：https://www.vip.com。 7. 当当：https://www.dangdang.com。 问题1：上述B2C电子商务网站主要经营的商品可分为哪几类？ 问题2：通过访问典型的B2C电子商务网站，总结B2C电子商务网站前台系统主要包括哪几个部分。 问题3：当前B2C电子商务的典型运作方式有哪些？ 任务2： 利用百度搜索“B2C网站排行”，对搜索结果中的前五名电子商务网站进行研究，了解它们的创业史及运营模式。 以上任务建议2学时完成。
素养提升	学习“素养提升站”内容，了解国家产业数字化相关政策，能够关注和了解国家关于促进产业数字化发展和激励创新的相关政策。
任务间歇	播放励志MV（教学资源包提供）。
课堂讨论	B2C电子商务有哪些应用模式？
小调查	1. 你家买电器一般去哪里买？ □商场 □电子市场 □网上 2. 你或你的亲友在网上买过小家电吗？ □买过 □没有
任务拓展	通过淘宝开店经营和你对网上商城相关知识的学习，总结淘宝店和独立网上商城有什么异同。

学习任务考核单 4－2

组名：　　　　　　　　　　　　　　　　　　　　　　　　编号：4－2

序号	任务	分值	总结与归纳	成绩
1	B2C 网站主营商品有哪些种类?	20 分		
2	B2C 网站前台系统主要包括哪几个部分?	20 分		
3	B2C 电子商务的典型运作模式有哪些?	20 分		
4	B2C 网站排行是怎样的?	20 分		
5	体验 B2C 购物。	20 分		
合　计				

理论充电站

一、B2C 电子商务模式简介

（一）B2C 电子商务的含义

B2C（Business to Consumer）电子商务是指企业与消费者之间以互联网为主要服务手段进行的商务活动。它是一种电子化零售模式，采用在线销售的方式，以网络手段实现公众消费和提供服务，并保证与其相关的付款方式电子化。它是随着互联网的出现而迅速发展起来的，目前在互联网上遍布各种类型的网上商店和虚拟商业中心，提供从鲜花、书籍、饮料、食品、玩具到计算机、汽车等的各种消费品和服务。互联网上有很多这一类型电子商务成功应用的例子，如全球最大的虚拟书店亚马逊。为了获得消费者的认同，网络销售商在网上商店的布置上往往煞费苦心。在网上商店中，商品不是摆在货架上，而是做成了电子目录，里面有商品的图片、详细说明书、尺寸和价格信息等。

（二）B2C 电子商务模式的特点

B2C 电子商务模式最大的特点是商品的交易完全通过网络进行，从消费者在网上挑选和比较商品开始，到网上购物支付和物流配送以及售后服务，都是以网络为媒介完成的，企业和消费者之间不进行面对面的交易。

深度解码

2021 年度
中国电子商务
“百强榜”

二、B2C 电子商务的应用模式

B2C 电子商务的应用模式可以从不同角度进行分类。

首先，根据企业和消费者间的买卖关系的不同，B2C 电子商务模式主要可分为卖方企业-买方个人的电子商务、买方企业-卖方个人的电子商务两种。

其次，根据交易客体的不同，B2C电子商务模式可分为无形商品和服务的电子商务模式及有形商品和服务的电子商务模式。前者可以完整地通过网络进行，而后者则不能完全在网上实现，要借助传统手段的配合才能完成。

（一）根据企业和消费者间的买卖关系的不同分类

1. 卖方企业-买方个人的电子商务模式

这是商家出售商品和服务给消费者个人的电子商务模式。在这种模式中，商家首先在网站上开设网上商店，公布商品的品种、规格、价格、性能等，或者提供服务的种类、价格和方式，由消费者个人选购、下订单、在线或离线付款，商家负责送货上门。这种网上购物方式可以使消费者获得更多的商品信息，足不出户即可货比千家，买到价格较低的商品，节省购物的时间。当然这种电子商务模式的发展需要高效率和低成本的物流体系的配合。

2. 买方企业-卖方个人的电子商务模式

这是企业在网上向个人求购商品或服务的一种电子商务模式。这种模式应用最多的就是企业在网上招聘人才。在这种模式中，企业首先在网上发布需求信息，然后由个人上网洽谈，这种方式在企业与个人之间建立起了联系平台，使人力资源得以充分利用。

（二）根据交易客体的不同分类

1. 无形商品和服务的电子商务模式

计算机网络本身具有信息传输和信息处理功能，无形商品和服务（如电子信息、计算机软件、数字化视听娱乐产品等）一般可以通过网络直接提供给消费者。无形商品和服务的电子商务模式主要有网上订购模式、付费浏览模式、广告支持模式和网上赠予模式。

（1）网上订购模式。消费者通过网络订购企业提供的无形商品和服务，并在网上直接浏览或消费。这种模式主要被一些商业在线企业用来销售电子刊物、在线信息服务、在线娱乐游戏等。网上订购模式主要有三种方式：在线服务（Online Services）、在线出版（Online Publication）和在线娱乐（Online Entertainment）等。

在线娱乐是无形商品和服务在线销售中令人瞩目的一个领域。一些网站向消费者提供在线游戏和视频，并收取一定的订阅费。目前这一领域成功的实例有不少。爱奇艺、腾讯视频、优酷网等视频网站都是典型案例，普通用户可以看有限的视频内容，付费会员可以享受更多的内容和服务。

（2）付费浏览模式。企业通过网站向消费者提供计次收费的网上信息浏览和信息下载等服务的电子商务模式。付费浏览模式可以让消费者根据自己的需要，在网站上有选择地购买自己所需的知识产品。如中国知网、万方数据（如图4-7所示）是以数据库方式盈利。在万方数据库中下载一篇论文，按篇收费，每篇为3元。

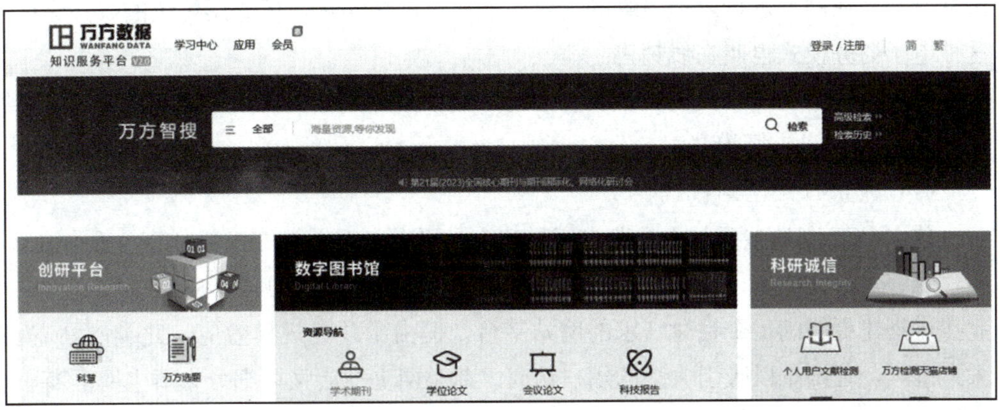

图 4-7 万方数据首页

(3) 广告支持模式。在线服务商免费向消费者或用户提供在线信息服务，而其营业收入完全依靠网站上的广告来获得。这种模式虽然不直接向消费者收费，但却是目前最成功的电子商务模式之一。例如，新浪和搜狐（如图 4-8 所示）在某种程度上就是依靠广告收入来支持运作的。最大的中文搜索引擎百度，主要的收入来源于竞价排名的广告费。

图 4-8 搜狐网首页

(4) 网上赠予模式。这种模式经常被软件公司用来赠送软件产品，以扩大其知名度和市场份额。一些软件公司将测试版软件通过网络向用户免费发送，用户自行下载试用，也可以将意见或建议反馈给软件公司。用户对测试软件试用一段时间后，如果满意，则有可能购买正式版本的软件。采用这种模式，软件公司不仅可以降低成本，还可以扩大测试群体，改善测试效果，提高市场占有率。

2. 有形商品和服务的电子商务模式

有形商品是指传统的实物商品。采用这种模式，有形商品和服务的查询、订购、付款等活动在网上进行，但最终的交付不能通过网络实现，还是用传统的方式完成。这种电子商务模式也叫在线销售。

目前，企业实现在线销售主要有两种方式：一种是独立 B2C 网站模式；另一种是 B2C 电子交易市场模式。

（1）独立 B2C 网站模式。

独立 B2C 网站主要是由企业自行搭建交易平台，企业拥有较强的资金和技术实力，能够自行完成电子商务平台的前台和后台系统的构建。其优势在于可以根据企业特点搭建更能满足个性化需求的网站平台。但由于缺乏规模效应，此类网站需要大力推广，否则难以吸引大量的用户访问。此类网上商店又可细分为新生网上商店、传统商店自办网上商店和进行在线直销业务的网上商店。

1）新生网上商店。

新生网上商店是完全的虚拟企业，无实体店，其典型代表是 1 号会员店（如图 4－9 所示）。新生网上商店经营的产品主要包括食品、家居用品、母婴用品、书籍、软件、光盘、贺卡、报纸、在线服务、在线娱乐、在线出版、广告支持等。

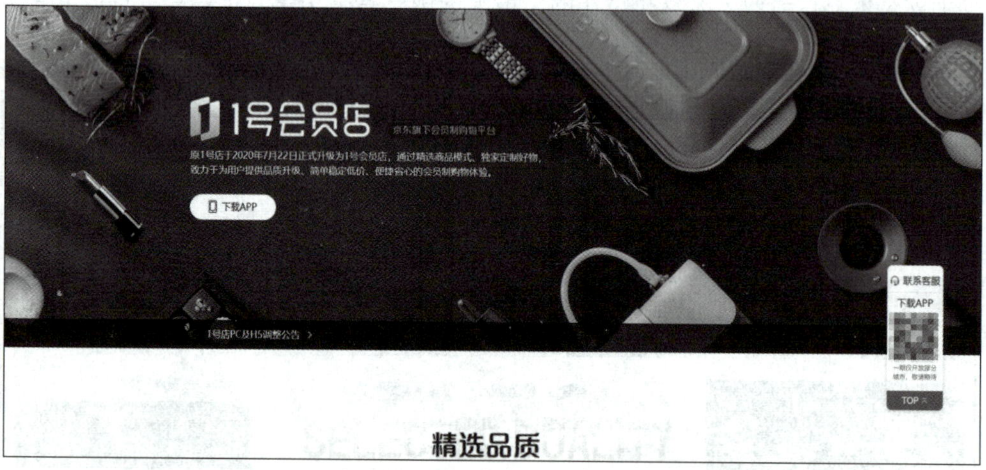

图 4－9　1 号会员店首页

2）传统商店自办网上商店。

互联网的迅猛发展，使得传统商店因未来生存所迫，纷纷扩大经营范围，进行网上网下同时经营，如苏宁易购（如图 4－10 所示）、国美、银泰百货集团等传统企业。传统零售企业多年的经营经验和资源优势使其具备了开展网络业务的条件。这些传统零售企业，用良好的品牌知名度和信誉去助力网上业务的拓展，可以让网购用户买得放心。线下的购物体验、服务门类和效率，弥补了纯线上零售模式鞭长莫及的地方。在统一的数据后台下，线上的大数据、物流等服务能力，也可对其线下的产业进行赋能。

图 4-10 苏宁易购首页

3）进行在线直销业务的网上商店。

与前两者不同的是，此类网上商店是由生产制造商所开设的，采用的是最原始的直销方式，但是，网络平台给传统直销模式注入了更青春、更鲜活的因素。典型的网站有华为商城（如图 4-11 所示）、联想网上商城、海尔网上商城等。需要注意的一点是，生产制造商的电子商务交易平台通常是 B2B、B2C 的混合模式，其业务既有面向终端客户的零售业务，也有面向上下游企业的电子采购、电子招投标、客户关系管理等业务。

图 4-11 华为商城首页

（2）B2C 电子交易市场模式。

电子交易市场指的是在互联网环境下利用通信技术、网络技术等手段把参与交易的买卖双方集成在一起的虚拟交易环境，可分为网上零售市场（B2C）和网上批发市场（B2B）。

B2C电子交易市场也称为网上商厦（E-mall），它是指在一个大的网上商城里有若干个独立商铺，每个商铺独立经营，但也要接受统一管理。天猫商城就是典型，如图4-12所示。

图4-12　天猫商城首页

素养提升站

了解国家产业数字化相关政策 树立改革意识

2020年以来，国家接连颁布刺激消费、提升产业数字化水平的促进政策和规划（如表4-1所示），通过完善与零售配套的社会基础设施建设，以及各项针对消费的激励政策，加快推进产业数字化转型。

视界瞭望台

解读二十大报告 科学擘画未来中国的发展蓝图

表4-1　国家发布的促进产业数字化和激励创新政策

发布日期	发布部门	政策及规划名称
2020年4月	国家发展改革委、中央网信办	《关于推进“上云用数赋智”行动 培育新经济发展实施方案》
2020年7月	国家发展改革委、中央网信办等13个部门	《关于支持新业态新模式健康发展　激活消费市场带动扩大就业的意见》
2020年10月	国家发展改革委、科技部、工信部等六部门	《关于支持民营企业加快改革发展与转型升级的实施意见》
2021年2月	国务院反垄断委员会	《国务院反垄断委员会关于平台经济领域的反垄断指南》
2021年12月	国务院	《“十四五”数字经济发展规划》

同学们讨论一下：你觉得未来数字化将会使城市、农村发生哪些改变？会有哪些机遇和挑战？

素养提升小锦囊

“改革之任，人人有责。”世界上万事万物都处在不断发展变化之中，电子商务的快速发展给传统企业的经营发展带来了巨大变化，这种改变中也孕育了大量的机会，我们应当学会用发展的眼光看问题，加强自身学习和能力培养，应用更先进的技术和方法，从发展趋势中寻找机会，跟上时代前进的步伐。

学习任务三 B2B电子商务模式

学习任务单 4－3

学习情境	小米学习了如何在网上建立商城，知道了消费者之间可以在网上交易（C2C），企业与消费者也可以在网上交易（B2C）。小米想，企业之间能不能在网上交易呢？如果能，它们是怎么交易的？小米和同学准备进行更深入的学习。
环境需求	1. 互联网接入。 2. 计算机（每人一台）。 3. 手机。 4. 学习任务考核单（可在教学资源包中下载电子版）。
任务描述	任务： 每名学生上网访问以下网站，并就所列问题进行讨论： 1. 华为商城：https://www.vmall.com/。 2. 联想中小企业采购平台：https://b.lenovo.com.cn。 3. 海尔：https://www.haier.com。 4. 1688：https://www.1688.com。 5. 义乌购：https://www.yiwugo.com。 6. 全球资源网：https://www.qqzyw.com。 7. 慧聪网：https://www.hc360.com。 8. 17货源网：https://gz.17zwd.com。 9. 包牛牛：https://www.bao66.cn。 10. 开山网：https://www.k3.cn。 11. 货捕头：https://www.hznzcn.com。 问题1：通过访问上述电子商务网站，分析B2B电子商务能够为企业带来什么。 问题2：上述B2B电子商务网站主要可以分为几类？ 实践：寻找货源，尝试一件起批购物。 以上任务建议2学时完成。
素养提升	学习“素养提升站”内容，体会一个企业只有不断跟上时代的发展，才能够成为跟上时代的企业。
任务间歇	播放励志MV（教学资源包提供）。
课堂讨论	企业单独建立网站和在阿里巴巴建立网站有什么区别？
小调查	1. 你的亲友或你认识的人有开工厂的吗？ □有　□没有 2. 他们开通阿里巴巴“诚信通”了吗？ □有　□没有
任务拓展	B2B电子商务网站是如何盈利的？

学习任务考核单 4-3

组名： 编号：4-3

序号	任务	分值	总结与归纳	成绩
1	B2B电子商务能为企业带来什么？	30分		
2	B2B电子商务网站主要分为哪些类型？	30分		
3	体验B2B购物。	40分		
合 计				

理论充电站

一、B2B电子商务模式简介

（一）B2B电子商务的含义

B2B电子商务，即企业间电子商务，是指以企业为主体，在企业之间通过专用网络或互联网进行的电子商务活动。它包括企业与其供应商之间的采购；物料管理人员与仓储、物流公司之间的业务协调；销售部门与其产品批发商、零售商之间的协调；等等。

企业与企业之间的电子商务是电子商务业务的主体之一。就目前来看，电子商务在供货、库存、运输、信息流通等方面大大提高了企业的效率，降低了企业的运作成本，提高了企业的市场竞争力，从而为企业带来了更大的利益。B2B不仅仅是建立一个网上的买卖者群体，它也为企业间的战略合作提供了基础。企业之间可以通过网络在市场、产品或经营等方面建立互补互惠的合作，形成水平或垂直形式的业务整合，以更大的规模、更强的实力、更经济的运作，真正实现全球运筹管理的模式。

（二）B2B电子商务的分类

企业间电子商务可以分为两种：

第一种是非特定企业间的电子商务，是指在开放网络中对每笔交易寻找合作伙伴，并与伙伴进行从订购到结算的全面交易行为。

第二种是特定企业间的电子商务，是指过去一直有交易关系且以后仍要继续进行交易的企业间围绕交易进行的各种商务活动。特定企业间的电子商务活动可以由买卖双方通过公共网络进行，也可以利用企业间的专门网络实现。

B2B模式的电子商务已有多年历史，特别是基于增值网（VAN）运行的电子数据交换，使得企业间电子商务得到迅速发展。企业间可以通过网络进行电子贸易、电子采购、网上招标、电子合同签订、电子资金转账（EFT）等电子化商业活动。

（三）B2B电子商务的优势

与传统商务相比，B2B电子商务的优势主要表现在以下几个方面。

1. 降低企业经营成本

传统的企业间的交易往往要耗费企业的大量资源和时间，无论是销售、分销还是采购，都要占用产品成本。通过B2B的交易方式，买卖双方能够在网上完成整个业务流程，从建立最初印象，到货比三家，再到讨价还价、签单和交货，最后到客户服务。B2B使企业之间的交易减少了许多事务性的工作流程和管理费用，降低了企业经营成本。网络的便利及延伸性使企业扩大了活动范围，发展跨地区、跨国界的电子商务更方便、成本更低廉。

2. 优化库存管理

以信息技术为基础的电子商务可以通过网络将市场需求信息即时、准确地传递给企业决策层和企业供货商，从而缩短了企业的“订货—运输—付款”环节，降低了库存成本，使企业库存维持在一个最适当的水平上。

3. 缩短企业生产销售周期

在电子商务环境下，企业需要赢得市场，就要不断地为消费者提供更优质、更高效的个性化服务。而产品从设计、研发，到生产、销售，都需要多个企业的相互协作。通过B2B电子商务可以减少因信息交流手段落后而产生的信息滞后或差错现象，从而大大加快企业资金流和物流的流动，缩短企业的整个生产销售过程。例如，20世纪80年代初，设计制造一款新型汽车，从提出方案到批量生产，汽车制造公司一般需要4～6年。现在，汽车制造商通过EDI系统与其供应商交流生产计划与需求，整个生产过程仅需要8～10个星期。

4. 促进买卖双方的信息交流

传统商务活动主要通过电话、电报或传真等工具进行信息交流，形式单一，成本较高。而B2B电子商务通过互联网传递文本、图片、音频、视频、动画等多种形式的信息，或以EDI标准报文传递订单、发票等重要商务文档信息，更加方便、快捷，可以促进买卖双方的信息交流。

二、B2B电子商务交易平台的类型

当前，国内B2B电子商务交易平台主要分为三种类型：一是企业自建的B2B电子商务交易平台；二是水平式B2B交易平台，或称作综合门户网站平台；三是垂直式B2B交易平台，或称作专业门户网站平台。从平台的构建者来看，企业自建的B2B电子商务交易平台的构建者是经营实体依托的企业（传统企业），而水平式和垂直式交易平台都属于纯粹的B2B网站，是网络企业。

（一）企业自建的B2B电子商务交易平台

有些大型企业为了提高效率、减少库存、降低成本，建立企业B2B电子商务交易平台，以实现企业间电子商务。独立建站的典型企业有联想、海尔等。这种交易平台是几种 B2B 交易平台中最灵活的，企业可以根据运作流程随时改变交易平台的设计，如戴尔（Dell）的网站就先后调整了几百次。另外，由于平台由企业控制，因此网站与管理信息系统的连接更为简单，但由于各企业信息系统的提供商不尽相同，跨企业的互联存在一定的障碍，因此，这种交易平台对合作伙伴间的信息系统提出了更高的要求。从企业建立网站、宣传企业形象，到将网站和内部信息系统相连，再到企业间高度互联互通，这也是企业 B2B 电子商务发展的三个阶段。

这种交易平台不仅能够宣传企业形象，同时利用现代化的信息网络，可以加大产品的市场推销力度，提高企业产品竞争力。以海尔集团为例，自 1996 年年底开始建立海尔网站，经过多次改版，并不断推出新的业务，2014 年开始启动 B2B 互联网方面的转型尝试，推出海尔企业用户交互平台——海尔企业购。2016 年，正是基于对未来互联网发展趋势的认识，围绕对企业价值链核心观念的改造，海尔对已经上线两年的海尔企业用户交互平台进行电商化迭代，使其向更开放的平台进行转化，从而更好地与更多领域的企业伙伴进行合作共赢。2017 年 1 月，迭代之后的新平台——海尔企业购（如图 4－13 所示）全新上线，如今该平台已成为面向企业用户、满足商业电器在线交易需求的行业领先的垂直类 B2B 平台。

图 4－13 海尔企业购首页

（二）水平式 B2B 交易平台

水平式 B2B 交易平台可以将买方和卖方集中到一个市场上来进行信息交流、广告宣传、拍卖竞标、交易、库存管理等。水平式 B2B 交易平台对参与企业没有特殊限制，行业范围广，也不以持续交易为前提，这种信息平台型的网站对企业的价值主要表现为增加市场机会、比较供货渠道、促成项目合作、企业形象宣传等。此类网站的典型代表有阿里巴巴网、环球资源网和慧聪网。

从电子商务的模式上来讲，阿里巴巴网属于“交易平台服务模式”，图 4－14 所示为阿里巴巴网中国站首页。阿里巴巴网是首家拥有超过 1 400 万网商的电子商务网站，是全球商人销售产品、拓展市场及网络推广的首选网站。阿里巴巴网以批发和采购业务为核心，通过专业化运营完善客户体验，全面优化企业电子商务的业务模式。

图 4-14　阿里巴巴网中国站首页

而慧聪网属于“信息资讯服务模式”，图 4-15 所示为慧聪网首页。从信息资讯入手，通过信息资讯服务来聚集人气，以资讯平台来带动商务平台，这是水平式 B2B 交易平台的第二种类型。慧聪网有着很好的线下服务基础，并由此逐渐扩展进而延伸到线上服务，然后融合线上和线下服务。在商务平台的设计方面，慧聪网按照企业最为关心的要点信息组织信息发布模式，用户通过该平台可以直接替代原有的采购数据库，极大地节省了资料收集成本。慧聪网是信息资讯服务模式的成功案例。

图 4-15　慧聪网首页

（三）垂直式 B2B 交易平台

相对于水平式 B2B 交易平台，垂直式 B2B 交易平台的特点是专业性强，容易吸引针对性较强的客户，并易于建立起忠实的客户群。此类网站的创办者大都是该行业的从业者，拥有丰富的行业背景资源，熟悉行业的细枝末节。垂直式 B2B 交易平台又可以分为两个方向，即上游和下游。生产商可以与上游的供应商之间形成供货关系，如戴尔（Dell）公司与上游芯片和主板制造商就是通过这种方式进行合作的；生产商与下游经销商之间可以形成销货关系，如思科（Cisco）与其分销商之间进行的交易。

当前，国内 B2B 网站很大一部分是从事行业专业的网站，如中国钢铁网、中国化工网、全球五金网、中国钟表网、中国粮油商务网等。不同行业的 B2B 网站在功能上可能有一定的差别，但从 B2B 电子商务交易模式总体上来说，垂直式 B2B 交易平台都属于“行业专业服务模式”，提供的都是行业专业信息。如全球五金网（如图 4－16所示），它是五金类 B2B 网站的代表，专注于向五金企业提供网上咨询服务，从而带动商务平台的形成。全球五金网的服务包括三个方面：（1）给企业中高层做培训，与五金企业高层就网络商务达成共识；（2）帮助企业建设网站并推广；（3）吸引企业成为交易平台会员，让它们活跃在平台上，最终帮助企业实现网络生存，逐渐建立与五金企业互信、互助、互荣的关系。

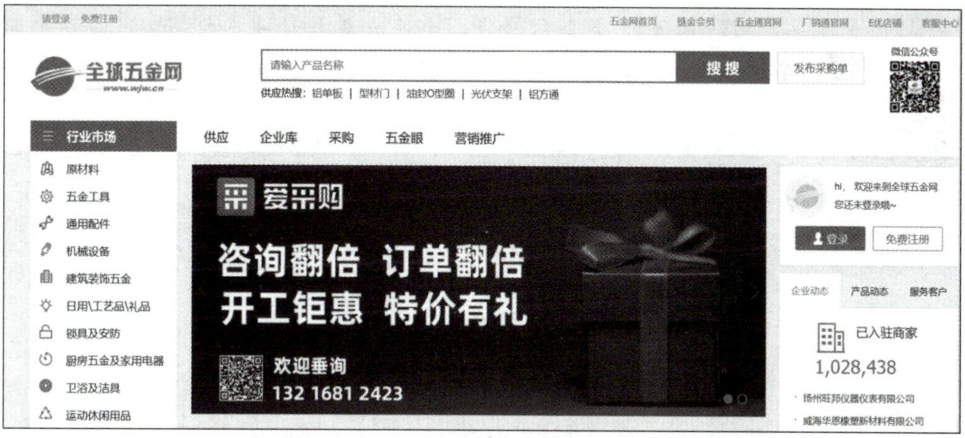

图 4－16　全球五金网首页

素养提升站 ▶

“没有成功的企业，只有时代的企业”

“没有成功的企业，只有时代的企业。”工匠精神的美誉，一直伴随着海尔。

在改革开放初期的 20 世纪 80 年代，大江奔流难免泥沙俱下，制造企业追求效率高过质量的情况很常见。在这样的背景下，“砸冰箱”这段流传至今的美谈诞生了，这一砸，砸出了过硬的产品质量和质量管理意识，也砸出了当时制造企业少有的工匠精神。

彼时，海尔集团总裁张瑞敏就意识到工匠精神的本质并不在于产品本身，而在于时刻契合用户需求与时代变化。他认为："用户每天都是新的。"用户体验是动态的，企业必须有相应的创新生态去适应用户，工匠精神的境界必须与时俱进。20世纪80年代，制造企业的工匠精神尚可停留于产品质量、制造技艺的精益求精，因为质量好、零缺陷的产品就能满足用户和市场需求。

海尔是国内大型企业中第一家开展电子商务业务的公司，率先推出了电子商务业务平台。张瑞敏说："拿到上网入场券是参与新经济最起码的条件，海尔要以对全球用户的忠诚换取全球的知名品牌，争取新经济时代的生存权。网络将打破传统经济下以国界划分的经济区域，而使所有企业都面对世界经济一体化冲击。在由网络搭建的全球市场竞争平台上，企业优势和劣势被无情地放大，优者更优，劣者更劣。"

进入物联网时代，海尔的工匠精神以精益求精的产品质量为基础，实现了与时俱进的动态发展：立足于当下用户需求个性化的发展趋势，制定动态的质量标准。通过推进小微，再到升级链群，让用户体验迭代，创造用户终身价值，实现海尔物联网模式的生态转型。

素养提升小锦囊

"博学慎思，明辨笃行"，互联网时代，企业靠单打独斗已经不行了，合作共赢成为发展趋势，企业要打破传统商业思维，学会创新，才能在市场上占有一席之地。

学习任务四　O2O 电子商务模式

学习任务单 4-4

学习情境	学习了 C2C、B2C、B2B 等电子商务模式后，小米想，网上交易太方便了，那么网上交易是否能随时随地实现呢？如果能，是如何实现的呢？除此之外，电子商务还有哪些新的交易模式呢？小米和同学准备进行更深入的学习。
环境需求	1. 互联网接入。 2. 计算机（每人一台）；智能手机一部。 3. 学习任务考核单（可在教学资源包中下载电子版）。
任务描述	任务 1： 每名学生用手机或移动终端浏览街库网、大众点评网、美团网、窝窝团、拉手网、赶集网、爱日租等网站，并以其中一个网站为例，完成一笔实际交易，分析上述网站的电子商务模式，并指出此模式与 B2C、C2C 等模式的主要区别是什么。 任务 2： 每名学生用手机或移动终端浏览人民网、中新网、环球网、凤凰网、潇湘网、携程网、航班查询网、新浪微博、优酷网等移动网站，对各网站进行分析，总结移动电子商务涉及的主要服务内容有哪几类。 以上任务建议 2～3 学时完成。
素养提升	学习“素养提升站”内容：《电商“O2O”将被“一体化”趋势取代吗?》。作为电商从业者，需要具备创新思维，会用发展的眼光看问题，能够结合现状思考在政策利好的风口上，未来会有哪些新业态、新模式出现。
任务间歇	播放励志 MV（教学资源包提供）。
课堂讨论	移动电子商务主要涉及哪些技术？
小调查	1. 你用手机购过物吗？ □有　□没有 2. 你觉得手机购物有什么优缺点？ ____________________ ____________________ ____________________ 3. 你参加过团购吗？ □有　□没有
任务拓展	O2O 电子商务平台的盈利点有哪些？

学习任务考核单 4-4

组名： 编号：4-4

序号	任务	分值	总结与归纳	成绩
1	谈谈你对 O2O 电子商务模式的理解。	30 分		
2	O2O 模式与 B2C、C2C 等模式的主要区别是什么？	30 分		
3	适合使用 O2O 模式的电子商务行业有哪些？	20 分		
4	O2O 电子商务平台的盈利点有哪些？	20 分		
合　计				

理论充电站

一、O2O 电子商务模式简介

（一）O2O 电子商务模式的含义

O2O 是指线上营销和线上购买带动线下营销和线下消费，也即将线下商务的机会与互联网结合在一起，让互联网成为线下交易的前台。O2O 通过打折、提供信息、服务预订等方式，把线下商店的消息推送给互联网用户，从而将他们转化为自己的线下客户，这就特别适合必须到店消费的商品和服务，比如餐饮、健身、看电影和演出、美容美发等。

（二）O2O 电子商务模式的优势

1. O2O 为用户带来的优势

（1）获取更丰富、更全面的商家及服务信息。

（2）更加便捷地向商家进行在线咨询。

（3）获得相比线下直接消费较为便宜的价格。

2. O2O 为商家带来的优势

（1）能够获得更多的宣传、展示机会，吸引更多新用户到店消费。

（2）推广效果可参考并查看，每笔交易可跟踪。

（3）掌握用户数据，大大提升对老用户的维护与营销效果。

（4）通过与用户的沟通、释疑，更好地了解用户心理。

（5）通过在线有效预订等方式合理安排经营，节约成本。

（6）拉动新品、新店的消费更加快捷。

(7) 降低线下实体对黄金地段旺铺的依赖，大大减少租金支出。

3. O2O为平台本身带来的优势

(1) 与用户日常生活息息相关，并能给用户带来更多的便捷服务、优惠和消费保障，从而为平台吸引大量高黏性用户。

(2) 对商家有强大的推广作用及可衡量的推广效果，可吸引大量线下生活服务商家加入。

(3) 能够带来数倍于C2C、B2C的现金流。

(4) 能够带来巨大的广告收入空间，形成规模后还能够带来更多的盈利模式。

(三) B2C、C2C、团购与O2O的比较

1. 相同点

(1) 均以互联网为平台。

(2) 在线支付都是其核心。无论是B2C、C2C，还是团购或O2O，均是在消费者能够在线支付后，才形成了完整的商业形态。

2. 不同点

(1) O2O与B2C、C2C的区别。B2C、C2C是在线支付，购买的商品会通过物流公司送到消费者手中。而O2O虽然也是在线支付，但消费者是在线上购买线下的商品或服务，再到线下去享受商品或服务。

(2) O2O和团购的区别。O2O是网上商城，团购是低折扣的临时性促销。

上述四者的关系可以简单用图4-17表示。

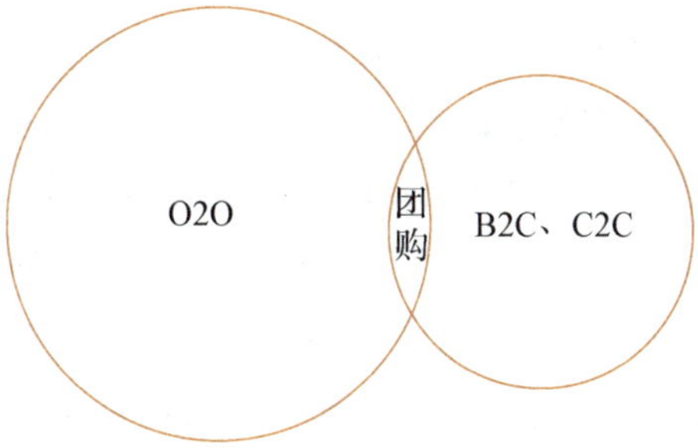

图4-17 B2C、C2C、团购与O2O的关系

(四) O2O电子商务模式的发展历程

1. O2O电子商务模式1.0时期

在1.0早期的时候，O2O线上线下初步对接，主要是利用线上推广的便捷性等把相关的用户集中起来，然后把线上的流量导到线下，主要集中在以美团、大众点评为代表的线上团购和促销等领域。这个过程具有单向性、黏性较低等特点，平台和用户的互动较少，基本上以交易的完成为终结点。用户更多是受价格等因素驱动，购买和消费频率等也相对较低。主要代表有美团网（如图4-18所示）、大众点评网等团购网站。

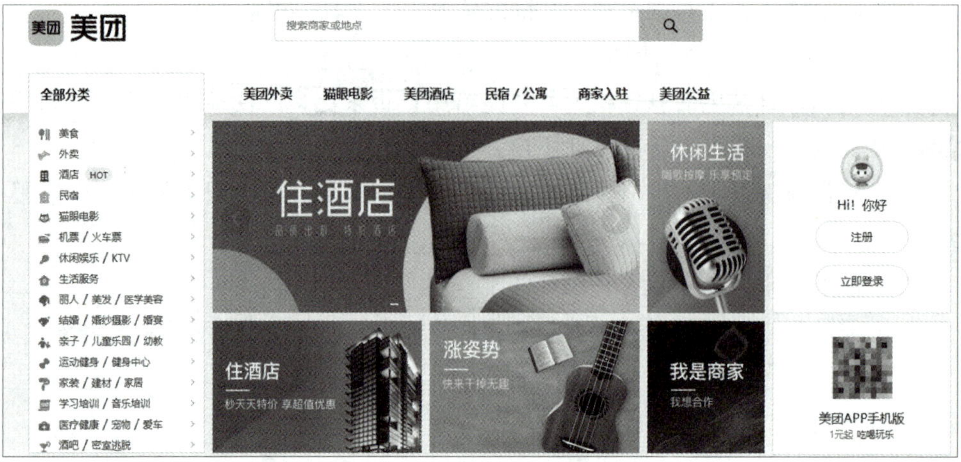

图 4-18　美团网首页

在 1.0 时代，团购可以说就是 O2O，它能够低成本地累积商家资源，使线上信息直接触达消费者，形成规模效应，解决了规模经济的问题。但事实上，团购只占据了 O2O 四分之一的功能，团购给商家带来的效果仅停留在媒体属性的宣传作用上面，没有从根本上提升线下商家的服务能力。

2. O2O 电子商务模式 2.0 时期

发展到 2.0 阶段后，O2O 基本上已经具备了目前大家所了解的要素。这个阶段的 O2O 最主要的特色就是升级为了服务性电商模式，包括商品（服务）、下单、支付等流程，把之前简单的电商模块，转移到更加高频和生活化的场景中来。由于传统的服务行业一直处在一个低效且劳动力消化不足的状态，在新模式的推动和资本的催化下，出现了 O2O 的狂欢热潮，于是上门按摩、上门送餐、上门化妆、滴滴打车等各种 O2O 模式层出不穷。在这个阶段，由于移动终端、微信支付、数据算法等环节的成熟，加上资本的催化，用户数量出现了井喷，使用频率和忠诚度上升，O2O 和用户的日常生活开始融合，成为与用户生活密不可分的一部分。但是，在这中间，有很多看起来很繁荣的需求，由于资本的大量补贴等，虚假的泡沫掩盖了真实的状况，有很多并不是刚性需求的商业模式开始浮现，如按摩、洗车等。

2.0 时期的 O2O 模式，以提升线下商家服务能力来做大平台为主要发展趋势，加上团购和地理位置信息服务，已经不局限于交易型的电子商务，而是以服务实现盈利。未来的发展将通过提供智能路由、网络营销、便捷服务、流程改造和绩效管理等管理和信息技术将线下商店打造成社区电子化商店，同时以平台的模式接入更多的线上电商资源。

3. O2O 电子商务模式 3.0 时期

到了 3.0 阶段，O2O 模式出现了明显的分化。一方面，真正的垂直细分领域的一些公司开始凸显出来。比如专注于快递物流的速递易、专注于高端餐厅排位的美味不用等、专注于白领快速取餐的速位。另一方面，垂直细分领域开始向平台化模式发展，由原来的细分领域解决某个痛点的模式开始横向扩张，覆盖到整个行业。比如饿了么从早先的外卖到后来开放的蜂鸟系统，开始正式对接第三方团队和众包物流。以加盟商为主体，以自营配送为模板和运营中心，通过众包合作解决长尾订单的方式运行。配送品类包括生鲜、商超产品，甚至是洗衣等服务，实现平台化的经营。

当手机占据了人们大量的碎片时间，移动互联网再次让 O2O 进化，移动终端第三方支付清算成为 O2O 平台生态的底层应用与能力，O2O 模式设计的平台不断拓宽，第三方支付清算平台对于共建生态圈起到至关重要的作用。O2O 3.0 时期的主要标志是支付宝、微信、财付通等切入线下支付，O2O 真正进入线上线下双重渠道的时代。

二、O2O 电子商务平台的运营模式

与传统的消费者在商家直接消费的模式不同，在 O2O 平台商业模式中，整个消费过程由线上和线下两部分构成。O2O 模式具有以下特征：具备完全打通的线上和线下平台；信息流与资金流通过线上实现；商业流与服务流则在线下实现。即线上平台为消费者提供消费指南、优惠信息、便利服务（预订、在线支付、地图等）和分享平台，而线下商户则专注于提供商品或服务。O2O 常见的运营模式有以下四种。

（一）先线上后线下模式

先线上后线下模式是指企业先构建一个线上 O2O 平台，以这一平台为入口和依托，将线下商业服务流导进线上开展营销推广和交易，然后让用户到线下享受相应的服务项目体验。构建的平台是 O2O 模式运转的基础，它应具有强大的资源流转化能力和促进线上线下互动的能力。在现实中，很多本土生活服务性的企业都采用了这种模式。

例如，腾讯官方凭着其累积的资源流集聚和转换能力及强大的经济基础所搭建出来的 O2O 平台生态体系，以社交平台微信为大入口，后端有腾讯地图、微信支付等做支撑，中间整合本地生活服务，比如餐饮由大众点评进行承接，打车以滴滴打车为主，电影票以高朋网为主等，这样就构建起了线上线下互动的闭环。

（二）先线下后线上模式

先线下后线上模式是指企业先搭建起线下平台，以这个平台为依托进行线下营销，让用户享受相应的服务体验，同时将线下商业服务流导进线上平台，在线上开展买卖，从而促进线上线下互动交流并形成闭环控制。在这种 O2O 模式中，企业需自建两个平台，即线下实体平台和线上互联网平台。

在现实中，选用这类 O2O 模式的实体公司占多数，苏宁云商所搭建的 O2O 平台生态体系就是这种模式。苏宁云商打造的“电商＋店商＋零售服务商”运营模式，通过门店端、PC 端、手机端、电视端等将线下体验性和线上便利性多端无缝融合起

来，建立起了零售企业与消费者、供应商、商户共赢的良性发展模式。

（三）先线上后线下再线上模式

先线上后线下再线上模式是指先搭建起线上平台开展营销推广，然后将线上商业服务流导进线下让用户享受服务项目体验，再让用户到线上消费或享受服务。

在现实中，许多团购、B2C电子商务等公司都选用了这类O2O模式，例如京东商城，其O2O生态链条是：先自建线上京东商城，以其为平台进行营销，线下自营物流系统与实体店企业合作，让用户享受其线下服务体验，再让用户到线上京东商城进行交易。京东将自身IT系统与线下便利店IT系统深度对接，与它们分享线上流量，并按地域将精准用户导入它们在京东商城的线上店铺，有效提升其销量。除了线下门店，京东还与SAP、IBM等ERP软件服务商合作，使零售业ERP系统和京东平台无缝对接，让交易、结算、物流和售后客服等环节可视化，并支持其电子会员卡和手机支付功能，实现线上线下会员体系共享。用户亦可通过京东平台上的便利店官网，借助LBS定位，在其旗下所有门店中寻找最近的店面进行购物，享受便捷的网购生活体验。

（四）先线下后线上再线下模式

先线下后线上再线下模式是指先构建起线下平台开展营销推广，然后将线下商业服务流导入线上或借各地的第三方网上平台开展线上买卖，再让用户到线下享受消费体验。在这类O2O模式中，商家可结合现有的颇具影响力的多个第三方平台进行引流，如微信、大众点评、逛逛等，进而实现自身的商业目标。用户通过线上App和第三方平台找到线下商户的门店，通过线上支付，再在线下门店享用其服务。在完成了线下线上布局后，就将线上线下融合，打造O2O闭环。这种模式实现了订单平台、用户体验和供应链的统一。一般来说，餐馆、美容护肤、游戏娱乐等当地生活类O2O公司多选用这类模式。

三、O2O电子商务模式应用实例

（一）预付费消费平台

首先，机票和部分酒店预订是预付费消费平台的重要服务内容，不过这类预付费消费其实更多是由机票、酒店的消费行为习惯所决定的。例如，7天连锁酒店有70%的订单和房费都来自官网的在线预订。携程亦是这类平台中的代表，即使并没有预付费，但其通过呼叫中心及积分激励等依然可以对用户的消费行为进行追踪。

其次，以美团网为代表的团购网站无疑是目前最受欢迎的预付费消费平台，不过由于团购的代名词可以说就是超低折扣，它通过超低折扣的代价来实现用户预付费，因此对于商家来说，通过团购拉来的新用户大部分都留不下来，从而缺乏长期的价值，更多的是临时促销。而对用户来说，由于对商家的长期价值不大，商家对于提升对团购用户的服务质量的积极性很难提高，以至于整体上的用户体验都不是很乐观。因为模式的天然缺陷，也由于国内团购行业的无序发展和竞争，团购网站的数量急剧下降。目前，不少团购网站也在向生活商城等模式转型，但由于冲着超低折扣等因素留下的用户忠诚度低等后遗症，团购网站能否转型成功还充满变数。

同时，近年来也涌现了不少新兴的在线预订平台，如电影票在线订座平台格瓦拉、在线订餐平台哗啦啦等，这类平台基本上抛弃了呼叫中心，更多是靠打通线上线下信息化系统自动实现预订、订座及在线支付等功能。但是同样由于用户对大部分生活服务消费的付费习惯是后付费，这类线上预付费的平台要改变用户的付费习惯，也还有较长一段路要走。

（二）整合线下闲置资源

整合线下闲置资源方面的主要代表有基于闲置房屋出租的 Airbnb（爱彼迎）和国内的小猪短租等各类短租平台，基于个人出租车服务的 Uber（优步）和国内的易到用车，还有基于个人代驾服务的 e 代驾等。

以小猪短租为例，小猪短租让有闲置空间的人将空间提供出来并自行定价，出租给需要短期居住的人。想要短租房屋的人不仅可以通过该平台寻找各地满足自己需求的房屋，甚至可以迅速找到所在地附近的住宿点，以解决临时性、突发性的住宿需求。并且，从预订到支付的各个环节都可以在平台上进行，消费者线下只需入住即可。这种平台还支持消费者对商品和服务的评价，方便对商户进行监测。

从以上几个实例中，我们可以看出，这类服务行业多数是没有线下门店的，这就决定了这些商家或个人对线上的需求更加强烈，因为这类商家不像餐饮等有门店的商家那样，即使没有任何线上推广，也能有一定的线下自然客流进店消费。同样，它们有一个共同的短板就是这类服务的消费频次基本上不是太高，随之会带来平台营销成本较高的问题，不过由于没有线下门店，其利润空间整体上要相对高一些。

在 O2O 的实际操作中，航空企业做了很好的榜样。南方航空、海南航空、东方航空、国航和春秋航空都已建立了自己的电子商务平台，人们也逐渐习惯了在网上订购机票。在未来的发展中，如何有效地整合线上线下资源，加强 O2O 硬、软件资源的建设，创新服务，保证服务质量，将是平台在 O2O 竞争中取得胜利的关键。

小提示

前面所分析的电子商务网站案例有的并不是某种特定的模式，实际上，很多电子商务网站在经营上并非采取单纯的某一种电子商务交易模式，而是采用综合模式，即把各种模式结合起来实施，因此会出现 B2B2C、B2C2C 等混合模式。例如，B2B2C 就是 B2B 模式和 B2C 模式的整合，这种模式产生的主要原因是在 B2C 模式中，零售的特点决定了商家的配送任务繁重，同时消费者不愿为原本低值的商品支付相对较高的配送费用，为了解决这个问题，在 B2C 模式中引入了 B2B，即把经销商作为销售渠道的下游引入，从而形成了 B2B2C 模式。

随着电子商务的发展，电子商务模式之间的界限越来越模糊，并且还会出现许许多多的新模式，这些新模式应该说都是电子商务基本模式的衍生。例如，近来有人提出的 P2P 模式，即伙伴对伙伴的关系，实际上就是 B2B 模式的发展。对于要进行电子商务活动的企业，首先要考虑的是哪种电子商务模式更适合本企业，在确定了电子商务的基本模式之后，也不妨考虑采用综合模式。

素养提升站

电商“O2O”将被“一体化”趋势取代吗？

近两年不论是火爆中国的“直播带货”还是欧美市场兴起的“线上线下融合”，全球范围内，更多消费已转向线上，有关研究报告预测，未来电商将向关注整体购买流程的“一体化电商”转型，取代线上线下融合的 O2O（线上对线下）时代。

更多新品牌和个人卖家更容易开始通过直播进行宣传，消费者也更容易找到他们。但同时，对商家而言，用户忠诚度有所降低，导致电商平台的“流失率”增加；对消费者而言，往往对“冲动消费”感到后悔，并影响下一次的消费决策。著名咨询公司高德纳（Gartner）对此指出，电商强调为消费者提供“跨渠道”服务，但电商平台和消费者在实体店等线下体验之间存在“断层”，现在出现的新趋势是，“一体化电商”将把断层连接起来。

未来，“一体化电商”的购物场景可能是：消费者在线上商城或网站浏览产品并放到购物车里，然后仍然可以到任意线下实体店试穿、试用商品；在到达实体店前，店员已收到“某某可能在某个时间要过来试穿衣服”的消息，并根据购物车里的商品事先准备好；试穿过程中，店员可以根据掌握的消费者信息推荐产品，消费者可以对推荐产品进行筛选后下单；结账时可以选择线上支付，或在店内收银台结账；结账后，可以选择直接从店里拿走产品，或选择送货到家。

高德纳预测，到 2025 年，能够提供“一体化电商”体验的企业将提升整体销售收入的 20%。届时“电商”概念将不只强调“在线销售”，也不是仅仅针对 B2C 企业，而是对于有实体销售网络的 B2B 企业同样适用。它们都可以通过“客户旅程”的视角来提供一体化电商的融合体验，把不同销售渠道、销售环节的过程连接起来，为消费者提供连续的、个性化的闭环体验，带来营业额及忠诚度的提升。与之相应，仅仅关注多渠道的“O2O”体验将被“一体化电商”取代。

高德纳同时预测，基于这一转变，DTC（直接面对消费者）的直销模式将迅速发展，这考验着企业是否愿意投入数字化转型，提升平台建设、运维能力和数据管理能力。以前很多企业依赖渠道商或网上商城进行销售，而现在，很多此前不直接接触终端消费者的企业开始与消费者展开更直接的互动，使得“DTC 电商”成为新的增长点。

学习任务五 新兴电子商务模式

学习任务单 4-5

学习情境	小米和同学打算一起到货源工厂（某农产品加工企业）考察，他们通过微信 App 和企业负责人取得联系，获取了企业位置信息，通过百度地图 App 查询到了企业的路线，在 12306 铁路订票 App 上购买了火车票，在火车快到站的时候使用曹操出行 App 预约了网约车，火车到站就有曹操专车接他们到企业。在企业考察时，企业负责人告诉小米和同学，现在企业加工的农产品不仅在国内销售，还通过跨境电商平台卖到国外去了呢！小米想：移动电商、跨境电商和农村电商的发展给商家带来了更多的机会，我如何才能抓住这样的机会呢？
环境需求	1. 互联网接入。 2. 计算机（每人一台）；智能手机一部。 3. 学习任务考核单（可在教学资源包中下载电子版）。
任务描述	任务 1：通过网络了解什么是移动电子商务。 任务 2：使用手机或移动终端下载并访问淘宝、百度、微信、腾讯视频、学习通、美团、抖音、支付宝等 App，分析这些 App 的类型和功能。 任务 3：阅读资源包提供的《2021—2022 年中国跨境出口电商行业及独立站模式发展现状及趋势研究报告》和《2022 年度中国跨境电商市场数据报告》，分析我国跨境电商的发展背景及未来发展趋势。 任务 4：学生访问以下网站并回答问题。 1. 阿里巴巴国际站：https://www.alibaba.com。 2. 敦煌网：https://www.dhgate.com。 3. 苏宁国际：https://g.suning.com。 4. 速卖通：https://www.aliexpress.com。 5. 京东国际：https://www.jd.hk。 6. 环球资源：https://www.globalsources.com。 7. 购物趣（Wish）：https://www.wish.com。 8. 虾皮（Shopee）：https://shopee.com.my。 问题：以上网站的共同点是什么？哪些属于跨境出口平台，哪些属于跨境进口平台？ 任务 5：学生访问以下网站并回答问题。 1. 一亩田：https://www.ymt.com。 2. 村村乐：https://www.cuncunle.com。 3. 中农网：https://www.ap-ec.cn。 4. 中粮我买网：https://www.womai.com。 问题：以上网站的共同点是什么？它们属于什么类型的农村电商平台？ 以上任务建议 2～3 学时完成。
素养提升	学习“素养提升站”内容，认识到“一带一路”倡议为跨境电子商务发展提供了新的机遇，我们要有个人自信和民族荣誉感，能够正确认识自己的历史使命和时代责任。
任务间歇	播放励志 MV（教学资源包提供）。
课堂讨论	1. 移动电子商务主要涉及哪些技术？ 2. 选择一个跨境电商平台，说说平台商家的入驻条件。

续表

小调查	1. 你使用手机发布过短视频吗？ □有　□没有 2. 你最喜欢手机里面的哪个应用？ ________________ 3. 你使用过跨境电商平台购物吗？ □有　□没有 4. 你在网上购买过农产品吗？ □有　□没有
任务拓展	1. 移动电子商务的发展给我们的生活带来了哪些变化？ 2. 跨境电子商务的发展给我们的生活带来了什么变化？ 3. 农村电子商务的发展给农村带来了哪些变化？

学习任务考核单 4-5

组名：　　　　　　　　　　　　　　　　　　　　　　编号：4-5

序号	任务	分值	总结与归纳	成绩
1	移动电子商务的概念。	10 分		
2	任务描述中移动应用的主要类型、功能及分类。	20 分		
3	跨境电商的主要进出口平台。	20 分		
4	农村电商的含义及分类。	30 分		
5	农产品电商的含义及发展趋势。	20 分		
合　计				

理论充电站

一、移动电子商务

（一）移动电子商务简介

1. 移动电子商务的含义

所谓移动电子商务，是指利用手机、掌上电脑等无线终端进行的电子商务。它将互联网、移动通信技术、短距离通信技术及其他技术完美地结合，使人们可以在任何时间、任何地点进行各种商贸活动，实现了随时随地的线上线下购物与交易、在线电子支付以及各种交易活动、商务活动、金融活动和相关的综合服务活动等。

2. 移动电子商务与传统电子商务的区别

移动电子商务是移动信息服务和电子商务融合的产物。与传统电子商务相比，移动电子商务具有以下独特的优势：

（1）随时随地。与传统电子商务相比，移动电子商务的最大特点是随时随地和个性化。

（2）用户规模大。我国移动网民总体规模已经超过 10 亿，而从消费用户群体来看，移动用户中基本包含了消费能力强的中高端用户，而传统的上网用户中以缺乏支付能力的年轻人为主。

（3）易于推广使用。移动通信所具有的灵活、便捷的特点，决定了移动电子商务更适合大众化的个人消费领域，如移动支付、移动购物、日常缴费、移动社交等。

（3）较好的身份认证基础。对于传统电子商务而言，用户的消费信誉是最大的问题，而移动电子商务使用的手机号码具有唯一性。

（4）开放性、包容性。因为移动电子商务主要以无线化方式接入，任何人都更容易进入网络世界，从而使网络范围更广阔、更开放；同时使网络虚拟功能更带有现实性，因而更具有包容性。

当然，由于基于固定网的电子商务与移动电子商务特征不同，移动电子商务不可能完全替代传统电子商务，两者是相互补充、相辅相成的。移动通信所具有的灵活、便捷的特点，决定了移动电子商务应当定位于大众化的个人消费领域，应当提供大众化的商务应用。

（二）移动电子商务的主要应用

1. 移动社交电商

移动社交电商的本质是一种基于社会化移动社交而迅速发展起来的电子商务模式，具体来说就是通过社交媒体的形式来获取用户并与之互动，对产品进行展示和分享等，从而引导用户完成电商购买的一种模式。移动社交电商模式有很多，可以分为六大类，具体如表 4－2 所示。

表 4－2 移动社交电商模式及其特征与代表

移动社交电商模式		特征	代表
拼团模式		以低价等的诱惑，通过社交平台来进行裂变传播，在地下市场和下沉市场占据了一席之地	拼多多、苏宁拼购、京东拼购、淘特等
服务商模式		为商家服务，提供微商城、新零售、行业O2O、微信营销、公众号开发、小程序开发等一体化解决方案等	微盟、有赞、点点客、无敌掌柜等
直播模式	电商平台镶嵌直播功能	主播将有相同爱好的观众聚集在直播间中，观众在电商直播平台上观看主播播出的内容时，就可以通过点击直播间显示的链接直接购买产品	淘宝直播、京东直播、拼多多直播等
	短视频＋直播		抖音、快手、花椒直播等

续表

移动社交电商模式	特征	代表
内容导购模式	通过内容和商品消费，让兴趣相同的消费者聚集在一起，获得生活方式的认同感，这些平台里活跃着很多专业买手，会对商品进行精选，为消费者节省时间，降低选择成本，而且有一个好内容的优质商品会更容易让消费者接受，甚至成为爆款	小红书、宝宝树、小红唇、考拉精选、年糕妈妈、有好东西等
社区模式	依托真实社区的一种区域化、小众化、本地化、网络化的团购形式。简而言之，它是依托社区和团长社交关系实现生鲜商品流通的新零售模式	美团优选、叮咚买菜、京东到家、每日优鲜、盒马等
货源分销模式	以会员体系连接用户，依托社交关系进行裂变分销	云集、蜂享家、花生日记、达人店等

作为当下最热的创业风口，移动社交电商依靠用户间人际关系及熟人网络实现裂变式增长，能有效实现传播，降低平台获客成本。

2. 移动金融

移动金融使用户能随时随地在网上安全地进行个人理财，也可以使用其移动终端核查账户、支付账单、进行转账及接收付款通知等。常见的移动金融App有中国建设银行、招商银行、支付宝、云闪付、京东金融、东方财富（如图 4－19 所示）、中国人保等。

图 4－19 东方财富 App 首页

3. O2O 移动电子商务

O2O 移动电子商务即 Online to Offline，是指基于移动端开展的线上线下交易活动。O2O 移动电子商务将线下商务的机会与互联网结合在了一起，让互联网成为线下交易的前台。如美团、饿了么、淘票票、猫眼、携程旅行、飞猪旅行等。

视界瞭望台

潮流门店成直播基地 逛播或成新职业

4. 移动医疗

移动医疗领域十分适合移动电子商务的开展。在紧急情况下，救护车可以作为治疗的场所，而借助无线技术，救护车可以在移动的情况下同医疗中心和病人家属建立快速、动态、实时的数据交换，这在每一秒钟都很宝贵的紧急情况下至关重要。在移动医疗的商业模式中，病人、医生、保险公司都可以获益，也会愿意为这项服务付费。由于医疗市场的空间非常巨大，并且提供这种服务的公司为社会创造了价值，同时，这项服务又非常容易扩展到全国乃至世界，因此在整个流程中存在着巨大的商机。

5. 移动娱乐

移动电子商务可以提供一系列娱乐服务。用户可以在移动设备上安装应用软件，进行观看视频、听音乐、玩游戏、交友等娱乐活动。如抖音、爱奇艺、全民K歌等。

6. 移动教育

移动教育是指在移动的学习场所或利用移动的学习工具所实施的教育，它依托比较成熟的无线移动网络、国际互联网以及多媒体技术。如学生和教师使用移动设备（如手机等）通过移动教学服务器实现交互式教学活动。

7. 移动出行

移动出行是指基于出行场景的互联网服务。根据运营模式的不同，移动出行可分为网约车、共享单车和共享汽车、地图导航、代驾、在线旅游等。移动出行作为平台经济和数字交通的典型代表，在构建高效、可靠、便捷、普惠的城市出行系统中发挥了重要的作用。代表品牌包括滴滴出行、花小猪打车、神州租车、哈啰、百度地图、去哪儿旅行、马蜂窝、途牛旅游等。

二、跨境电商

（一）跨境电商简介

1. 跨境电商的含义

跨境电商（Cross-border E-commerce）脱胎于一种被称为“小额外贸”的外贸形式，这种形式在国内最早开始于2005年，最初是买家互联网平台从境外购买产品，通过贝宝（PayPal）等第三方支付方式付款，卖家通过敦豪、联邦快递等方式完成货品运送的模式。

深度解码

跨境电商

跨境电商有狭义和广义两种说法。

（1）狭义的跨境电商：专指通过电子商务平台（含自建）进行商品展示与推广、交易磋商、订单达成、支付与结算、物流追踪、售后服务与纠纷处置，帮助分属于不同关境的交易主体完成交易的一种国际商业活动，是一种特殊的国际贸易，或外贸零售业务。与传统外贸活动相比较，它具有小批量、多批次、物流时间短、物流成本高、价差大等特征。

（2）广义的跨境电商：广义的跨境电商除狭义概念外，还包括“互联网+传统外贸”的形式，即依托电子商务平台寻求到目标客户，并依赖传统手段完成国际贸易的活动。

因此也可通俗地说，狭义的跨境电商专指依托网络平台开展的外贸零售活动；广义的跨境电商则包含“零售”与“批发”两种形式。

2. 跨境电商的特点

跨境电商是一种基于互联网而发生的商业活动，与传统跨境贸易相比较有以下特点：

（1）全球性。

跨境电商摆脱了传统贸易的地域限制，是一种无边界交易，买家不需要出境即可通过电商平台采购商品或服务。

（2）无形性。

跨境电商的业务发生在互联网上，没有固定场所，而是通过数据、声音、图像、文字等方式进行信息传递。

（3）匿名性。

跨境电商的全球性和无形性决定了其匿名性，买家和卖家都很难识别对方的身份、地理位置等。

（4）即时性。

跨境电商通过互联网使信息的传输速度打破了空间距离的限制，使其信息传递具有即时性，电子类信息产品可以实现即时结算交付。

（二）跨境电商产业链

跨境电商行业产业链较长，以跨境电商（含平台、商户）为核心，上下游企业参与者众多，上游供应商、下游消费者以及众多服务商（包括物流企业、仓储企业、第三方支付平台、跨境电商服务商、银行等），分别参与物流、资金流、信息流、商流多个环节。图 4－20 所示为 2023 年上半年中国跨境电商产业链图谱。

图 4－20　2023 年上半年中国跨境电商产业链图谱

资料来源：网经社．2023 年（上）中国跨境电商市场数据报告．https://www.100ec.cn，2023－08－07.

1. 跨境电商（平台、商户）

跨境电商按照进出口方向划分，主要分为出口跨境电商和进口跨境电商。

（1）出口跨境电商。

1）B2B类：如阿里巴巴国际站、环球资源网、中国制造网、敦煌网、大龙网、拓拉思、领工云商、大健云仓、宝信环球、全球贸易通等。

2）B2C类：如亚马逊全球开店、易贝、全球速卖通、虾皮、安克创新、棒谷科技、有棵树、通拓科技、兰亭集势、傲基、蓝思网络、万拓科创、斯达领科、致欧科技等。

（2）进口跨境电商。

1）B2B类：如行云集团、海带网、笨土豆、跨境翼等。

2）B2C类：如天猫国际、京东国际、淘宝全球购、考拉海购、洋码头、苏宁国际、洋葱集团、蜜芽、宝贝格子、55海淘、别样海外购、亚马逊海外购、五洲会、海拍客、豌豆公主、寺库、万里目等。

> **素养提升小锦囊**
>
> “保持自身的个性和尊重别人的个性同样重要”，从事跨境电商活动，相关从业人员应遵守相应的法律、法规、制度规则，做到守法经营，同时还要了解相应国家的风俗习惯、禁忌等，尊重地区文化差异，减少跨文化所带来的冲突。

2. 物流企业

物流企业为跨境电商买方和卖方提供物流仓储服务。跨境物流是跨境电商的重要组成部分，是跨境电商运营的关键。跨境电商物流运输方式一般包括邮政包裹、国际快递和传统物流。全球知名快递企业包括敦豪航空货运公司（DHL）、中国邮政速递物流（EMS）、美国联邦快递（FedEx）、美国联合包裹运送服务公司（UPS），还有国内的顺丰和“四通一达”等。

3. 第三方支付平台

所谓第三方支付平台，就是一些和国内外各大银行签约并具备一定实力和信誉保障的第三方独立机构提供的交易支持平台。第三方支付平台为跨境电商参与者提供跨境支付服务，与银行汇款、银行卡支付等相互补充。第三方支付平台可以自身名义集中收付款、结售汇，通过与银行合作解决跨境支付难题。全球知名跨境第三方支付平台包括支付宝、易宝支付、首信易支付等。

4. 跨境电商服务商

跨境电商服务商以整合各类环节服务为基础，然后将其统一投放给中小外贸企业，主要的服务包括国务院“六条措施”中提到的融资、通关、退税以及物流、保险等外贸必需环节，盈利来自服务的批发和零售。综合类跨境电商服务商如一达通、卓志、嘉云数据、世贸通、泛鼎国际、小笨鸟、启橙电商等，专门负责代理中小企业出口，由专业化团队提供相应的集中制单、清关、退税等服务。

此外还有技术类服务商领星、店匠、易仓科技、小满科技、店小秘等；营销类服务商浩方集团、飞书互动、思亿欧、星商、外贸牛等；物流类服务商纵腾集团、运去哪、递四方、斑马物联网、出口易、飞盒跨境、至美通、拓扑丝路等。

三、农村电商

（一）农村电商简介

1. 农村电商的含义

农村电商即农村电子商务，简单来说，是指发生在农村地区的电子商务活动。农村电商以互联网为中介，将农村与城市连接起来，不仅能促进农产品上行（指将农产品标准化、规模化、品牌化后销往城市），扩大农产品销售市场，还能促进工业消费品下行（指将城市工业品销往农村地区），激活农村市场。

农村电商作为我国农村地区的新兴产业，是推动实现乡村振兴的重要手段，不仅能够推动我国农业的发展，还能提高各地农产品的知名度和竞争力，助力新农村建设。

2. 农村电商的分类

农村电商发展至今，已经形成了丰富多样的形式，按照不同的标准可以把农村电商划分为不同类型。

视界瞭望台

农村“电商”有多牛？

（1）根据产品流通方向分类。

根据产品流通方向，农村电商可分为输出模式和输入模式。

1）输出模式。输出模式是指将农产品、手工产品、加工产品、特色旅游资源等从农村向外部市场输出的电商模式。该模式是当前主要的农村电商模式，依托当地特有的资源，走标准化、品牌化的发展路径，以增加产品附加值和提高市场竞争力为重点，最终解决农产品滞销的问题，实现农户收入的增加。

2）输入模式。输入模式是指将产品、服务等向农村输入的电商模式。这种模式一般会在县域设立县级服务中心，在乡镇建立服务站点，通过完善的服务网络和服务点，向农村输入生活用品、服务项目等，让互联网发展成果惠及广大农户群体。

（2）根据电商县域发展特征分类。

电商能促进县域农业、制造业的优化升级，促进服务业的创新发展，调整县域经济的结构。农村电商发展起来后，有利于吸引农村居民返乡创业、就业，进一步推动农村经济的发展，推动农村的城市化进程。按电商县域发展特征，农村电商可分为沙集模式、清河模式、武功模式、通榆模式、成县模式和遂昌模式六种。

1）沙集模式——“农户＋产业＋互联网”电商模式。

“沙集模式”来源于我国徐州市的一个小镇——沙集镇。沙集镇本来经济发展十分落后，后来该镇一位农户自发在淘宝网上开店销售家具且获得成功，这件事引起了连锁反应，当地农户纷纷效仿，推动了原材料供应、加工制造、配件、物流等业务的发展，使当地形成了网上年销售额达10亿多元的新产业群。

沙集模式是指农户自发成为网商（运用电商工具在互联网上开展商业活动的个人），使用电商交易平台直接对接市场，并销售产品的电商模式。沙集模式以家庭经营为基础，以返乡创业的农户为主体，以信息化带动产业化，形成了相对完整的农村电商生态链。沙集模式可以概括为“农户＋产业＋互联网”电商模式，沙集模式塑造的新业态还能促进农户网商进一步创新，帮助农村实现全面发展，是互联网在农村高度应用的典型。

素养提升小锦囊

“解放思想，实事求是，与时俱进”，沙集镇电商发展的历程说明我国部分地区农户的思想观念比较开放，对电商的接受度较高，在电商创业中扮演着积极主动的角色。这也体现了我国很多农户依靠自己的努力奋斗实现了创造美好新生活的愿望。电商新农人就是要思想开放、努力奋斗。

2）清河模式——“专业市场＋互联网”电商模式。

“清河模式”来源于我国河北省清河县。清河县是历史名县，如今它又凭借强大的羊绒产业闻名世界，有“中国羊绒之都”的称号。清河县依托强大的传统市场，利用互联网整合各方资源，使传统的羊绒加工销售产业链借助电商获得新生，进而有效解决了传统产业中长期存在的成本高、效率低、市场开拓困难等一系列问题，催生了一个庞大的网商群体，促进了电商交易规模的迅速增长，形成了依托传统产业优势的农村电商模式。后来，人们便用“清河模式”来指代“专业市场＋互联网”的农村电商模式。

3）武功模式——“集散地＋电商”模式。

“武功模式”来源于我国陕西省武功县。武功县的地理位置优越，位于关中平原中部，是新疆、青海和甘肃东出（走出西部面向全国）的重要通道，且地势平坦，交通便利。武功县基于有利的区位和交通优势，大力发展仓储物流和物资集散业务，投入大笔资金建设了大型电商园区，不仅吸引了当地乃至全国的农产品生产、加工、仓储、物流和销售等各类电商商家设点占位，还聚集了青海、甘肃、新疆等西部地区的300多种特色农产品，成为“西货东进”的集散地。因此，武功模式可以概括为“集散地＋电商”模式。

4）通榆模式——“统一方式直销原产地农产品”电商模式。

“通榆模式”来源于我国吉林省通榆县。通榆县地处松辽平原西部，地理条件优越，是公认的优质农产品黄金产业带，历来就有“葵花之乡”“绿豆之乡”的美誉，盛产杂粮、杂豆、打瓜等特色优质农产品。2013年9月底，通榆县通过招商引入电商企业，正式启动农产品电商项目。经过多年的经营，通榆县逐渐形成了自己的发展模式，即采用“统一方式直销原产地农产品”的电商模式。该模式适合电商基础薄弱、产品品牌化程度低、小网商稀少的区域，其特点如下：

- 统一品牌：通榆县采用统一品牌、统一标准、统一质量、统一包装的方式开展网络营销。
- 基地支撑：通榆县整合了原产地的各种农产品资源，并与有固定基地的深加工企业、当地有实力的农业合作社、农科院展开合作，旨在提供多样化、富有特色和科技含量高的农产品。
- 政府背书：县政府组建“通榆县电商发展领导小组”，为电商发展提供政策支持，并成立专项基金，为电商发展建立绿色通道。

5）成县模式——“热门产品＋政府营销”模式。

“成县模式”来源于我国甘肃省成县。成县位于甘、川、陕三省交界处，2011年被国家林业局（现为国家林业和草原局）命名为“中国核桃之乡”。成县模式的形成得益于“核桃书记”——成县县委书记李祥。李祥在新浪微博上实名注册认证，宣传推广成县鲜核桃，获得了大量网友和媒体的关注，使成县核桃成为热门产品，让成县的知名度也迅速提高，并推动了成县土蜂蜜、成县柿饼等主要农产品的网络热销。因此，成县模式可以概括为“热门产品＋政府营销”的电商模式。成县模式适合大部分地区，尤其是有特色农产品的地区。成县模式要想成功，需要当地政府的全力支持，并逐步完善电商生态，帮助小网商品牌化、集群化。

6）遂昌模式——“电商综合服务商＋网商＋传统产业”模式。

“遂昌模式”来源于我国浙江省遂昌县。遂昌县独特的自然环境造就了当地优质的特色农产品，从2005年开始，遂昌县当地就有网商自发开设淘宝网店经营山茶油、菊米等农产品。后来，遂昌县设立了网店协会和网店服务中心，整合政府、电商、金融机构、农业合作社、农户等多方的资源，助力电商快速发展，遂昌模式初步形成。

遂昌模式就是以本地化电商综合服务商作为驱动，带动县域电商生态发展，促进地方传统产业发展，尤其是促进农业及农产品加工业实现电商化的电商模式。遂昌模式在电商综合服务商、网商、传统产业的相互作用下，在政策环境的催化下，形成了信息时代的县域经济发展道路。该模式的核心是本地化电商综合服务商，这些服务商推进了当地农产品加工、生产标准化的发展，提高了农产品的质量和附加值，并且聚集了当地网商，建立了较为完善的电商生态环境。一般来说，遂昌模式适合电商基础弱、小品牌多、小网商多的区域。

（3）根据服务对象分类。

根据服务对象，农村电商可分为农资电商、农产品电商、农村金融电商和农村旅游电商。

1）农资电商。农资即农用物资，属于农业生产资料，一般是指在农业生产过程中用以改变和影响劳动对象的物质资料和物质条件，如农药、化肥、种子、农膜、农用器械（包括农业运输机械、生产及加工机械）等。农资电商就是涉及农资的电商。目前，我国主要的农资电商平台包括惠农网、种地保、中国农产品网、大丰收农资商城、淘农网等。近年来，随着现代信息技术深入下沉市场，厂家、经销商、服务商、电商平台等开展紧密合作，线上线下市场充分融合，方便快捷的农资网购已成为广大农民的“新时尚”。数据显示，惠农网平台上农药、肥料、种子近三年的线上交易额年均增长达58.9%、19.6%、18.2%，不少商家表示线上已成获客主渠道。惠农网联合创始人表示，农资线上交易已成为大势所趋。

小提示

农资电商涉及的是农业生产资料，而不是普通农产品，因此，在农资电商中，重要的不是产品新鲜度和物流时效，而是农资产品的质量、使用方法、配套技术应用、售后服务以及投入产出比等因素。

2）农产品电商。农产品电商是指在农产品生产、销售、管理等环节全面导入电商系统，利用信息技术发布与收集供求、价格等信息，并以网络为媒介，依托农产品生产基地与物流配送系统，快速、安全地实现农产品交易与货币支付的一种新型商业模式。

3）农村金融电商。农村金融电商是货币、信用等金融行业与“三农”（农村、农业、农民）、互联网相结合的产物，涉及与“三农”相关的互联网信贷、供应链金融、账户预存款、支付工具、移动支付等一系列金融业务。当前，农村金融电商有以下发展模式：

- 电商平台支持下的互联网金融模式：电商平台+农村金融。该模式以阿里巴巴和京东为代表，依托积累了大量信用数据的电商平台，借助大数据技术形成信用风控模型，从自有的或合作的金融机构处获取资金，为涉农企业提供网上借贷业务。
- 农业服务商支持下的链式金融模式：大型农业服务商+农村金融。该模式以新希望、大北农等“三农”服务商为代表，以多年专注于农业领域所积累的数据和线下资源为依托，利用互联网技术打通金融环节，为上下游涉农企业和农户提供支付、借款、保险等金融服务。

4）农村旅游电商。农村旅游电商是电商与农村旅游相结合的产物。简单来说，农村旅游电商是在旅游电商的基础上加入乡村元素，是旅游电商在农村地区的应用。

（二）农村电商常见平台

电子商务研究中心研究表明，目前跟农村有关的电商平台主要有以下几类：

（1）综合平台电商：京东、农村淘宝、拼多多、苏宁、唯品会等；

（2）农资电商平台：云农场、一亩田、田田圈、草帽网等；

（3）农产品电商平台：买菜网、链农网、美菜网等；

（4）网络品牌电商平台：三只松鼠、百草味、新农哥等；

（5）生鲜电商平台：小农女、我买网、本来生活等；

（6）信息服务类平台：村村乐、汇通达、智农通、中农网等；

（7）农业众筹类平台：有机有利、京东众筹、淘宝众筹、苏宁众筹等。

中国农村电商产业链图谱如图 4－21 所示。

图 4－21　中国农村电商产业链图谱

（三）农产品电商

农产品电商是农村电商的重要组成部分，近年来持续受到各方关注。自 2009 年开始，生鲜电商大批出现，农产品电商也迅速发展。当前，农产品电商对打开农产品市场、促进农户增收、带动农村经济发展起着积极的作用，消费者对农产品电商的接受程度也越来越高。

1. 农产品电商的作用

农产品电商是电商在农产品生产和销售领域的延伸与应用，它能加速农业信息的流通、拓宽农产品销售渠道，并创新农产品营销模式。

（1）加速农业信息的流通。在传统农业特有的家庭式小规模生产下，农户一般都是靠经验生产的，但这样的生产方式已经跟不上时代发展的趋势，严重阻碍了农业信息的交流。农产品电商则可以使农产品供求双方及时地沟通，解决我国农业小农户与大市场的矛盾，实现农业生产与市场需求的对接，让供方依据市场情况调整生产计划、合理定产，从而降低生产方面的风险。同时，农产品电商能够改善农产品流通状况，提高农产品交易总额，增加农户收入。

（2）拓宽农产品销售渠道。我国农产品销售长期面临着销售渠道窄、费用成本高、中间环节多等问题，而农产品电商可以实现农产品流通的组织化、规模化，并为供求双方提供直接交易的机会，这不仅减少了中间环节，还能够降低交易成本，使农产品获得价格上的优势。

（3）创新农产品营销模式。传统农业的营销发展十分滞后，在营销创新方面，农产品远远落后于工业产品，而电商模式凭借互联网的优势，可以高效地对农产品进行营销创新、包装设计等。

2. 农产品电商发展趋势

当前中国农村网络零售规模保持加速增长态势，农产品电商的市场规模变得越来越庞大。近年来在各方力量的推动下，中国农产品电商进入了新的发展时期，面临着新的机遇与挑战，并且呈现出以下发展趋势：

深度解码

农产品电商数字化

（1）数字化发展趋势。

数字农产品电商的发展是全面乡村振兴建设以及数字乡村建设的重要内容和有效抓手。近年来数字农产品电商出现“井喷”式发展，包括农产品种养的数字化、农产品的数字化、交易的数字化、物配的数字化、支付结算的数字化、场景的数字化、空间的数字化、卖场的数字化、供应链的数字化、再生资源的数字化，以及消费的数字化，还有与生产的数字化、流通的数字化、消费的数字化相适应的治理和监管的数字化。

深度解码

三品一标

（2）品牌化发展趋势。

品牌农业的发展，促进了农产品品牌化的发展，以农产品“三品一标”为主要内容的高质量发展，满足了人们对美好生活品质的需要，确保“农产品生产得好，还要卖得好，卖出好价钱，消费者得实惠，农民得收益”。品牌化是提升农产品价值链的最重要的趋势。

（3）融合化发展趋势。

融合化发展早在2015年网络平台下网兼并重组、实体经济上网重组时就已经开始，因此，许多电商人也曾自称是实体经济。现在实体经济与网络经济（电商）相互竞争的情况仍然存在，导致实体经济与网络经济相互对立，实际上，实体经济的数字化转型、网络平台的数字化转型，使得二者的界限已经模糊了，而且跨界融合已经成为必然趋势。

（4）社交化发展趋势。

在移动互联网时代，购物已经呈现出明显的社交化趋势，每个人都成为社交化的消费者，许多消费已经呈现出“购买→分享→再购买”的循环链式反应。商家也利用微博、微信、企业公众号等社交工具和平台对商品内容进行传播分享，引导消费者对商品进行购买消费。社交工具和平台上商品内容的分享对消费者购买农产品决策的影响越来越大，已逐渐成为支持农产品电商发展的重要动力之一。

（5）标准化发展趋势。

农产品的标准化是数字化的必然结果，也是品牌农产品的根本保证。农产品标准化涉及种养、商品交易、物流配送、支付结算、体验场景、供应链、环境、卖场、空间、再生产资源、消费等的标准化，要求做到高度信息化条件下的“无缝对接”。

（6）冷链化发展趋势。

生鲜农产品数量和质量的发展离不开冷链的高级化、精准化、品质化发展，冷链发展当前缺乏的是体系，而不是数量。多头投资、重复建设、趋同投资导致冷链资源不缺，但是不系统，因此，冷链体系的发展是农产品电商未来的一大发展趋势。

（7）场景化发展趋势。

线下体验场景的建设和线上体验场景的建设同样重要，否则没有流量和人气就不会有商业的存在和发展，因此，人工智能（AI）的发展十分重要。在这方面，拼多多走在了前头，当其他平台还在盛行集中式 AI 时，拼多多就已经开始探索分布式 AI 了。分布式 AI 具有重要意义，一方面能够洞察消费者，另一方面又可避免“数字杀熟”，增强消费者的权利主体地位，对平台形成竞争。

（8）定制化发展趋势。

当前农产品电商面临的市场格局是供给大于需求，但特色的、品质的、品牌的农产品仍然是供不应求，因此，“我有什么就卖什么，卖什么你就消费什么”的时代已经过去，以市场和消费者需求为导向的拉式供应链应运而生，即“消费者和市场需要什么就卖什么，卖什么你就种什么、养什么、加工什么”，从而“反弹琵琶”，促进传统农业向现代农业的转型和升级。

素养提升站

视界瞭望台

“一带一路”共筑未来

“新四大发明”

中国古代四大发明，即造纸术、指南针、火药及印刷术，是中国古代劳动人民创新的智慧成果，对中国古代政治、经济、文化的发展产生了巨大的推动作用，它们经各种途径传至西方，对世界文明发展也产生了巨大的影响。

“新四大发明”是 2017 年诞生的网络流行词。2017 年 5 月，来自“一带一路”沿线的 20 个国家的青年评选出了中国的“新四大发明”：高铁、扫码支付、共享单车和网购。事实上，虽然这四项中有的并非由中国发明，只是在中国推广应用较为领先、影响较大，但是，中国的“新四大发明”让人们充分享受到了中国科技发展给国民生活带来的便利，让全世界人民感受到了中国的巨大进步和发展。

素养提升小锦囊

“一粥一饭，当思来处不易”，中国是农业大国，发展农业需要有十年如一日的坚守，做电商新农人要有胸怀和傲骨，坚守本心，不忘初心，为乡村振兴贡献力量。

项目小结

本项目介绍了 C2C、B2C、B2B、O2O 及跨境电商、农业电商等多种主流电子商务模式，学生除了要掌握这些模式的特点和具体应用形式，更要用发展的眼光看待这些模式的未来发展方向，应该特别关注跨境电商和农村电商的发展前景，寻找创业商机。

知识小测验

项目四

拓展课余练

1. 选择一个 B2C 电子商务零售网站，购买一件自己喜欢的商品，体验从网上查询信息、购物、网上支付、收到所购物品等环节，全面实践 B2C 交易的全过程。结合实践，谈谈消费者如何避免在网上购物过程中上当受骗。

2. 联系一家企业，帮助该企业在阿里巴巴网或慧聪网等 B2B 电子商务平台上发布采购或供求信息。

3. 联系附近商业街上卖服装或其他商品的商户，帮助其开设淘宝店。

4. 每名学生用手机或移动终端浏览大众点评网、美团网、淘票票、蚂蚁短租、同程旅行等网站或 App，并以其中一个为例，完成一笔实际交易，分析上述网站的电子商务模式，并指出此模式与 B2C、C2C 等模式的主要区别是什么。

项目五 电子商务物流配送

项目简介

近年来，电子商务作为一种新的商务模式给人类带来了一次史无前例的产业革命，这次革命的结果是将人类真正带入了信息社会。然而在电子商务的发展过程中，人们发现，物流不仅在某种程度上成了有形商品网上商务活动的障碍，而且成为决定有形商品网上商务活动能否顺利进行的关键因素。因而物流已经成为电子商务发展的瓶颈。

本项目主要有现代电子商务物流模式、电子商务物流解决方案两个学习任务和若干工作子任务，通过实例分析、课堂讨论和实践实训等形式，帮助学生由浅入深地理解并掌握电子商务物流解决方案。

项目目标

★知识目标：

1. 了解物流的定义；
2. 掌握物流的功能；
3. 掌握物流的分类；
4. 掌握电子商务物流模式；
5. 了解电子商务物流解决方案。

★能力目标：

1. 能够根据企业实际情况选择合适的物流模式；
2. 能够根据不同商品选择合适的配送方法。

★素养目标：

1. 培养电子商务物流活动中的环保意识；
2. 树立保护环境的社会责任感。

项目实施

通过案例分析、学生自学、课堂讨论、模拟演练等形式或组成小组团队分工协作，教师作为组织者、指导者、共同学习者，与学生共同完成本项目的学习，并进行总结。

引导案例

不一样的物流——京东物流

中国物流业的发展得益于电子商务的繁荣。2021 年，中国的快递业务量完成 1 083亿件，首次突破千亿件，日均快件处理量近 3 亿件，最高日处理量达 6.96 亿件，快件处理效率与峰值处理能力稳步提高，是名副其实的快递大国。

中国电商巨头阿里巴巴为了满足电商的需要，逐步搭建起菜鸟这一物流服务平台，只建仓库，不建配送团队，通过股权投资和紧密合作绑定“四通一达”和顺丰这几大物流公司，将订单导流给这些合作方，由合作方配送阿里旗下电商平台淘宝、天猫的商品，类似快递中的滴滴打车，做的是快递员和快件的撮合匹配服务。

而京东走了不一样的路：在成立近 10 年后，京东集团于 2007 年开始自建物流基础设施和配送团队，为消费者配送他们在京东商城上购买的商品，做垂直一体化的供应链物流；于 2017 年 4 月正式成立京东物流集团，打破封闭模式，将物流服务开放给京东商城之外的个人、商家和公司等第三方，不仅仅服务于京东商城。

一体化供应链物流服务是京东物流的核心赛道。京东物流主要聚焦于快消、服装、家电家具、3C、汽车、生鲜等六大行业，为客户提供一体化供应链解决方案和物流服务，帮助客户优化存货管理、减少运营成本、高效分配内部资源，实现新的增长。同时，京东物流将长期积累的解决方案、产品和能力模块化，以更加灵活、可调用与组合的方式，满足不同行业的中小客户需求。

京东物流建立了包含仓储网络、综合运输网络、最后一公里配送网络、大件网络、冷链物流网络和跨境物流网络在内的高度协同的六大网络，具备数字化、广泛和灵活的特点，服务范围覆盖了中国几乎所有地区、城镇和人口，不仅建立了中国电商与消费者之间的信赖关系，还通过 211 限时达等时效产品和上门服务，重新定义了物流服务标准。在 2021 年，京东物流助力约 90％的京东线上零售订单实现当日和次日达，客户体验持续领先行业。截至 2022 年 3 月 31 日，京东物流运营约1 400个仓库，含云仓生态平台的管理面积在内，京东物流仓储总面积超过2 500万平方米。

京东物流是中国领先的技术驱动的供应链解决方案及物流服务商，以“技术驱动，引领全球高效流通和可持续发展”为使命，致力于成为全球最值得信赖的供应链基础设施服务商。

思考：

电子商务的物流模式有哪几种？电子商务企业应该如何选择物流模式？

学习任务一　现代电子商务物流模式

学习任务单 5－1

学习情境	小米通过学习知道了物流对于电子商务的发展至关重要，那么什么是物流呢？它都有哪些类型？对于电子商务而言，目前有哪些物流模式？对此，小米和同学们展开了学习。
环境需求	1. 互联网接入。 2. 计算机（每人一台）。 3. 学习任务考核单（可在教学资源包中下载电子版）。
任务描述	任务 1： 访问中国物流与采购联合会（中物联）网站查看物流行业新闻和发展动态；访问快递 100 和菜鸟网站了解目前都有哪些快递公司，进入热点公司查看公司介绍；访问京东物流、顺丰、德邦、锦程、中远集团等网站了解各自的物流服务项目。 1. 中国物流与采购联合会：https://www.chinawuliu.com.cn。 2. 快递 100：https://www.kuaidi100.com/all/。 3. 菜鸟：https://www.cainiao.com。 4. 京东物流：https://www.jdl.com。 5. 顺丰速运：https://www.sf-express.com。 6. 德邦快递：https://www.deppon.com。 7. 锦程物流：https://www.jctrans.com。 8. 中远集团：https://www.cosco.com/cn。 任务 2： 学生就以下问题进行讨论： 问题 1：什么是物流？物流有哪些功能和作用？ 问题 2：什么是电子商务物流？电子商务物流与传统物流有什么区别？ 问题 3：哪种物流模式最适合网上销售？ 以上任务建议 2 学时完成。
素养提升	学习“素养提升站”内容，培养学生在电子商务物流活动中的环保意识，引导学生树立在各行各业保护环境的社会责任感。
任务间歇	播放励志 MV《步步高》（教学资源包提供）。
课堂讨论	在网上购物选择什么样的物流最理想？
小调查	1. 你用过顺丰快递吗？ □用过　□没有 2. 在选择快递公司时，你主要考虑哪些方面的因素？ □速度　□价格　□服务
任务拓展	调查你所在城市的物流行业发展情况，了解有哪些快递公司，其经营状况如何。

学习任务考核单 5-1

组名：　　　　　　　　　　　　　　　　　　　　　　　　　　　　编号：5-1

序号	任务	分值	总结与归纳	成绩
1	物流的定义和功能。	20 分		
2	电子商务物流的含义和特点。	20 分		
3	电子商务物流与传统物流的区别。	20 分		
4	你认为哪种物流模式最适合网上销售？	20 分		
5	电子商务物流的发展趋势。	20 分		
合　计				

理论充电站

一、物流的定义

美国早期物流的含义是实物配送（Physical Distribution，PD）。第一次世界大战期间，英国有位勋爵成立了“即时送货股份有限公司”。第二次世界大战期间，出于军事需要，美国采用了 Logistics Management（后勤管理）这一概念，对军火的运输、补给、调配等进行全面管理，对战争胜利起了保障作用。其中所提出的“后勤”是指战时的物资生产、采购、运输、配给等活动。后来，“后勤”这一概念在商业活动中得到了广泛应用，包含了生产过程和流通过程的物流，形成了范围更广的概念，即后勤供销服务。这里所说的后勤供销服务是一种以“供应链理论”“虚拟工厂理论”等为背景的新型物流服务模式，是供销环节与运输环节有机结合的产物和物流理论的新的升华。现在欧美国家更多地把物流称作 Logistics 而不是 Physical Distribution。20 世纪 50 年代，日本派团考察美国的物流技术，引进了“物流”的概念，日本的“物流”概念是直接由 Physical Distribution 翻译而来的，到了 70 年代日本已成为世界上物流最发达的国家之一。20 世纪 80 年代初，我国从日本引入了“物流”概念。

物流的定义有很多，目前在国内、国际普遍采用的有以下几种：

（1）我国国家标准《物流术语》（GB/T 18354—2021）中对物流的定义为：根据实际需要，将运输、储存、装卸、搬运、包装、流通加工、配送、信息处理等基本功能实施有机结合，使物品从供应地向接收地进行实体流动的过程。

（2）美国物流管理协会的定义：物流是供应链流程的一部分。物流是为满足消费者需求而进行的对货物、服务及相关信息从起始地到消费地的有效率与效益的流动与储存的计划、实施与控制的过程。

（3）联合国物流委员会对物流做了新的界定：物流是为了满足消费者需要而进行的从起点到终点的原材料、中间过程库存、最终产品和相关信息有效流动和储存的计划、实现和控制管理的过程。

从物流的定义可知，物流过程一方面包含运输、存货、管理、仓储、包装、物料搬运及其他相关活动，另一方面包含效率与效益两方面，其最终目的是满足客户的需求与实现企业的盈利目标。

二、物流的功能

深度解码

物流的 7R 原则

物流的功能是物流系统所具有的基本能力，将这些基本能力有效结合就能合理地实现物流的总目标。物流的功能是通过信息、运输、仓储等的协调以及材料的搬运、包装、流通加工、配送等活动来实现的。

（一）传统的物流功能

1. 运输

运输的任务是对物品进行较长距离的空间移动。运输的主要方式有铁道运输、汽车运输、船舶运输、航空运输和管道运输。运输应选择经济、便捷的运输方式和运输路线，以达到安全、迅速、及时和经济的管理要求。

2. 储存

储存功能包括堆存、保管、保养及维护等活动。物流系统需要仓储设备来保证市场分销活动的进行，同时要以始终与最低的总成本相一致的最低限度的存货来实现所期望的顾客服务。

3. 包装

包装是在商品输送和保管过程中，为保证商品的价值和形态而进行的流通活动，包括产品的出厂包装、生产过程中在制品和半成品的包装以及物流过程中的换装、分装和再包装等活动。从机能上来看，包装可以分成为保持商品的品质而进行的工业包装和为使商品顺利抵达消费者手中、提高商品价值、传递信息等以达到促进销售的目的而进行的商业包装等两类。

4. 装卸

装卸包括对运输、储存、包装、流通加工等物流活动进行衔接的活动，以及在储存等活动中为进行检验、维护和保养所进行的装卸活动。安全、方便的装卸活动，可以加快商品在物流过程中的流通速度。

5. 流通加工

流通加工是在物流过程中进行的辅助加工活动。它既存在于社会流通过程中，也存在于企业内部的流通过程中，用来弥补生产过程中加工的不足。如今流通加工作为提高商品附加价值、促进商品差别化的一种手段，其重要性越来越高。

6. 配送

配送是物流进入最后阶段，以配货、送货形式最终完成物流的活动。配送是一种短距离、少量的输送，在电子商务物流中的作用非常突出，它已不是简单的送货，而是集经营、服务、社会集中库存于一身的重要物流环节。

7. 信息处理

信息处理包括与上述各项活动有关的计划、预测以及对物流动态信息及相关费用、生产、市场信息的收集、加工、整理和提炼等活动。不准确的信息会对物流工作造成阻碍，信息的质量和及时性是物流工作的关键因素。

（二）增值性的物流服务功能

除了传统的物流功能外，现代物流还具有增值性的服务功能。增值性的物流服务包括以下几种：

（1）增加便利性的服务；

（2）加快响应速度的服务；

（3）降低成本的服务；

（4）延伸服务。

三、物流的分类

（一）按照物流业务活动的范围分类

（1）社会物流：企业外部物流的总称，包括企业向社会的分销物流、购进物流、回收物流、废弃物物流等，也称大物流或宏观物流。

（2）行业物流：在一个行业内部发生的物流活动称为行业物流。在一般情况下，同一个行业的各个企业往往在经营上是竞争对手，但为了共同的利益，在物流领域中却又常常互相协作，共同促进行业物流系统的合理化。

（3）企业物流：企业内部的物品实体流动。企业物流主要是企业内部的生产经营工作和生产中所发生的加工、检验、搬运、储存、包装、装卸、配送等物流活动。

（二）按照物流的作用分类

（1）供应物流（Supply Logistics）：为生产企业提供原材料、零部件或其他物品时，物品在提供者与需求者之间的实体流动，包括原材料等一切生产资料的采购、进货、运输、仓储、库存管理和用料管理。

（2）生产物流（Production Logistics）：生产过程中，原材料、在制品、半成品、产成品等在企业内部的实体流动，包括生产计划与控制、厂内运输（搬运）、在制品仓储与管理等活动。

（3）销售物流（Distribution Logistics）：生产企业、流通企业出售商品时，物品在提供方与需求方之间的实体流动，包括产成品的库存管理、仓储发货运输、订货处理与顾客服务等活动。

（4）回收物流（Returned Logistics）：包括不合格物品的返修、退货以及周转使用的包装容器从需求方返回到供给方所形成的物品实体流动。

（5）废弃物物流（Waste Material Logistics）：将经济活动中失去原有使用价值的物品，根据实际需要进行收集、分类、包装、搬运、储存，并分送到专门的处理场所时所形成的物品实体流动。

（三）按照物流活动的空间分类

（1）地区物流：指在某一区域内发生的物流活动，物流活动的空间范围局限在一定地区内。对地区的划分，可以按不同的目的进行，如按涉及的行政区域划分、按一定的经济圈划分等。应根据所在地区的特点，从本地区的利益出发组织好相应的物流活动，并充分考虑到利与弊两方面的问题，要与地区和城市的建设规划相统一并妥善安排。

（2）国内物流：指在一个国家内发生的物流活动，物流活动的空间范围局限在一个国家内。

（3）国际物流：指不同国家（地区）之间的物流，是随着世界各国（地区）之间进行国际贸易而发生的商品实体从一个国家（地区）流转到另一个国家（地区）的物流活动。

四、电子商务物流

目前国际上对电子商务物流并没有明确的定义，我们在此阐述的电子商务物流指的是服务于电子商务活动的物流。在本质上，它从属于现代物流，是现代物流的重要组成部分。与其他物流不同的是，它更强调物流的电子化、第三方物流、第四方物流以及物流配送。

（一）自营物流

企业自己本身经营物流，称为自营物流。在电子商务发展初期，那时的电子商务企业规模不大，从事电子商务的企业多选用自营物流的方式。企业自营物流模式意味着电子商务企业自行组建物流配送系统，经营管理企业的整个物流运作过程。

目前，电子商务企业自建物流系统主要有两种情况：一是传统大型制造企业或批发企业经营 B2B 电子商务网站，由于它自身在长期的传统商务中已经建立起初具规模的营销网络和物流配送体系，在开展电子商务时只要加以改进和完善，就可满足电子商务条件下的物流配送要求；二是拥有雄厚资金实力和较大业务规模的电子商务公司，自行建立适应业务需要的畅通、高效的物流系统，并可向其他物流服务需求方提供第三方综合物流服务，以充分利用其物流资源，实现规模经济效益。

（二）物流联盟

所谓物流联盟，就是制造业、销售企业、物流企业基于正式的相互协议而建立的一种物流合作关系，参加联盟的企业汇集、交换或统一物流资源以谋取共同利益；与此同时，合作企业仍保持各自的独立性。物流联盟为了达到比企业单独从事物流活动更好的效果，在企业间形成了相互信任、共担风险、共享收益的物流伙伴关系。

物流联盟可以实现众多企业集约化运作，从而降低物流成本，实现高效运作。综合化物流服务、一体化物流运作、效率及价格优势、个性化需求的满足和对市场的快速反应都使物流联盟备受客户青睐，因而其一旦形成就会在市场中占据较强的竞争优势。一般而言，这种模式适合那些规模和实力相对均衡、业务互补性强、共同利益较多的企业。

（三）第三方物流

知识拓展

我国第三方物流企业的基本形式

第三方物流（Third Party Logistics，TPL/3PL）是指由物流劳务的供方、需方之外的第三方去完成物流服务的物流运作模式。第一方物流是指销售方的物流，第二方物流是指采购方的物流，那么第三方物流就是针对第一方和第二方物流而言的，是物流交易双方的部分或全部物流功能的外部服务提供者。它本身不拥有商品，而是通过签订合作协定或结成合作联盟，在特定的时间段内按照特定的价格向客户提供个性化的物流代理服务，具体内容包括商品运输、储存配送以及附加的增值服务等。

（四）第四方物流

第四方物流（Fourth Party Logistics，FPL/4PL）的概念是由美国埃森哲咨询公司率先提出的，它将其定义为“一个调配和管理组织自身的及具有互补性的服务提供商的资源、能力与技术，来提供全面的供应链解决方案的供应链集成商”。第四方物流实际上是一种虚拟物流，它依靠业内最优秀的第三方物流供应商、技术供应商、管理咨询顾问和其他增值服务商，整合社会资源，通过整个供应链的影响力，为客户提供独特的供应链解决方案，为客户带来更大的价值。

同第三方物流相比，第四方物流服务的内容更多，覆盖的地区更广，对从事货运物流服务的公司要求更高，要求它们必须开拓新的服务领域，提供更多的增值服务，如迅速、高效、低成本和人性化服务等。例如 UPS（美国联合包裹运送服务公司）、FedEx（联邦快递）等全球知名物流公司都开始利用自己的物流优势为企业提供供应链管理解决方案。

（五）绿色物流

随着生态环境恶化程度的加深，人类生存和发展受到的威胁越来越大，人们对环境的利用和保护越来越重视，现代物流的发展必须优先考虑环境问题。从一定程度上来说，我国的物流发展也是以环境为代价的，短期的环境牺牲为经济发展带来了些许的好处，但这毕竟不是长久之计。实施绿色物流越来越成为一种必要的选择。

绿色物流（Environmental Logistics）是指在物流过程中抑制物流对环境造成的

危害的同时，实现对物流环境的净化，使物流资源得到最充分的利用。这就需要从环境角度对物流体系进行改进，即需要形成一个环境共生型的物流管理系统。这种物流管理系统建立在维护全球环境和可持续发展的基础上，在抑制物流对环境造成的危害的同时，采取与环境和谐相处的态度和全新理念，设计和建立一个环形的、循环的物流系统，使传统物流系统末端的废旧物质能回流到正常的物流过程中来，形成一种能促进经济与消费健康发展的物流系统，即向绿色物流转变。因此，现代绿色物流管理注重全局和长远的利益，强调对环境的全方位关注，体现了企业绿色形象，是一种新的物流管理趋势。

（六）电子物流

电子物流是指利用电子化的手段，尤其是利用互联网的技术来完成物流全过程的协调、控制和管理，实现从网络前端到最终客户端的所有中间过程服务，其最显著的特点是各种软件与物流服务的融合应用。

（七）配送

深度解码

2021年全国物流运行情况通报

1. 配送的含义

配送是指在经济合理的区域范围内，根据客户要求，对物品进行拣选、加工、包装、分割、组配等作业，并按时送达指定地点的物流活动。

配送是物流中一种特殊的、综合的活动形式，是商流与物流的紧密结合，既包含了商流活动和物流活动，也包含了物流中的若干功能要素。

2. 配送的要素

（1）集货。即将分散的或小批量的物品集中起来，以便进行运输、配送的作业。集货是配送的重要环节，为了满足特定客户的配送要求，有时需要把从几家甚至数十家供应商处预订的物品集中，并按要求将物品分配到指定容器和场所。

（2）分拣。即将物品按品种、出入库先后顺序进行分门别类堆放的作业。分拣是配送不同于其他物流形式的功能要素，也是完成配送的一项重要支持性工作。它是完善送货、支持送货的准备性工作，以及不同配送企业在送货时进行竞争和提高自身经济效益的必然延伸。所以，可以说分拣是送货向高级形式发展的必然要求。有了分拣，就会大大提高送货服务水平。

（3）配货。即使用各种拣选设备和传输装置，将存放的物品按客户要求分拣出来，配备齐全，送到指定发货地点。

（4）配装。在单个客户配送数量不能达到车辆的有效运载负荷时，就存在如何集中不同客户的配送货物，进行搭配装载以充分利用运能、运力的问题，这就需要进行配装。跟一般送货的不同之处在于，通过配装送货可以大大提高送货水平及降低送货成本，所以配装是配送系统中有现代特点的功能要素，也是现代配送与以往送货的重要区别之一。

（5）配送运输。将装配好的货物利用运输工具进行运输，实现物品的空间转移。

（6）送达服务。将配好的货物运输到客户处，还不算配送工作的结束，这是因为货物送达和客户接货往往还会出现不协调的情况，使配送前功尽弃。因此，要圆满地实现运输货物的移交，有效、方便地处理相关手续并完成结算，还应讲究卸货地点、卸货方式等。送达服务也是配送特殊性的一个体现。

（7）配送加工。即按照配送客户的要求所进行的流通加工。在配送中，配送加工这一功能要素不具有普遍性，但往往是有重要作用的功能要素。这是因为通过配送加工，可以大大提高客户的满意程度。配送加工是流通加工的一种，但配送加工有它不同于流通加工的特点，即配送加工一般只取决于客户要求，其加工的目的较为单一。

五、电子商务物流的特点

（一）信息化

物流信息化是电子商务的必然要求。信息化是电子商务物流的基础，没有物流的信息化，任何先进的技术设备都无法在物流领域得以应用。物流信息化表现为物流信息的商品化、物流信息传递的标准化和实时化、物流信息存储的数字化等。因此，条码（Bar Code）技术、数据库（Database）技术等信息技术在我国物流中的普遍应用，彻底改变了物流管理的面貌。

（二）自动化

视界瞭望台

苏宁自动化仓库

自动化的基础是信息化，自动化的核心是机电一体化，自动化的外在表现是无人化，自动化的效果是省力化，另外自动化还可以提升物流作业能力、提高劳动生产率、减少物流作业的差错等。物流自动化的设施非常多，如自动分拣系统、自动存取系统等。这些设施已普遍用于物流作业流程中。

（三）智能化

电子商务物流的实物位移自动化、半自动化程度高，物流供应链过程处于实时监控之中，而物流系统中的传统管理内容，如人事、财务、计划和物流控制等全部都是智能化的。故电子商务物流的重点是这些自动化、智能化的设计创造过程。一个智能化的电子商务物流系统可以模拟现实，能够发出指令、实施决策，根据物流过程的特点采用相应管理手段，真正实现电子商务物流管理的柔性化和智能化。

（四）网络化

网络化的基础也是信息化，网络化有两方面的含义：一是物流配送系统的计算机通信网络，包括物流配送中心与供应商、配送中心与客户联系的计算机网络；二是企业内部网。物流的网络化是物流信息化的必然结果，是电子商务时代物流活动的主要特征之一，信息技术和通信技术的发展为物流网络化提供了良好的外部环境。

（五）柔性化

物流的柔性化是为了实现“以客户为中心”理念而在生产领域提出的，柔性化的物流是适应生产、流通与消费的需求而发展起来的一种新型物流模型，其实质是将生产、流通进行集成，根据需求端的需求组织生产、安排物流活动。这就要求物流配送中心要根据消费需求“多品种、小批量、多批次、短周期”的特色，灵活组织和实施物流作业。

另外，物流设施、商品包装的标准化，物流的社会化、共同化也都是电子商务下物流模式的新特点。

六、电子商务物流和传统物流的区别

（一）承运的商品类型不同

相较于传统物流，在电子商务物流模式下，基于信息技术和网络，物流运作的对象不再只是大件商品，而是细致到每个客户的每项要求，并且客户能在任意时间段内追踪商品物流。

（二）客户类型不同

在传统物流模式下，物流服务的对象大体都是固定不变的，因此物流运营商基本都能对其产品服务需求和客户类型有准确把握。而在全新的电子商务模式下，其面临的特定客户目标群是一个未知概念，而其服务方式等也远超传统物流。

（三）物流运作模式不同

传统物流是一种典型性的“推式运营”，商品销售出去后，就需要凭借物流来实现货物配送，这一过程里，物流和商流都仅仅是“推式”的，实质上物流在整个过程中仅是起到了支持作用。而电子商务物流则完全不一样，其资金流、物流、商流都是围绕市场来运作，其产品生产、销售及货物配送等所有环节都是根据订单运转，在此过程中，物流发挥了绝对主力作用。

（四）库存、订单流不同

在传统物流模式下，库存与订单都是单向的，买方与卖方没有任何交流。而在电子商务物流模式下，库存与订单是双向互动的，并且客户还能实时监控，甚至能修改库存与订单。而生产商和零售商也能随时依据客户的不同要求调整库存与订单，达到物流绩效最优化。

（五）物流的目的地不同

在传统物流模式下，因为缺失差异化、个性化服务功能，无法及时获取商品流动过程的信息，尤其是零散客户的信息，因此只能提供集中批量化配送和无差异性服务。然而电子商务物流是完全按照客户的个性化需求来开展商品运送的，不仅要通过集运来实现最低运输成本，还依托差异化配送来提升物流服务质量，因此其配送的目的地也是分散化、零散化的。

素养提升小锦囊

“处处是创造之地，天天是创造之时，人人是创造之人”，要立足物流行业发展情况，与时俱进、敢为人先、心怀责任、勇于担当，勇做新时代科技创新排头兵，发扬敬业、精益、专注、创新的精神。

七、我国电子商务物流的发展趋势

物流业在国民经济中的地位稳步提升，行业集约化水平不断提高，行业并购加速，互联网、物联网、人工智能、大数据应用等技术手段逐渐普及，电子商务物流发展前景广阔。

（一）物流业发展多功能化

1. 行业实现全方位发展

现代物流业开始向高质量方向发展。由于我国快递、城市配送、冷链配送等生活物流的快速发展，越来越多的老百姓能够足不出户完成商品的选购并享受优质产品服务，这充分体现了物流业的发展在提升群众生活质量方面越来越重要。高质量发展是物流企业实现长远目标的重要保证，商品出库后，客户关注的是物流信息，物流企业要安全、准确、快捷地把商品送达目标客户，及时发布物流信息，保持与客户的信息联通，给客户良好的物流服务体验，促进商品流通，推动商品经济发展。

2. 信息技术引领产业升级

现代物流业与超智能/自动化货架、智能/自动化分拣、人工智能、区块链、地理位置以及服务等现代企业信息网络技术发展不断融合，提升了物流公司配送工作效率，提高了安全风险管理能力水平。在无人仓，商品入库、存储、包装到分拣等环节的人工作业被智能机器人所取代。例如，在菜鸟物流网络公司，其旗下超级智能机器人在旗舰仓单日发货量能够超过百万件。此外，基于人工智能的安全技术，管理机器人开始应用在车队的管理方面；同时，物流和运输车辆的事故发生率也大大降低。

视界瞭望台

末端配送机器人菜鸟小G

（二）诚信服务是物流企业的生命线

客户满意就是企业最大的成功，成功的关键是诚信为先，服务至上。客户会选择服务一流的产品进行二次甚至多次购买，成为企业产品的回头客甚至是忠实客户。在未来的发展中，由于市场需求的迅速增加、服务人群的扩大，人们的需求也会呈现出更多的差异性和独特性，物流企业又与电商服务息息相关，因此，物流企业将更偏向提供私人定制化、精确化、高效且一流的服务。

素养提升站

菜鸟网络：坚定把绿色物流当成长期能力建设

在2022年中国电子商务大会上，菜鸟网络公众沟通与ESG副总裁发表了题为“电商快递协同与绿色发展”的演讲。他指出，可持续发展和绿色发展不是单纯的企业品牌建设，而是长期的能力建设与努力探索。菜鸟对中国经济有信心，已围绕绿色供应链和绿色回收推出系列领先解决方案，形成可持续的发展模式。

他表示，阿里巴巴的双碳进展目前主要集中在三个方面。第一，123范围内的全链路绿色化建设，包括绿色低碳的园区、零售门店，阿里云建设绿色云，菜鸟建设绿色物流等；第二，创新的3+行动，带动生态一起减碳，目前阿里推出和商家联合的减碳友好行动，以及面向消费者的碳账户等，让品牌、商家、消费者甚至物流服务人员共同参与进来；第三，助力绿水青山的建设，保护生物多样性、水环境等。

他认为，物流行业双碳主要面临三个方面的挑战。

第一是双碳的数字化。目前不管是商家还是消费者，对于怎么实施绿色行为缺乏记录、追踪以及科学测量的标准，对供应链减碳缺乏盘点能力。因此，企业要利用数字化能力建设一套可衡量、可视化、可度量的标准，并且应该有解决方案。

第二是可持续的绿色能力。践行环保、绿色，最大的挑战是成本，尤其是快递行业。中国的快递一天3亿件，是全世界最大体量。在这种情况下实现可持续的绿色能力需要多方共担，商家承担一部分，平台努力一部分，物流企业承担一部分，消费者参与一部分，共同参与。

第三是消费者触达。双碳、绿色等理念和行动都在共同教育的阶段，各方面的努力要被消费者看到，从而带动全社会共同参与进来。

菜鸟是国内最早推动绿色物流的企业，它利用数字化优势和物流实际运营能力，已经推出了一系列受到商家和消费者喜欢的绿色物流创新，包括覆盖1 000亿件快递的电子面单、单包裹减碳180克的仓内减碳七件套、年均回收1亿快递包装的菜鸟驿站回箱行动等。

视界瞭望台

“绿色物流”打造“绿色双11”

素养提升小锦囊

“绿水青山就是金山银山”，摒弃过去，改善现状，树立环保意识，以低碳环保为奋斗目标，努力在可持续发展的道路上完成绿色物流的转型是未来的大势所趋。

行动指南针

探寻我国第三方物流企业的基本形式

通过搜索引擎，搜索我国第三方物流企业的四种基本形式：

(1) 传统运输与仓储企业转型的物流企业；

(2) 中外合资与外商独资物流企业；

(3) 民营物流企业；

(4) 制造企业建立的物流公司。

实践心体会

以上第三方物流的四种基本形式请分别举两个例子，并将结果写到下面横线上。

____

____

____

学习任务二 电子商务物流解决方案

学习任务单 5-2

学习情境	小米已经学习了电子商务物流模式，可是小米想，不同的企业选择的物流模式不一样，那怎样才能选择适合自己的物流配送方案呢？小米的网店现在正面临这一问题。为此，小米和同学一起进行调研，通过学习其他做得比较好的网店物流解决方案，小米和同学设计出了自己网店的物流配送方案。
环境需求	1. 互联网接入。 2. 计算机（每人一台）。 3. 学习任务考核单（可在教学资源包中下载电子版）。
任务描述	任务 1： 访问以下快递公司官网了解主流快递公司特点和服务，之后访问几大电商平台网站或手机 App，进入店铺查看其物流配送方式和快递渠道，有的需要下订单才能看到，可以到选择物流配送这一步后取消订单，归纳网上销售一般都采用哪些物流配送方式，电子商务企业如何选择物流方案： 1. 主流快递公司官网。 （1）京东物流：https://www.jdl.com。 （2）顺丰速运：https://www.sf-express.com。 （3）圆通速递：https://www.yto.net.cn。 （4）中通快递：https://www.zto.com。 （5）申通快递：https://www.sto.cn。 （6）韵达速递：https://www.yundaex.com。 （7）极兔速递：https://www.jtexpress.cn。 （8）百世快运：https://www.800best.com。 （9）宅急送：https://www.zjs.com.cn。 （10）中国邮政：https://www.ems.com.cn。 （11）德邦快递：https://www.deppon.com。 2. 头部电商平台。 （1）天猫：https://www.tmall.com。 （2）京东：https://www.jd.com。 （3）苏宁：https://www.suning.com。 （4）淘宝：https://www.taobao.com。 （5）唯品会：https://www.vip.com。 （6）考拉海购：https://www.kaola.com。 （7）拼多多（只能手机 App 访问）。 任务 2： 下载快递 100App，选择寄快递，使用寄快递小工具“运费比价”，以同一快递地址查询运费价格进行横向比较。打印教学资源包中的快递单据或直接下载，练习填写，并上传。 以上任务建议 2 学时完成。
素养提升	学习“素养提升站”内容，通过学习加深对物流行业的了解，思考如今大环境下物流发展的趋势，树立服务国家物流产业的目标。

续表

任务间歇	播放励志 MV《步步高》（教学资源包提供）。
课堂讨论	随着电子商务的发展，未来电子商务物流将如何适应？
小调查	目前电子商务发展需要什么样的物流？
任务拓展	利用业余时间，以小组为单位和当地快递公司协商配送合作事宜。

学习任务考核单 5－2

组名：　　　　　　　　　　　　　　　　　　　　　　　　编号：5－2

序号	任务	分值	总结与归纳	成绩
1	电子商务企业有哪些物流模式？	30 分		
2	电子商务企业如何选择物流模式？	30 分		
3	制定本小组网店物流方案。	40 分		
合　计				

理论充电站

一、电子商务企业物流模式选择

国内外一些企业组建电子商务公司时，解决物流和配送系统问题的办法主要有以下三种。

（一）借助传统流通渠道

对于已经开展传统商务的企业，可以建立基于网络的电子商务销售系统，同时也可以利用原有的物流渠道承担电子商务的物流业务。

传统流通渠道在电子商务环境下依然有其不可替代的优势：首先，传统商业历史悠久，有良好的客户基础，已经形成的品牌效应在很大程度上是配送信用的保证。其次，那些具有一定规模的连锁店、加盟经营店使得准确及时的物流在全国范围内成为可能。最后，由于传统流通渠道本身也存在商品配送的任务，如果网站把商品配送任务交给传统流通渠道解决，就可以充分利用一些闲置的仓储、运输资源，相对于使用全新的系统，能够降低成本。

目前从事传统销售业务的企业主要包括制造商、批发商、零售商等。制造商进行销售的倾向在 20 世纪 90 年代表现得比较明显，从专业分工的角度看，制造商的核心业务是商品开发、设计和制造，但越来越多的制造商不仅建立了庞大的销售网络，还有了覆盖整个销售区域的物流、配送网，国内大型制造商的生产人员可能只有3 000～4 000人，但营销人员却有1万多人。制造企业的物流设施普遍要比专业流通企业的物流设施先进，这些制造企业完全可能利用原有的物流网络和设施支持电子商务业务，开展电子商务不需新增物流、配送投资。对这些企业来讲，比投资更为重要的是物流系统的设计、物流资源的合理规划。和制造商相比，批发商和零售商具有组织物流的优势，因为它们的主业就是流通，如美国的 Walmart（沃尔玛）、Kmart（凯马特）、Sears（西尔斯），国内的苏宁、国美等，都开展了电子商务业务，其物流业务都与一般销售的物流业务一起安排。

（二）企业自营物流

企业自营物流是指电子商务企业物流配送的各个环节由企业自己筹建并组织管理，实现对企业内部及外部货物配送的模式。电子商务企业自身组织商品配送，可以说是自己掌握了交易的最后环节，有利于控制交易时间。特别是在本城市内的配送上，企业组织自己的配送队伍可以减少向其他配送公司下达配送要求的手续，在网上接受订购之后，可以立即进行简单的分区处理，然后立即配送，这样可以使得当日配送、限时送达成为可能。有些企业提出的本城区1小时内送达也是建立在自身有一支随时出动的配送队伍的基础上的。2007年，国内知名的电子商务企业京东开始自建物流，如今已在华北、华东、华南、西南、华中、东北建立了六大物流中心，又陆续在天津、苏州、杭州、南京、深圳、宁波、无锡、济南等360多个城市建立了核心城市配送站，由自建快递公司提供物流配送、货到付款、移动POS刷卡、上门取换件等服务，使物流配送速度、服务质量得以全面提升。

但是对于企业来说，采取这种方式投资应十分慎重，因为电子商务的业务与物流业务是截然不同的两种业务，企业必须对跨行业经营产生的风险进行严格的评估，其中成本控制和程序管理是最大的麻烦。对任何一个企业来说，建立一支自己的配送队伍都将会是一笔庞大的开支。出于对成本的考虑，配送队伍的规模必须与企业的业务量相适应。另外，如何保持适当的库存规模、如何制定恰当的配送路线、如何选择合适的物流工具、如何确定合理的送达时间都是需要严格管理的。不是所有的电子商务企业都有必要、有能力自己组织商品配送。

（三）外包给专业物流公司

将物流外包（Outsourcing）给第三方物流公司是跨国公司管理物流的通行做法。按照供应链的理论，将不是自己核心业务的业务外包给从事该业务的专业公司去做，这样从原材料供应到生产，再到产品的销售等各个环节的各种职能，都是由在某一领域具有专长或核心竞争力的专业公司互相协调和配合来完成的，这样所形成的供应链具有最大的竞争力。中国境内的跨国公司在从事电子商务业务时，物流业务一般都外包给中国当地的第三方物流服务商。可以认为，将物流、配送业务外包给第三方物流服务商是电子商务经营者组织物流的可行方案。

深度解码

2022 年中国物流企业 50 强、民营物流企业 50 强

二、电子商务企业选择物流模式应考虑的主要因素

电子商务企业在进行物流决策时，应根据自己的需要和资源条件，综合考虑以下主要因素，慎重选择物流模式，以提高企业的市场竞争力。

（一）物流对企业成功的影响度和企业对物流的管理能力

物流对企业成功的影响度高，企业处理物流的能力相对较低，则采用第三方物流；物流对企业成功的影响度较低，同时企业处理物流的能力也低，则采用外购物流服务；物流对企业成功的影响度很高，且企业处理物流的能力也高，则采用自营物流。

（二）企业对物流控制力的要求

越是竞争激烈的产业，企业越是要强化对供应和分销渠道的控制，此时企业应该选择自营物流。一般来说，主机厂或最终产品制造商对渠道或供应链过程的控制力比较强，往往选择自营物流，即作为龙头企业来组织全过程的物流活动和制定物流服务标准。

（三）企业产品自身的物流特点

对于大宗工业品原料的回运或鲜活产品的分销，应利用相对固定的专业物流服务供应商和短渠道物流；对于全球市场的分销，宜采用地区性的专业物流公司提供支援；对于产品线单一的或为主机厂做配套产品生产的企业，则应在龙头企业的统一领导下自营物流；对于技术性较强的物流服务如口岸物流服务，企业应采用委托代理的方式；对非标准设备的制造商来说，企业自营物流虽有利可图，但还是应该交给专业物流服务公司去做。

（四）企业规模和实力

一般来说，大中型企业由于实力较雄厚，有能力建立自己的物流系统，制订合适的物流需求计划，保证物流服务的质量。另外，这些企业还可以利用过剩的物流网络资源拓展外部业务（为别的企业提供物流服务）。而小企业则受人员、资金和管理等资源的限制，物流管理效率难以提高。此时，企业为把资源用于核心业务上，就应把物流管理交给第三方专业物流代理公司。

（五）物流系统总成本

在选择物流模式时，必须弄清不同模式的物流系统总成本的情况。其计算公式为：

物流系统总成本＝总运输成本＋库存维持费用＋批量成本＋总固定仓储费用
＋总变动仓储费用＋订单处理和信息费用＋客户服务费用

这些成本之间存在着二律背反现象：减少仓库数量时，可降低仓储费用，但会带来运输距离和次数的增加而导致运输费用增加。如果运输费用的增加部分超过了仓储费用的减少部分，总的物流成本反而会增大。所以，在选择和设计物流系统时，

要对物流系统的总成本加以论证，最后选择成本最小的物流系统。

（六）第三方物流的客户服务能力

在选择物流模式时，成本固然重要，但第三方物流为本企业及企业客户提供服务的能力才是选择物流服务时需重点考察的，即第三方物流及时满足企业对原材料需求的能力和可靠性。企业应把第三方物流对自己的零售商和客户不断变化的需求的反应能力等作为首要因素来考虑。

三、网店交易物流配送的选择

随着电子商务的迅速发展，越来越多的消费者选择上网购物，越来越多的商家抓住商机也选择在网上开店。对于商家来说，物流是网上开店的一个重要环节，是卖家与买家之间物品流通的渠道，如果不重视物流问题，往往会出现各种各样的物流纠纷：收件发件延时；包裹被调包；邮件寄丢；邮寄过程中导致商品破损；快递公司拒绝赔偿；等等。为此商家往往要付出很大的代价。因此，物流服务的选择无疑是网商的一门必修课。

在网店交易中，物流配送可以分为快递和货运两种方式。

（一）快递

1. 快递的特点

方便、快捷，邮寄时间短，但价格比较高，一般适用于小件、紧急的商品。

2. 快递邮寄的基本程序

卖家可以电话通知快递公司收件员上门收件，也可以网上下单，快递公司安排工作人员上门收件。以国内快递为例，邮寄一般只需要三天左右（但快递公司不同，两地距离的远近不同，时间也会有所不同），货到买家所在地的快递公司网点之后，快递公司安排工作人员送件上门。

中国快递业已进入高速发展的快车道。中国邮政先后于 1980 年、1984 年开办了国际、国内特快专递业务，开中国（不含港澳台地区）快递业之先河，目前也已具备了一定的规模，其国内业务通达全国县级以上城市，国际业务依赖万国邮联系统以及与全球著名的 TNT 集团建立合作代理关系，通达全球 200 余个国家，其进出境通关业务直接在海关设在邮政系统的办事处办理，故可迅速报关、通关，加快了传递时效。1993 年，顺丰速递在广东顺德成立。当时顺丰靠人背肩扛，往来于香港和内地之间，主要运输商务快件、商务票据、产品样本等。同年，申通快递成立，也是靠人背肩扛，往来于上海和江浙一带运输商务快件。1994 年宅急送成立，1999 年韵达速递成立，2000 年圆通速递成立，2002 年中通快递成立，2003 年百世快递的前身汇通快运成立……这一批民营企业，为我国快递业的发展注入了强大的生机和活力。2020 年极兔在中国正式起网，对看似已经稳定的快递市场格局形成了冲击……我国快递行业仍然处于高速发展中。

深度解码

2022 年快递十大品牌榜中榜

深度解码

中国邮政快递业务简介

小提示

选择快递公司的要点

(1) 尽量选择通过总公司开设分公司的方式来拓展网络的快递公司。

(2) 尽量选择本地经过正规注册的规模较大的快递公司。

(3) 尽量选择业内口碑比较好的快递公司。

(4) 尽量选择网点比较多的快递公司。

(5) 尽量根据不同的情况选择不同的快递公司（要考虑地点、费用、时间、物品性质等）。

(6) 尽量选择快递单用纸质量比较好的快递公司。

(7) 尽量选择赔偿金额或倍数高而且保价率低的快递公司。

(8) 尽量选择开着货车去客户那里取件的快递公司。

(9) 尽量选择快递单上条形码的印刷质量比较好的快递公司。

（二）货运

1. 货运物流的特点

价格便宜，经济实惠，但邮寄时间比较长，且不能送货上门，适合邮寄不是很紧急的大宗物品。一般要邮寄物品体积比较大，或者物品比较重，或者物品数量比较多时，可以选择货运物流。

2. 货运邮寄的基本程序

货运物流可以由货运公司上门收货，也可以由寄件人直接将货送到货运公司，当然价格不同。货运所需时间大约为一个星期（视两地距离和交通而定）。货运物流一般不会送货上门，需要收件人自行到本地货运公司网点去提取。

素养提升站

向暴力物流说“不”

随着电子商务的不断发展，各大消费人群的网购数量急速上升，从而带动了物流行业的迅猛发展，快递数量不断增加，但快递吞吐处理能力以及相关的服务水平并没有得到相应提高，并且在装卸搬运环节一直存在着“暴力物流”等严重问题。

1. 什么是暴力物流

暴力物流是指物流工作人员在进行包装分拣、装卸车时，对包裹进行野蛮操作，导致物品受损、包装破碎等情况。

2. “暴力物流”的危害

(1) 对于消费者的危害。

消费者是“暴力物流”的直接受害者，他们的物品在“暴力物流”中成了牺牲品，对消费者造成的不只是金钱上的损失，还有精神上的伤害。特别是像手机、药品这些需要轻拿轻放的物品，如果在物流过程中遭受到“暴力”，不仅会泄露消费者大量信息，甚至可能危害到消费者生命，后果不敢想象。

（2）对于物流公司的危害。

物流公司最注重的是公司形象，快递员对快递的暴力行为会影响物流公司的形象，使消费者对快递公司的信誉产生怀疑，不利于公司的长久发展，并且容易和消费者发生纠纷，损害公司的利益。情节严重时甚至会影响公司品牌，造成公司破产。

（3）对于整个行业的危害。

假如一个公司发生“暴力物流”现象，会让消费者对其他物流公司产生警惕心理，严重影响整个物流行业，造成消费者对于物流行业的不信任，增加各个物流公司的压力，造成大量人才缺失、物流快递量减少。

3.“暴力物流”产生的主要原因

（1）快递人员追求速度。

一是因为快递员一味追求分拣效率，而忽视了对产品本身的保护，对产品进行暴力分拣以及装卸搬运活动。二是快递员想要获得较高薪酬，就必须多派件，这就要求其速度必须快，也就容易产生暴力行为。

（2）物流公司监管不善。

暴力分拣快递行为不排除物流站点管理不善的原因，如果物流公司能够在相应快递站点安装无死角全程监控，可以大量减少暴力分拣行为的发生。

视界瞭望台

如何治理快递业“暴力分拣”顽疾？

素养提升小锦囊

“忠诚是做人之本，更是成功之基”，在工作中要养成崇高的职业道德品质，做到爱岗敬业，认真学习、钻研业务知识。要培养对待任何工作任务都要及时保质完成的精神与意志，做到敬业、勤业、专业。

行动指南针

诚信快递，你我同行

生活中我们经常会收发快递，你是否遇到过因快递运单填写不规范而导致派送困难或者是错拿别人快递的情况？

为避免此类现象的发生，我们要按照相关规定，认真、规范填写快递运单信息，如交寄物品的名称、规格、数量，寄件人和收件人的姓名、地址、联系电话等信息，填写之后再仔细检查是否正确，避免出现收件人地址、联系电话错误等情况延误快件派送；如果错拿别人的快递应该及时归还给快递网点，如果已经打开才发现要诚恳说明情况，请求谅解。

实践心体会

快递运单上都有哪些必填项目？请将结果写到下面横线上。

项目小结

本项目主要让同学们通过学习了解物流对电子商务的作用和意义，学会选择电子商务物流解决方案。在学习过程中重点理解以下问题：电子商务与物流的关系；电子商务对物流的要求；如何选择电子商务物流解决方案。

知识小测验

项目五

拓展课余练

假如你的淘宝店在经营过程中因为物流问题遭到客户投诉，你应该如何解决？如何避免此类问题的发生？

项目六
电子商务运营

项目简介

随着科学技术的发展，电子商务在各个领域得到了广泛应用，网络零售业务对消费的拉动作用日益增强，电子商务市场的竞争也异常激烈，企业业务规模扩大，销售渠道增加，电子商务运营、新媒体、内容创作、社群、主播（助理）、网红达人等方向人才需求旺盛。想要在电子商务行业立足，就需要掌握基本的运营常识。

本项目主要有平台电商运营、社交电商运营和直播（短视频）电商运营三个学习任务。学生可通过具体的学习任务，借助互联网资源和教学资源包提供的资料展开自学，也可以与同学进行讨论交流，提高平台电商、社交电商、直播（短视频）电商运营的能力。

项目目标

★知识目标：

1. 了解淘宝平台、京东平台入驻流程和要求；
2. 掌握淘宝平台、京东平台日常运营和营销推广内容；
3. 掌握社交电商运营模式和运营策略；
4. 掌握抖音平台直播开通及运营方法。

★能力目标：

1. 能够在不同平台开店，并运营店铺；
2. 能使用社交平台进行营销活动；
3. 能在抖音平台开展直播活动。

★素养目标：

1. 培养行业规则意识；
2. 能够与时俱进，时刻关注电子商务新模式、新业态。

项目实施

通过案例分析、学生自学、课堂讨论等形式，教师作为组织者、指导者和共同学习者，与学生共同完成本项目的学习，并进行总结。

引导案例

借“菇”致富的电商人

迷坝乡气候湿润，森林资源丰富。马莲村又有悠久的食用菌栽培历史，技术更新与时俱进，这几年在当地政府的大力支持下，发展势头强劲。王玉花借此良机，在大力扩展香菇栽培规模的同时，转变销售理念，触“网”腾飞，把空间上的“万水千山”，变成了网络里的“近在咫尺”，把山窝窝里的地道“山珍”销售到大江南北、天涯海角。

“我们村的天麻、香菇、木耳、竹荪等优质土特产，大都靠王玉花宣传推介，而且她的电商平台还能往外销售很多。”马莲村党支部书记秦启明说。“2021 年网上销售额大概有 70 多万元，若不是疫情影响定能突破百万元。”王玉花一边打包发货一边笑吟吟地说，“2022 年前半年也已卖出去 5 万多斤鲜香菇了，这一千斤干香菇明天要发往新疆。”据介绍，2021 年王玉花家自己生产的 10 万斤鲜香菇大都卖给了康县、成县的大小超市；把上万斤干香菇、5 000 多斤黑木耳、1 000 多斤天麻、500 多斤花椒等多种康县“山珍”销售到了北京、上海、山东、四川、新疆等地。

“上万斤干香菇，自家的只有 2 000 多斤，其余的都是我们村马国辉、张波、李勇家的，他们让我代卖，作为‘电商人’，我也很乐意为乡亲们服务。”王玉花不停地筛选、打包、称重，核对收件人信息。谈及政府支持，王玉花很激动，她说：“县上的电商中心不仅给我配备了电脑、打印机和直播用具，还全力推介宣传我们迷坝的土特产。张主任（康县电商中心主任张小艳）经常打电话嘘长问短，不遗余力地支持我做大做强电子商务；柏主席（康县妇联主席柏雁丽）时常给我介绍客户，还常用不同的方式鼓励我、关心我。乡政府和村上也常给我提供便利，让我安心做好‘电商人’。”

正因为有了各方面的支持鼓励，王玉花才干劲十足；也正因为有了良好的营商环境，一个安于一隅的小村庄才能借“食用菌”和“电商”的双翅翱翔。多元特优产业百花齐放，小香菇变成了“大”产业。

思考：

1. 你是否想通过电子商务平台销售家乡的特色产品？

2. 你知道个人可以选择在哪些平台上开网店吗？网店开设起来后应该如何运营呢？

学习任务一　平台电商运营

学习任务单 6-1.1

学习情境	小米经常使用不同电商平台进行网上购物，她觉得网上购物太方便了，不仅物美价廉，售后服务还非常好。通过调查，小米发现，现在有很多大学生在网上开店，将家乡滞销的农产品卖了出去，她便和同寝室的姐妹们商量："咱们能不能合伙也开一家网店，销售家乡的特色农产品，一则锻炼自己，二则学到知识，三则能够为家乡做些贡献。"可是她们可以在哪里开网店呢？开网店需要做哪些准备？网店开通后该怎样运营呢？同学们和小米一起来学习吧！
环境需求	1. 互联网接入。 2. 计算机（每人一台）；手机；相机（每组一台）。 3. 全班分成若干小组，每组 5～8 人。 4. 身份证。 5. 学习任务考核单（可在教学资源包中下载电子版）。
任务描述	任务 1： 1. 请小组内同学使用搜索引擎搜索可以开店的网上平台，了解平台特点、优势及劣势，分析如果开店，会选择哪家平台，并说明原因。 2. 访问淘宝教育（https://xue.taobao.com），选择免费课程或观看资源包提供的淘宝开店相关视频，学习开店、选品、货源选择的方法和技巧。 任务 2： 1. 小组讨论本小组开店经营项目，初步确定经营商品类别，对该商品进行网上调研和市场分析。讨论并确定本小组网店名称、经营思想与策略，对小组进行分工，确定店铺掌柜、客服、营销推广、店面设计、物流人员。 2. 以店铺掌柜身份注册淘宝会员。以掌柜名义申请免费开店，通过支付宝认证和淘宝刷脸实人认证。 3. 小组分工，利用课余时间，一部分人上网收集货源，到淘宝分销平台、阿里巴巴等分销和批发网站考察，一部分人到当地或附近批发市场考察货源。 注：经过考察，小组也可修改网店经营计划，在考察货源时，通过交谈可以暂不买该商品，获得照片和信息即可，或者作为合作项目网上代卖。 任务 3： 1. 以掌柜身份登录淘宝网，进入千牛工作平台，按照开店流程设置信息，设计店面，发布商品（至少 10 种），上传商品图片，设置好价格和其他详细信息。 2. 访问本小组店铺，查看店铺前台情况，发现问题及时修改，直到小组成员全体通过，将店铺地址填写在考核单上。 任务 4： 1. 安装千牛并登录。 2. 利用千牛或微信、小红书、微博、知乎、论坛等推广自己的店铺。 3. 和小组成员按照制订的经营计划进行开店实践。 4. 小组之间互相访问网店，并利用学习任务考核单 6-1.1 进行相互评价，各组给其他小组打分，并分别提交，最后各组的成绩是各组相互评价与指导教师评价的平均值。 以上任务建议 4～6 学时完成。

续表

素养提升	《电子商务法》颁布实施后，给电子商务经营者带来了哪些影响？学习《电子商务法》全文，树立依法开展电子商务活动的意识。
任务间歇	播放励志 MV（教学资源包提供）。
课堂讨论	淘宝开店需要做哪些准备？
小调查	1. 你有朋友或亲属开工厂吗？ 工厂名称：________ 经营项目：________ 2. 你有朋友或亲属做商品批发吗？ 批发项目：____________
任务拓展	尝试在拼多多平台上免费开店。

学习任务考核单 6-1.1

组名： 编号：6-1.1

店名： 口号：				
掌柜： 店员：				
序号	**任务**	**分值**	**总结与归纳**	**成绩**
1	网上开店流程。	30 分		
2	网店经营商品。	30 分		
3	网店经营计划。	40 分		
合　计				

理论充电站

一、网店规划

（一）选择开店平台

在开店之前，需要对电商平台有一个清晰的认知，根据平台特点和优势，结合自身优势，选择适合的平台开店。目前，国内主流开店平台有淘宝网、天猫、京东、拼多多等，这些平台能够满足不同卖家的开店需求。

1. 淘宝网

淘宝网成立于 2003 年，由阿里巴巴集团投资创办。淘宝网推出之后，短短几年之内就成功占据了国内市场，成为电子商务领域的领头羊。淘宝网的准入门槛很低，只需根据指引进行实名认证，便可以开通一家属于自己的店铺，再加上投入少、机会大等特点，也是众多创业者开店的首选平台。

目前，淘宝网支持个人、个体工商户、企业免费开店入驻。考虑到消费者的权益问题，店铺入驻淘宝平台后，部分类目需要按要求缴纳一定额度的保证金，并冻结在支付宝账户。保证金可在不开店后申请解冻。

2. 天猫

天猫原名淘宝商城，创立于 2008 年，于 2012 年 1 月正式更名为天猫。天猫是阿里巴巴打造的 B2C 商城，它整合了数千家品牌商、生产商，为卖家和消费者的交易提供一站式解决方案。天猫提供 100%品质保证的商品、7 天无理由退货的售后服务，以及购物积分返现等优质服务。

视界瞭望台

5 个视角了解 3 大天猫店的类型和区别

天猫更注重品牌和品质，开店要求相对较高，目前可入驻的店铺类型有三种，即旗舰店、专卖店和专营店，不同类型店铺对品牌数量及授权的要求不同，具体如表 6－1 所示。

表 6－1　天猫不同类型店铺品牌数量及授权要求

店铺类型	旗舰店	专卖店	专营店
店铺定义	卖家以自有品牌（商标为 R 或 TM 状态），或由权利人出具独占性授权，入驻天猫开设的店铺	卖家持他人品牌（商标为 R 或 TM 状态）授权文件在天猫开设的店铺	经营天猫同一经营大类下两个及以上他人授权文件或自有品牌（商标为 R 或 TM 状态）商品的店铺
品牌数量	1 个（多品牌为邀约入驻）	1 个（多品牌为邀约入驻）	至少 2 个
授权要求	需要提供品牌商直接出具的独占授权书	品牌商直接授权	以品牌商为源头的授权链条（授权级数按照各类目的要求）

3. 京东

京东是综合网络零售商，是中国电子商务领域受消费者欢迎和具有影响力的电子商务网站之一，在线销售商品品牌数量达到了数百万种。京东具有强大的供应链优势，已建立华北、华东、华南、西南、华中、东北六大物流中心，在全国超 360 座城市建立了核心城市配送站。京东最初是纯自营平台，后开放平台供卖家入驻。京东卖家的入驻模式可分为 POP 卖家即第三方卖家入驻、自营合作、京喜合作三种，只有京喜合作允许个人商家入驻。

深度解码

拼多多平台入驻相关问题

4. 拼多多

拼多多成立于 2015 年，是国内移动互联网的主流电子商务应用产品，也是专注于 C2M 拼团购物的第三方社交电商平台，用户可以通过拼团以更低的价格购买优质商品。拼多多作为新电商开创者，致力于将娱乐社交的元素融入电商运营中，通过“社交＋电商”的模式，让更多的用户带着乐趣分享实惠，享受全新的共享式购物体验。拼多多可开设个人店或企业店，个人店可由个人或个体工商户申请入驻，企业店店铺类型有普通企业店、旗舰店、专卖店和专营店。

小提示

C2M 模式，是指用户直连制造商，即消费者直达工厂，强调的是制造业与消费者的衔接。C2M 模式省去了库存、物流、总销、分销等一切可以省去的中间环节，砍掉了包括库存在内的所有不必要的成本，让用户以超低价格买到高品质的产品，同时让制造商直接面对用户需求。

（二）网店目标人群定位

确定好经营平台以后，还需要定位目标消费人群。经营网店做好人群标签很重要，想要做好人群标签，就要定位好网店的目标人群，使网店具有清晰的人群画像。在进行网店目标人群定位时，需要考虑的是要把产品出售给哪类人群，这类群体喜欢什么样的商品或服务，以及需求量如何。

在确定网店目标人群时，首先可以从人群的性别、年龄、地域等属性信息上进行分析。其次，还需要掌握消费者的消费水平，可以通过查看同行同类产品销售价格的范围来确定产品价格，从而定位人群消费水平。此外，目标人群也有精细区分，以女装为例，有中高档女装消费人群，也有低端女装消费人群；有喜欢时尚女装的人群，也有喜欢休闲女装的人群。不同年龄阶段、不同收入、不同性别的目标人群，他们购买欲望的触发点也是不同的，因此，在定位目标人群时要尽量做到精准。

（三）商品选品

商品选品就是帮助店铺选择优秀的商品经营，因为商品是打造爆款的核心，所谓“七分选品，三分运营”，一切运营推广都是从选品开始的，在这个流量为王的时代，选品在很大程度上会影响流量的获取，进而影响网店的核心竞争力。

在选择商品的时候，卖家不能盲目跟风，一定要结合自己的实际情况。卖家在选品时应遵循以下原则。

1. 明确市场需求

选品时，需要从市场需求出发，而不是从产品出发。也就是说首先要确定好目标客户群体，从目标消费者群体的需求和痛点出发，再寻找或选择能够解决他们需求和痛点的产品。

2. 选择具有较低竞争热度的商品

商品类目不同，竞争热度也会有差异。选择竞争热度低的产品，有助于卖家在运营中更快取得突破。如果一个产品的竞争热度低，同时市场容量足够，那么很容易达到预期销量，但是，市场容量大的商品，竞争往往也会更激烈，而竞争小的商品，市场容量也会不足，在这种情况下，如果有足够的利润空间，卖家可优先考虑市场容量大的商品。

3. 选择熟悉的商品

网店行业竞争大，风险也相对较大，选择更熟悉的商品开店可以有效规避风险，提高开店成功率。首先，对于熟悉的商品，可以更清楚地知道商品的目标人群是谁，也能知道目标人群希望得到什么样的产品和服务。其次，对商品熟悉，方便选择更优质的货源。优质商品对提升网店竞争力有重要作用，相对优质的产品可以让网店实力更强。对于熟悉的商品卖家更容易分辨货源商品品质的好坏，从而为网店选到优质商品出售。最后，对熟悉的商品，卖家更容易抓住商品卖点，从而吸引消费者购买。

深度解码

网店商品选品小技巧

（四）货源选择

网店想要盈利，能够选到质优价廉的货源非常重要，卖家在选择货源渠道时，可以选择线下货源渠道或线上货源渠道。

1. 线下货源

（1）从批发市场进货。这是最为常见的进货方式。批发市场产品品种齐全，价格差距不一，选择这种进货方式，要注意进货的时候要在同类产品之间进行对比，在批发价格和质量上选择适合自己网店经营的产品。此外，还应该和批发商建立良好的关系，不仅有利于在今后更加深入地合作，而且在遇到问题时能够更好地沟通协调。

（2）从厂家进货。厂家是产品的生产源头，从厂家选择货源既可以保证产品的质量，还可以满足产品的供给，同时能降低产品的进价成本。如果能够和生产厂家长期合作，还可以争取到滞销换款的可能，从而减轻资金不足的压力。但是大多数生产厂家的起批量要求都很高，如果没有足够的运转资金和销售渠道就很难和生产厂家合作。即便进了大量的货物也会相应承担压货的风险。因此，卖家可以等自己的网店发展起来，销量稳定，并且资金宽裕的时候再从厂家选择货源。

（3）寻找商家余货。这里的商家指的是生产商或批发商。以服装为例，一般生产商或较大的批发商会有一定的库存积压，有时还会有名牌商品的积压，虽然产品可能会有些过时，但品牌效应还在，而且价格相对来说也会更便宜，因此，寻找到好的商家余货，也是不错的货源选择。

（4）品牌商进货。品牌商品一般具有较高的知名度，更容易取得消费者信赖，而且货源稳定，渠道正规，商品不容易断货。但是，品牌商品一般需要大量进货，完成销售后取得返利，适合想要做品牌旗舰店、专营店或专卖店的卖家。

2. 线上货源

（1）网上平台进货。网上有很多大型的货源批发网站，卖家可以通过搜索引擎搜索，或通过知名度较高的 B2B 平台选择生产厂家进货。在线上进货要注意对厂家的考察，选择优质厂家进货。

深度解码

淘宝、拼多多商家主要进货渠道解密

（2）网上代理货源。网上代理货源也被称为无货源或一件代发，是现在非常流行的网上销售模式。采用这种方式，需要先到网上供货平台寻找供应商，并申请成为代理商。供应商一般会给代理商提供商品图片、资料。代理商将商品信息上传到自己的店铺，有客户购买之后，代理商到供应商的网站下订单，把收货人的名字、电话、地址写成代理商的客户的相关信息，供应商帮代理商直接发货给代理商的客户，商品售出后，代理商从中赚取差价。选择网店代理货源可以避免库存压力，避免了一定的风险，特别适合新手卖家。

二、淘宝平台运营

（一）淘宝平台开店入驻

在淘宝平台开店的方法非常简单，只需要准备好入驻所需资料，注册淘宝账户，按照系统提示提交相关信息即可，开店成功后，设置店铺信息。

1. 选择开店身份及店铺主体类型

入驻淘宝平台首先要确定开店身份，淘宝集市店支持普通商家、达人商家在平台开店（品牌商家建议入驻天猫平台）。普通商家包括想创业、发展副业的企业或个人，达人商家适用于主播、UP 主、达人等，通过短视频、直播等内容带货。

选择好开店身份后，只需确定店铺主体类型，准备好开店资料就可以开店了。普通商家和达人商家可选择的店铺主体类型均为个人商家、个体工商户商家和企业商家。个人商家适用于个人开店，个体工商户商家适用于营业执照为“个体工商户”的商家开设，企业商家适合营业执照类型为公司、企业、农民专业合作社等类型的商家开设，不同身份和店铺主体需要准备的资料如表 6－2 所示。

表 6－2　不同身份和店铺主体需要准备的资料

店铺主体类型	身份	
	普通商家	达人商家
个人商家	个人身份证正、反面照片 已实名认证的个人支付宝	个人身份证正、反面照片 已实名认证的个人支付宝 达人账号管理后台截图、外站账户与店主关系证明
个体工商户商家	个体工商户营业执照照片 法人身份证正、反面照片 已实名认证的个人支付宝或企业支付宝	个体工商户营业执照照片 法人身份证正、反面照片 已实名认证的个人支付宝或企业支付宝 达人账号管理后台截图、外站账户与店主关系证明
企业商家	公司、企业、农民专业合作社营业执照照片 法人身份证正、反面照片 已实名认证的企业支付宝	公司、企业、农民专业合作社营业执照照片 法人身份证正、反面照片 已实名认证的企业支付宝 达人账号管理后台截图、外站账户与店主关系证明

小提示

2019 年 1 月 1 日，《中华人民共和国电子商务法》正式实施，其中第 10 条规定：电子商务经营者应当依法办理市场主体登记。但是，个人销售自产农副产品、家庭手工业产品，个人利用自己的技能从事依法无须取得许可的便民劳务活动和零星小额交易活动，以及依照法律、行政法规不需要进行登记的除外。

2. 开店认证

开店认证是淘宝平台为卖家提供的一项身份识别服务，在淘宝平台个人开店的认证环节包括支付宝实名认证、完善认证信息和阿里实人认证三项。支付宝实名认证只需在支付宝账号与安全中，选择实名认证，完善个人信息、上传证件照片和刷脸认证即可完成。阿里实人认证需要店铺实际经营人使用手机刷脸，按照提示完成认证。

视界瞭望台

电子商务闯天涯，法律规制除乱麻

（二）淘宝平台店铺日常运营

1. 商品发布与管理

商品发布就是将商品信息上传到网店进行销售，登录淘宝千牛卖家中心后，选择“发布宝贝”功能，即可开始发布商品。

深度解码

淘宝网市场管理与违规处理规范

（1）正确选择类目。

类目对商品来说非常重要，会影响商品的展现量，如果类目放错，会导致商品展现机会少，进而影响流量获取，因此在发布商品时一定要正确选择商品类目。例如，在发布连衣裙这款商品时，可选类目如图 6－1 所示；如果出售的连衣裙是儿童连衣裙，就需要选择“童装/婴儿装/亲子装＞裙子（新）＞连衣裙”这个类目。

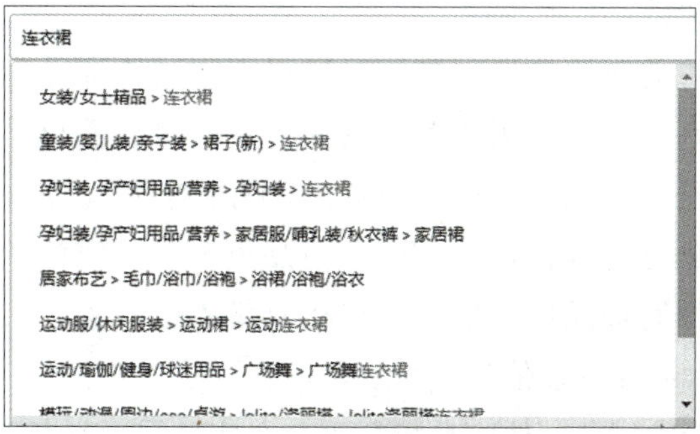

图 6－1 发布连衣裙商品可选类目

（2）完善基础信息。

1）标题的撰写。

淘宝平台的标题包括宝贝标题和导购标题两种形式，如图 6－2 所示。宝贝标题最多可以填写 60 个字符即 30 个汉字，这会直接影响商品的搜索曝光机会。导购标题最多填写 30 个字符，有助于提升搜索点击率，但不会影响搜索曝光量。

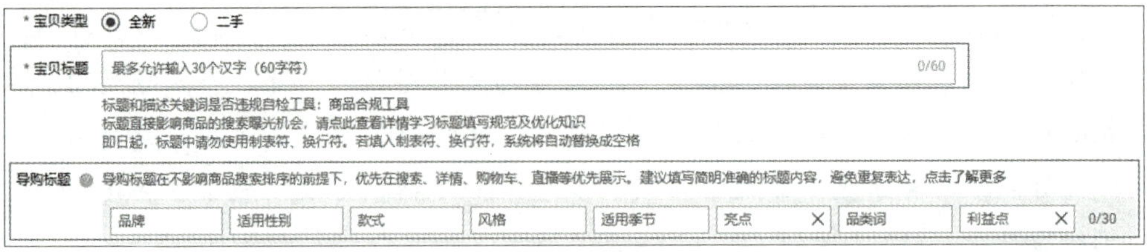

图 6－2　商品标题形式

在撰写标题时，需要遵循以下几个原则：

● 尽量把标题写满。标题在准确、清晰、重点突出的前提下，要尽可能地包含更多的关键字，这样有助于提高商品被买家搜索到的概率。

● 标题描述要真实。商品标题中的所有描述要客观、真实，不能含有虚假信息和违禁词。如果商品标题中出现了与商品不符的描述，或者不符合平台相关规定的词，卖家就很容易受到处罚。

● 标题中不要使用重复词。对于标题中多次出现的同一个词，系统在搜索匹配时也只会匹配一个，而标题字符数量有限，重复使用关键词会减少其他的展现词。

● 关键词要符合买家搜索习惯。买家在搜索和购买产品时，有一些特定的搜索习惯，如“地域”“品牌”“规格”等，因此，撰写标题时，不能凭借自己的喜好来选择关键词，因为有些关键词虽然能够描述商品，但是搜索量很低，这样的词放在标题中，不但很难为商品带来流量，还浪费了关键词的位置。

● 关键词要匹配产品所在类目。关键词如果不是本类目的词，即使出现在标题中，也不会为产品带来搜索流量。

2）类目属性的填写。

发布商品时填写的属性信息，能够帮助买家在浏览商品时更直接、快速地了解卖家出售的商品，这是较多买家关注的内容；同时属性也是帮助买家在平台上找寻目标产品的信息来源之一，比如买家找“纯棉袜子”，如果商品属性信息填写了棉，且棉含量达到行业纯棉标准，则该商品更符合买家的预期，从而获得展现机会。因此，正确填写商品属性信息，有利于商品在平台上被买家看到。

需要注意的是，商品描述信息要真实，做到合法合规销售。淘宝平台会结合买家退款、维权、评价数据及其他商品特征等，在信息层面判断商品材质描述，描述与实际不一致的，或涉嫌存在材质描述与买家实际收到材质不一致情况的商品，会依据平台规则进行相应处罚；平台也会不定期抽检商品质量，对材质与描述不符的商品，依据平台规则进行相应处罚。

小提示

已发布的商品如何修改类目?

淘宝商品类目修改路径：进入“千牛卖家中心”，点击“出售中的宝贝”或“仓库中的宝贝”，选择需要修改的商品后点击“编辑商品”，然后在打开的商品编辑页面点击“切换类目”即可修改商品所在类目。

3）商品销售信息、物流信息和支付信息的填写。

销售信息是指产品的销售价格、库存、规格等信息。物流信息包括发货快递信息、运费信息等，可使用运费模板设置，买家浏览或购买商品时，这些信息会显示在商品详情页面，也是买家购买产品的依据。图 6－3、图 6－4 所示分别为商品标题、销售信息、物流信息在 PC 端和移动端的展示位。不同产品信息不同，在填写信息时，一定要填写准确。支付信息用于设置库存扣减方式，包括买家拍下减库存和买家付款减库存两种方式。

图 6－3　商品标题、销售信息、物流信息在 PC 端的展示位

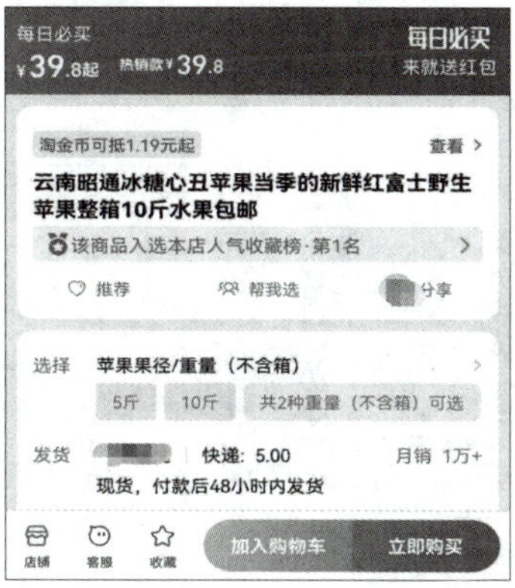

图 6－4　商品标题、销售信息、物流信息在移动端的展示位

4）图文描述信息的填写。

淘宝平台的图文描述信息主要包括商品视频、商品图片、详情描述及店铺分类，其中商品图片和详情描述为必填项。

- 商品图片设置。

淘宝平台可设置五张商品图片，一般将第一张称为商品主图，另外四张为商品辅图，尺寸一般为 700px×700px 的方形图片，大小不能超过 3M；第五张图片上传白底图，可以增加商品在手机淘宝首页曝光的机会。

商品主图是买家进入网店的入口，是网店流量的重要来源。买家搜索商品时，显示在买家眼前的是由一组相关商品或类似商品主图组成的页面，如图 6－5 所示为在 PC 端搜索关键词“大米”的展示结果，买家通过选择其中的一张商品主图进入商品详情页或者网店店铺，从而产生有效流量。商品图片尤其是商品主图的吸睛程度往往决定了商品的引流效果，因此在设置商品图片时，要注意以下几点：

第一，保证商品图片清晰、主体突出、占比合理、卖点表达准确。

第二，五张图片要全部上传，并且多角度展示商品，同时还要避免图片间重复。

第三，商品图片不能引起买家不适，信息不要太杂乱。在实际应用中，提炼卖点的文案字数一般少于 10 个，可展示商品优惠信息、商品优势等。

第四，服饰类目在搜索页和猜你喜欢推荐位会优先展示 2∶3 长图。因为服饰类长图相对方图对买家来说更具冲击力，可以提升点击吸引力，建议发布 2∶3 长图。

图 6－5　PC 端商品搜索结果

● 商品详情描述。

商品详情描述是用文字、图片、视频等形式全面展示商品的全貌，让买家了解商品属性、功能卖点、应用场景等信息。好的商品描述有助于打消买家的疑虑，增强买家的购买信心，提高购买转化率和客单价，是买家购买的关键决定因素。

现在淘宝平台的手机端和 PC 端可共用一套详情描述，因此，只需设计一份描述即可，如图 6－6 所示。因手机端和 PC 端相比，屏幕面积非常小，原来在 PC 端看上去很清晰的字，在手机端有可能看不清，因此，在设计好图片后，自己要先在手机端预览，没有问题再上传。淘宝 PC 端和手机端详情描述尺寸要求如表 6－3 所示。

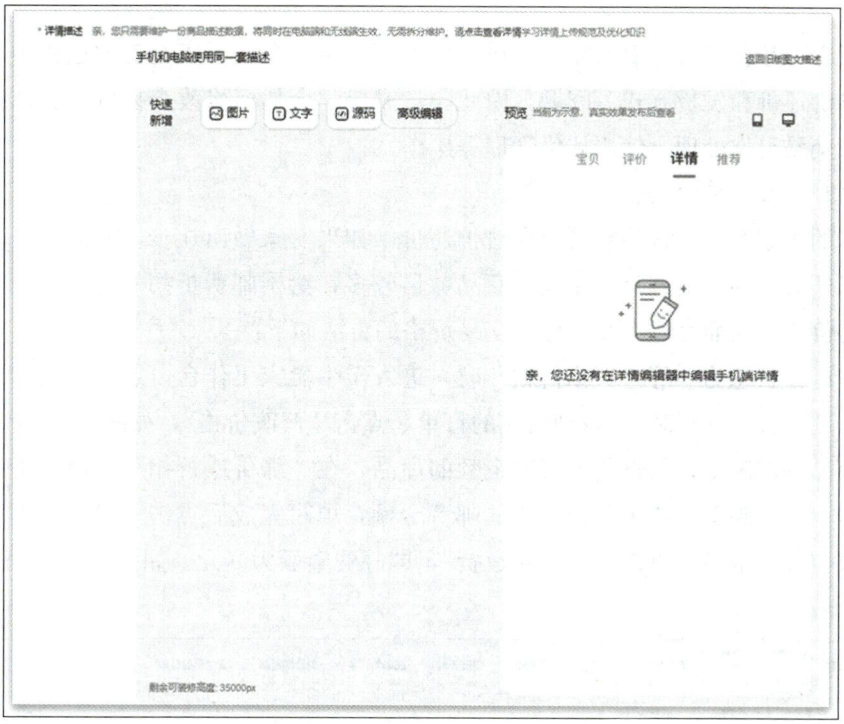

图 6-6　商品详情描述填写界面

表 6-3　淘宝 PC 端和手机端详情描述尺寸要求

	PC 端	手机端
图片宽度	宽度≤750px，高度不限	480px≤图片宽度≤1 500px（建议上传 750px），0<图片高度≤2 500px
图片大小	≤3M	≤3M

5）售后服务信息设置。

售后服务信息主要包括是否提供发票、保修服务、退换货承诺、服务承诺和上架时间，卖家可根据自己的实际经营情况进行设置，如图 6-7 所示。最后，点击“提交宝贝信息”，商品就上架成功了。

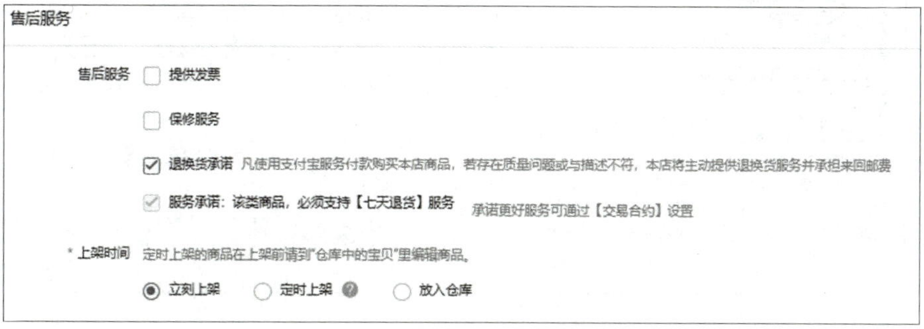

图 6-7　售后服务信息设置

2. 店铺交易处理

网店商品发布后，卖家需要知道如何处理订单，在和买家交易的过程中，还会涉及讨价还价和发货方式等问题，因此，卖家应学会如何修改交易价格、选择物流发货、交易退款处理、信用评价管理等操作。

（1）修改交易价格。

有的买家在达成购买意愿前会讨价还价，如果卖家做出让步，就需要修改订单价格；还有一种情况就是买家购买商品数量较多，给予邮费折扣的时候，也需要修改交易价格，从而完成交易。修改交易价格的方法如下：

在订单状态为“等待买家付款”时，进入千牛卖家工作台，点击“已卖出的宝贝”—“等待买家付款”，找到对应的订单，点击“修改价格”，如图 6－8 所示。在多个商品的情况下，勾选需要修改金额的商品，在“涨价或折扣”栏填写折扣或具体金额；在“邮费”栏填写需修改的邮费金额，填写完成后点击“确定”即可；如果卖家包邮，也可以直接点击“免运费”，即邮费金额为 0 元。如图 6－9 所示。

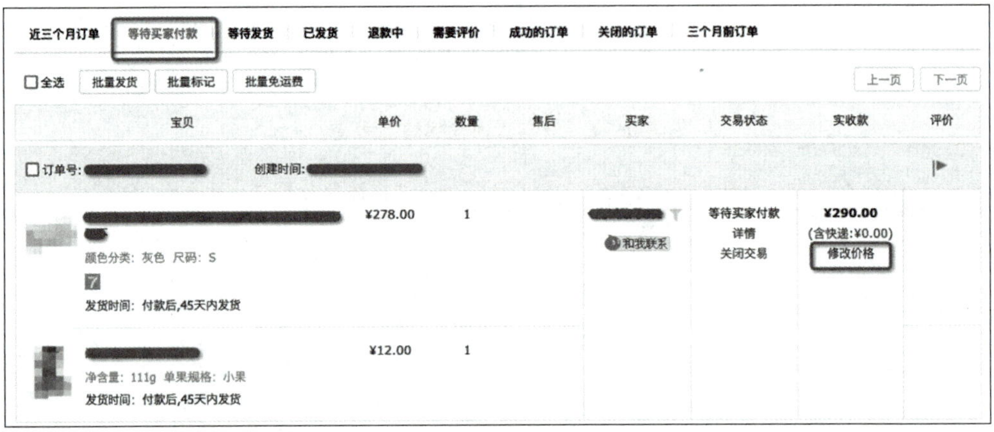

图 6－8　选择修改价格

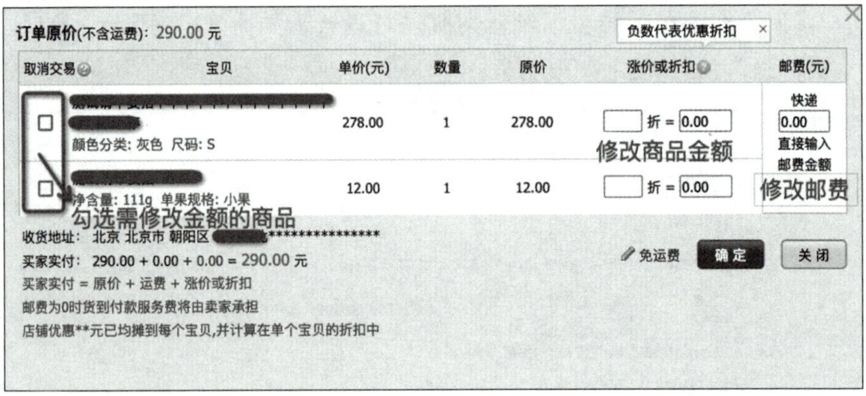

图 6－9　修改价格和邮费

小提示

目前，以下几种情况淘宝平台不支持修改价格：

（1）电子凭证订单不支持改价；

（2）虚拟订单不支持改价；

（3）订单使用红包付款不支持改价；

（4）部分港澳台和境外订单（包括收货地址是转运仓地址）不支持改价；

（5）海外征税或者前置支付订单不允许改价；

（6）买家已付款不支持改价（建议待买家收到货后由买家申请部分退款）。

（2）选择物流发货。

买家付款成功后，订单状态会变成“买家已付款”，卖家可以再与买家核实订单内容和收货地址，并把需要备注的信息及时添加到该笔交易备注信息里，同时提醒发货部门员工注意，以免造成买家不满，之后卖家便可联系物流公司提供发货服务。发货后及时填写交易发货单号，将交易状态修改为“卖家已发货”。若能将发货信息及时通过千牛卖家工作台通知买家，也会是卖家优质服务的一个细节体现，让买家觉得安心、放心，并对卖家的服务留下深刻而良好的印象。

（3）交易退款处理。

在交易过程中，很可能会遇到买家退货退款的情况，卖家需要根据买家的退货或退款理由进行处理，例如买家因个人原因取消交易，因收到商品不满意或型号购买错误而申请退货。

1）未收到货或不退货仅退款的交易处理。

当遇到买家仅申请退款，无须退货的情况时，可以从千牛卖家工作台进入退款管理页面，找到对应的退款交易查看退款详情，在退款详情页面点击“同意退款申请”，输入支付宝账户支付密码，点击“同意退款协议”即可。

2）退货退款的交易处理。

当遇到买家需要退货退款时，卖家可进入退款管理页面，找到对应的退款交易查看退款详情，在退款详情页面点击“同意退款申请”，确认退货地址，点击“提交并通知买家”，此时退款状态变更为“退款协议达成，等待买家退货”，待买家完成退货，退款状态变更为“买家已退货，等待卖家确认收货”后，点击“同意退款”，确认后即可退款给买家。

需要注意的是，为提升买家的退款体验，淘宝平台调整了退款交易时效：买家发起退款申请（含未收到货仅退款、退货退款），等待卖家处理时间从 72 小时调整为 48 小时，若逾期未响应退款，系统将自动同意买家的退款申请。

（4）信用评价管理。

交易流程结束后，还有一项重要的工作就是对交易进行评价管理。根据淘宝网信用积分规则，除某些特定类目外，每笔“交易成功”的淘宝订单买卖双方均可进行信用评价。信用评价分为“好评”“中评”“差评”三类。其中，“好评”加 1 分，“中评”计 0 分，“差评”扣 1 分。具体每笔订单的评价计分情况，可进入“卖家中心”—“交易管理”—“评价管理”查看。

在日常评价管理中，最主要的就是评价解释和修改评价。

1）评价解释。

卖家可以对买家的评价进行回复，也即评价解释。在买家做出评价或追加评价的 30 天内且评价处于生效状态时（若是中、差评，则 48 小时后评价生效），卖家可进行评价回复。卖家对买家的评价和追加评价各有一次回复的机会；若已产生追加评价，则仅保留追加评价的“评价回复”按钮。

具体操作方法为：登录淘宝网首页—千牛卖家工作台—交易—订单管理—评价管理或登录淘宝网首页—千牛卖家工作台—待评价进入评价管理（超链）页面，点击“来自买家的评价”模块，查看或筛选需回复的评价，点击“评价回复”按钮对该评价进行回复，卖家可根据买家的评价或自己对交易的感受来对评价做出解释。

2）修改评价。

有时候交易双方会因为一些误会和争议给出负面评价，如果经过沟通和协商达成一致，买家愿意删除或修改中、差评，买家可在做出评价的 30 天内进行一次修改或删除。修改、删除中评或差评的机会只有一次，买家可选择“改为好评”或“删除评价”进行操作。

（三）淘宝平台店铺营销推广

1. 店内营销活动

店内营销活动是店铺运营中不可缺少的一项营销活动。按照时间维度，可以将店内营销活动划分为短期活动、中期活动和长期活动。短期活动一般不超过一周，中期活动是半个月到 3 个月，长期活动一般是常年在做的活动，如 VIP 活动。

淘宝平台为卖家提供了多种营销工具，可用于设置店铺活动。运营人员可根据店铺实际运营需求，选择合适的网店营销工具。常见的网店营销工具如下：

（1）优惠券。

优惠券是一种虚拟的电子券，卖家可以在不用充值现金的前提下针对买家或者不同等级会员发放不同面额的优惠券。网店在发放优惠券时，会设置优惠金额和使用门槛，买家为了达到使用门槛，会购买其他商品凑单，因此，优惠券的使用有两个作用：一是能够提升店铺的客单价；二是能够提高店铺商品的转化率。

淘宝平台的优惠券分为店铺优惠券和商品优惠券。店铺优惠券全店商品可用，商品优惠券只有指定商品可用。在设置优惠券时需要注意以下几点：

1）优惠券名称中不能使用特殊符号，如 ()、#、¥等，最好使用纯文字形式。

2）全网自动推广及自有渠道推广不支持无门槛优惠券，官方渠道推广优惠券支持无门槛设置，只需在使用门槛处选择超出面额 0.01 元的额度，即可根据填写面额自动生成无门槛券。如想要设置 20 元的无门槛优惠券，在使用门槛处点选“满 20.01”元即可。

3）店铺券和商品券最大可创建数量都是 100 张，活动过期后，卖家要及时删除无效优惠券。

（2）裂变优惠券。

裂变优惠券是以优惠券工具为基础，通过增加分享优惠券、邀请朋友领取优惠券的玩法，帮助卖家实现老客带新客、新客裂变的方式，它能以极低的拉新成本获得更多店铺流量的承接、裂变和转化。裂变优惠券可以让卖家以最短的时间将营销活动快速传播开，实现品牌曝光＋裂变营销＋到店消费的精准获客营销。

1）裂变优惠券需要在千牛卖家中心—营销工作台—优惠券—裂变优惠券当中设置。

2）推广渠道设置为“通用”，优惠券可在商品详情页、直播间、普通优惠券领券后页面、店铺宝活动页面、店铺装修模块中自动显示。

3）在设置子券时，发行量需要大于等于父券的 1.5 倍，避免父券在未发完的情况下结束活动。

小提示

优惠券叠加规则

优惠券的叠加规则：优惠券可以和单品级（如单品宝活动）、店铺级（如店铺宝活动）、跨店级（跨店满减）叠加优惠；优惠券之间不可以叠加，商品优惠券和店铺优惠券（不论何种渠道设置）不能叠加使用，系统默认生效优惠力度最大的优惠券；淘金币可以和优惠券叠加。

（3）店铺宝。

店铺宝是在天猫“店铺优惠”和集市“满就减（送）”的基础上升级而来的，可以用于对全店的商品或者部分商品进行促销活动，活动可以随时暂停和重启。店铺宝可以和单品宝、搭配宝等促销工具搭配使用。淘宝卖家使用店铺宝可以设置满减、打折、包邮、送赠品、送优惠券等促销活动。

在使用店铺宝设置优惠活动时需注意以下几点：

1）满送赠品活动，需先将赠品发布到“其他—赠品类目”或“其他—搭配类目”下。

2）满送优惠券，需要先使用优惠券工具，设置“官方渠道推广”的满就送优惠券。

3）自选商品活动优先级大于全店商品活动。

4）参加店铺宝包邮活动的商品所对应的运费模板会失效。

除以上三种营销工具外，淘宝平台还提供了单品宝、搭配宝、淘金币抵扣、签到送金币等营销工具。

2. 平台营销活动

（1）营销活动类型。

淘宝平台营销活动可分为大型官方活动和频道活动。

大型官方活动是指淘宝平台发布的活动，仅针对淘宝商家招商。“双 11”、“双 12”、年货节、88 会员节、99 划算节等都在此开放招商。这类活动涉及范围广，宣传力度大。

频道活动包括“聚划算”“百亿补贴”“天天特卖”“淘金币”等，每天都会在特定频道进行。

（2）营销活动报名。

想要报名参加淘宝平台的营销活动，首先要了解淘宝平台对营销活动报名的基本要求。

对参加淘宝网营销活动的卖家，淘宝平台从违规限制、服务能力、经营能力三大方面设置了《营销平台基础规则》，淘宝网卖家自活动报名之时起至活动结束，一般须符合规则要求，才有机会参加淘宝网营销活动，具体如表 6－4 所示。特殊营销活动另有规定的要遵守其规定。

表 6－4　淘宝网营销活动报名基本要求

报名要求	退出	
	主动退出	被清退
【违规限制】 1. 近 90 天内无一般违规行为节点处理记录 2. 近 90 天内无虚假交易扣分 3. 近 365 天内无严重违规行为节点处理记录 4. 近 730 天内出售假冒商品扣分未达 24 分，近 365 天内出售假冒商品扣分未达 12 分，且本自然年度内无出售假冒商品扣分 5. 未在搜索屏蔽店铺期 6. 无其他被限制参加营销活动的情形 【服务能力】 1. 店铺 DSR 评分三项均≥4.6 2. 近 30 天内纠纷退款率不超过店铺所在主营类目纠纷退款率均值的 5 倍或纠纷退款笔数＜3 笔 【经营能力】 淘宝网还将结合卖家多维度经营情况（如诚信经营情况、店铺品质、商品竞争力等）及各营销活动侧重等进行综合评估	无合理理由不得主动退出	不满足报名要求立即清退

小提示

1. 纠纷退款笔数：是指买卖双方未自行协商达成退款协议，由淘宝客服人工介入，且判定为支持买家的退款笔数（判定纠纷退款的依据为，退款/售后交易由淘宝介入处理，且该退款/售后交易淘宝曾经判决为“支持买家”）。

2. 纠纷退款率：纠纷退款率=（最近30天纠纷退款笔数/最近30天支付宝成交笔数）×100%（公式分母中的支付宝成交笔数=淘宝交易子订单数）。

主营类目纠纷退款率均值，以卖家中心页面显示为准。

通过千牛卖家工作台，进入营销中心，点击营销活动下的活动报名，即可查看全部活动和可报名的活动。找到可报名的活动，点击“立即报名”，按照报名流程引导，填写相关信息，完成相关设置即可。

3. 店铺付费推广

淘宝平台流量竞争日益激烈，卖家想要长期生存并发展壮大，就要想方设法地使用各种推广手段引流，从而促进成交。有时，为了获得更直接、快速、明显的推广效果，卖家会支付一定的费用进行推广。淘宝平台常用的付费推广工具有：直通车、引力魔方、极速推、万相台等。

（1）直通车。

直通车是一种展示免费、点击付费的竞价推广工具，它根据买家搜索关键词与卖家宝贝设置的关键词来对商品进行排名展示，实现宝贝的精准推广引流。

1）直通车展示位。

直通车的推广展示位在PC端和移动端有所不同。在PC端，当买家搜索关键词时，搜索结果页面左侧有1～3个展示位，有“掌柜热卖”字样和“广告”标识，如图6-10所示为搜索关键词“文具”后，页面左侧部分搜索结果。页面右侧有16个竖着排列的展示位，顶端有“掌柜热卖”字样和“广告”标识。页面底部在掌柜热卖分类下有5个展示位。搜索页可以一页一页向后翻，展示位以此类推。

在移动端，直通车的展示位置是与搜索结果混排的，在搜索结果页，每隔5个或10个宝贝，有1个带“HOT”字样及“广告”标识的商品为直通车推广商品。受到淘宝活动的影响，实际展示位会出现上下波动，具体以搜索结果页“广告”标识为准。

2）直通车工作原理。

卖家需要为推广商品设置相关关键词，并设定合理出价。当买家搜索关键词与卖家设置的关键词相匹配时，直通车根据关键词出价×关键词质量分获取的综合得分来确定宝贝的排名，排名靠前的商品优先展示在买家面前。买家看到并点击商品，就给卖家带来了流量。

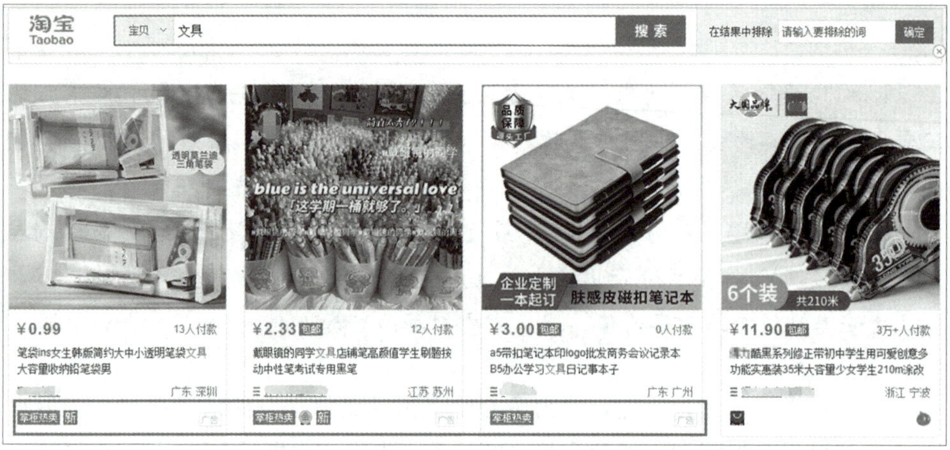

图 6－10　PC 端搜索结果左侧直通车展示位

3）直通车推广策略。

第一，选择一款合适的商品是做直通车推广的第一步。如果是新店，一般选择的商品要有突出的卖点，可以是性价比高，如价格有优势、有促销活动等；也可以是商品有独特优势，如外观好看、品位独特、商品品质好等。确定选款以后，可以通过搜索，对比类似产品的销售情况，如果类似产品在市场上行情较好，就可以作为直通车推广的商品。

如果网店已经经营一段时间，并且有商品的销售数据，就可以选择销量好的商品进行推广。因为销量好的商品更容易让买家产生信任感，商品转化率会更高，也能带动网店其他商品的销售。

第二，主推商品不宜过多。一般选择 1～3 个能够吸引买家注意力的商品进行推广即可，以免主推商品太多，商品间相互争抢流量；另外，主推商品过多，点击量大，相应的费用也会更高。

第三，设置有吸引力的关键词。目前，淘宝大部分买家会通过关键词搜索商品，还有少部分买家会通过类目搜索。卖家要重视关键词的设定，可以根据商品的属性和特征，结合买家搜索习惯、系统推荐词等选择商品相关关键词。

第四，设计好直通车主图。直通车主图是引流的关键，一般主图由商品图和文案构成。在选择商品图时，一般选择能够充分展现商品整体魅力的图片，而且图片要清晰。文案设计要突出商品卖点或促销点，刺激买家的购买欲望。

（2）引力魔方。

引力魔方是超级推荐和超级钻展的融合升级，是覆盖淘宝首页猜你喜欢、淘宝焦点图等各类优质精准流量的推广产品。引力魔方覆盖超过 7 亿用户，资源位包括核心资源位和优质资源位，核心资源位又划分为焦点图场景和信息流场景。

焦点图场景主要是淘宝移动端和 PC 端首页焦点图位置。信息流场景包括移动端和 PC 端首页、购物车、订单列表页等购中、购后猜你喜欢位置；手淘猜你喜欢微详情（Minidetail）页面上的广告位；芭芭农场、淘金币签到等淘宝移动端和PC端的红包互动场景。

优质资源位是除单列的核心资源位以外所有资源位的集合，涉及的位置非常多、流量非常大，站内站外都有。优质资源位无法关闭，可以通过降低出价，提高其他位置的溢价来提升其他资源位的流量占比。

（3）极速推。

极速推是确定性流量推广工具，能够帮助商品快速曝光在买家面前，验证商品的竞争力，点击率越高说明买家越喜欢，点击率越低说明商品越不受欢迎。

极速推适用的场景如下：

1）新品上架，还没有销量，需要快速获取买家数据时。

2）对农产品这类季节性产品需要快速冲量时。应季的商品往往竞争力非常强，缺点是产品生命周期短，想要获利必须要求在短时间内快速爆发，只有商品被更多潜在客户看到，才有可能成交。所以，极速推对季节性的、想要快速冲量的产品是较好的辅助工具。

3）在使用直通车、引力魔方前使用，可以缩减商品的冷启动时间。

4）活动商品提前使用极速推累计数据测试商品竞争力，可在活动期间使商品获取流量的能力增强。

（4）万相台。

万相台是AI智投产品升级以后的名称。万相台是从拉新、上新、会员、打造爆品等投放场景出发，一站式投放，高效解决投放成本，有效达成营销需求，助力商家营销增长的推广工具。万相台负责人比喻说，万相台就像是“互联网营销行业的自动驾驶技术”，一旦输入了目的地，就会自动匹配相关资源，并进行智能的动态调整，凭借精准投入取得确定性回报。

万相台投放有消费者运营、货品运营、活动场景三类。消费者运营的推广目标是网店新客户。货品运营的推广目标不区分新老客户，围绕货品特质寻找成交人群。其适用场景是“6·18”“双11”等商家大促前的预热。

学习任务单 6-1.2

学习情境	小米和同学学习了淘宝平台运营后，觉得开网店是个不错的选择，就和同学一起开了一家个人网上店铺，出售家乡的农产品。经营了一段时间以后，她们发现有很多商家还开设了商城店铺，销量非常可观，她们想，怎么才能开设商城店铺呢？开设商城店铺的条件和开设个人店铺有什么区别呢？同学们和小米一起来学习吧！
环境需求	1. 互联网接入。 2. 计算机（每人一台）；手机；相机（每组一台）。 3. 全班分成若干小组，每组5～8人。 4. 学习任务考核单（可在教学资源包中下载电子版）。

续表

任务描述	任务 1： 1. 请小组内同学通过搜索引擎搜索开设 B2C 网店的平台，并分析平台特点。 2. 访问京东商城，点击商城入驻，了解京东商城招商入驻的模式有哪些。 3. 下载京东招商白皮书，小组内同学选择一种招商模式，总结这种招商模式的定位及入驻资质要求。 4. 每个小组选择一个经营类目，在京东 POP（Platform Open Plan，开放式平台）招商页查看所选类目开设不同类型店铺的资费。 5. 小组访问京东帮助中心，查找商品基础信息清洗规则规范及案例，总结在京东发布商品应注意哪些问题。 以上任务建议 4～6 学时完成。
素养提升	学习“素养提升站”内容。在抗疫期间，京东采取“自杀式”单向物流救援，用自己的行动担起了社会责任。“天下兴亡，匹夫有责”，在国家和社会有需要的时候，无论是企业还是个人，都要积极承担起自己应尽的责任。
任务间歇	播放励志 MV（教学资源包提供）。
课堂讨论	京东平台入驻和淘宝平台入驻有什么差别？
小调查	你知道如何注册企业吗？
任务拓展	登录天猫，进入招商入驻页面，查看天猫商城入驻要求。

学习任务考核单 6-1.2

组名：　　　　　　　　　　　　　　　　　　　　　　　　编号：6-1.2

序号	任务	分值	总结与归纳	成绩
1	可以开设 B2C 店铺的平台。	20 分		
2	京东平台招商模式。	10 分		
3	所选招商模式的定位及入驻资质要求。	30 分		
4	所选类目开店资费。	20 分		
5	发布商品应注意的问题。	20 分		
合　计				

理论充电站

一、京东平台经营模式

京东集团是一家同时具备实体企业基因和数字技术能力的新型实体企业，业务涉及零售、科技、物流、健康、保险、产发和海外等领域。京东独创的仓配一体模式奠定了自身的供应链服务优势，211 限时达服务也为其赢得了众多消费者的信赖。

与淘宝平台不同，除京东健康外，京东针对国内零售市场提供了三类主要入驻平台：京东自营模式、京东 POP 模式和京喜合作模式。

（一）京东自营模式

商家如果想由京东代理、销售自己的商品，就可以选择京东自营模式。京东自营模式非常简单，主要是由供应商提供商品及页面信息，京东负责销售及发货给顾客。

（二）京东 POP 模式

京东 POP 即第三方店铺模式。POP 平台按资费及资质标准不同可分为四种不同的运营模式。

1. SOP（Sale on POP）模式

这是入驻京东平台商家的默认经营模式，卖家在京东销售商品，每日将买家订单打包并自行或采用快递完成购物订单配送，卖家开发票给买家。

2. FBP（Fulfilled by POP）模式

卖家在京东销售商品，京东提供仓储来管理所销售商品，京东完成购物订单配送、收款及开具发票，同时账期灵活，卖家自己定价。

3. SOPL（Sales on POP Logistics）模式

卖家使用京东提供的独立操作平台上传商品信息，在京东平台销售，产生订单后，由卖家打包送至京东仓储中心，京东完成订单配送和收款，卖家开具发票给买家。

4. LBP（Logistics by POP）模式

卖家使用京东提供的独立操作平台上传商品信息，在京东平台销售，产生订单后，由卖家打包送至京东仓储中心，京东完成订单配送和收款，京东开具发票给买家。

京东 POP 平台四种经营模式对比如表 6-5 所示。

表 6-5　京东 POP 平台四种经营模式对比

经营模式	店铺	交易系统	京东仓储	京东配送	京东开发票
SOP	√	√	×	可选	×
FBP	√	√	√	√	√
SOPL	√	√	×	√	×
LBP	√	√	×	√	√

（三）京喜合作模式

京喜合作模式是以微信为主要载体，面向拼购兼社交渠道“玩家”的一种模式。可以注册的店铺类型包括个体店和企业店。

深度解码

京东 SOP 店铺开通京东物流有什么好处？如何申请？

个体店包括拼购店和个人店。拼购店适合具备完整品牌资质及行业资质的个体工商户商家入驻，个人店适合个人商家入驻。企业店适合持自有品牌或有品牌独占性授权并具备完整行业资质的企业商家入驻，可以选择开旗舰店、专卖店或专营店。

二、京东平台入驻流程

（一）POP 商家入驻

1. POP 商家入驻要求

POP 商家入驻京东平台，必须具备企业资质，可以选择开设的店铺类型包括旗舰店、专卖店和专营店，不同店铺类型对品牌资质要求不同。具体要求如表 6－6 所示。

表 6－6　不同店铺类型资质要求

<table>
<tr><th rowspan="2">店铺类型</th><th colspan="3">资质</th></tr>
<tr><th>企业资质</th><th colspan="2">品牌资质</th></tr>
<tr><td>旗舰店</td><td rowspan="3">1. 三合一营业执照
2. 一般纳税人资格证复印件（选择 FBP 模式商家必须提供，其他模式需查看各类目资质要求）
3. 银行开户许可证复印件（须有中国人民银行盖章，法人代表与营业执照一致，不一致的需提供变更证明）
4. 法定代表人身份证正、反面复印件</td><td rowspan="3">1. 质检报告或产品质量合格证明
2. 由国家商标总局颁发的商标注册证或商标注册申请受理通知书复印件</td><td>1. 商标权利人授权，提供独占授权书。商标权利人为自然人的，需同时提供其亲笔签名的身份证复印件
2. 若经营出售多个自有品牌，提供品牌属于同一实际控制人的证明材料
3. 卖场型旗舰店，提供服务类商标注册证或商标注册申请受理通知书，店铺内经营的品牌资质要求同专营店品牌资质要求</td></tr>
<tr><td>专卖店</td><td>1. 商标权利人到入驻商家销售其品牌商品的授权（授权链必须完整有效，不得有地域限制），商标权利人为自然人的，需同时提供其亲笔签名的身份证复印件
2. 同旗舰店第二项要求</td></tr>
<tr><td>专营店</td><td>同专卖店第一项要求</td></tr>
</table>

2. POP 商家入驻流程

POP 商家入驻京东平台，分为普通入驻和极速入驻两种形式。普通入驻流程如图 6－11 所示。

在京东，有些类目是可以极速入驻的，极速入驻形式在商家提交入驻资料后，系统会自动审核通过，并给予商家 1 个月体验店铺管理的时间。

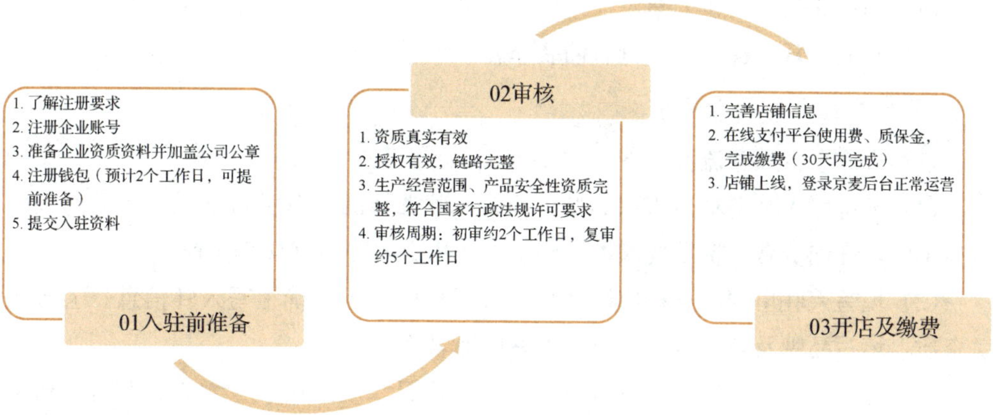

图 6－11　京东 POP 商家普通入驻流程

（二）自营平台入驻

1. 京东自营供应商入驻前提条件

（1）注册资金 50 万元以上，公司成立时间 2 年以上。

（2）公司为一般纳税人，可开具 13%的增值税发票。

（3）能够提供“五证”：营业执照、税务登记证、组织机构代码证、开户银行许可证、增值税一般纳税人资格证/出版物经营许可证（图书供应商）及产品资质。

（4）对销售品牌有商标注册证或完整授权。

2. 京东自营平台入驻流程

入驻京东自营平台分为两大步骤：第一步是入驻供应商平台（VC 平台）；第二步是配置后台，管理店铺。

第一步，入驻 VC 平台，具体步骤如下：

（1）官网注册：注册京东“企业账户”（1 个手机号只能注册 3 个企业账号），登录自营供应商入驻系统。

（2）签署在线协议：阅读并同意协议内容后，点击“同意”按钮进入信息提交环节。

（3）供应商信息提交：提交基本信息、财务信息及基本资质等。

（4）采销审核时间：提交信息后，可登录系统查看审核进度，如 10 个工作日仍未收到反馈，可拨打咨询热线 400－136－6618 协助处理。

（5）入驻成功：入驻成功后，即可按照京东提供的供应商简码及供应商后台管理账号登录 VC 平台。

第二步，配置后台，管理店铺，具体步骤如下：

（1）访问 VC 平台，创建商家账户。

（2）提交品牌资质证件，等待审核品牌相关资质和产品相关资质。

（3）签订合同，缴纳保证金。

（4）筛选商品，审核上架。

（5）开通自营旗舰店，进行店铺装修。

（三）京喜合作平台入驻

京喜合作平台入驻流程如下：

（1）准备好入驻资料，店铺类型不同、入驻选择的主营类目不同，所需的入驻资质不同，详细资费和资质要求可访问京东—招商入驻—京喜合作查看。

（2）填写入驻申请。选择店铺类型，根据页面提示正确填写入驻信息，上传相关资质，填写品牌及类目资质信息，填写店铺名称。

（3）提交审核。个体店初审时效为 2 个工作日，旗舰店、专卖店、专营店初审时效为 3 个工作日。无论是否审核通过，京东都将通过短信通知商家审核结果。

（4）开店成功。开店成功后，可以登录“京东特价版 & 京喜”商家管理后台，也可以下载京麦 App 管理店铺。

三、京东平台运营

（一）商品发布与管理

成功入驻京东后，就可以在京东发布商品上架销售了。京东平台发布商品的流程与淘宝平台类似，在商品主图和商品名称与标语的要求上有所不同。

1. 商品主图

视界瞭望台

CCTV 品牌强国工程 品牌故事—京东

京东平台商品主图包括普通主图、透明主图和全景主图。普通主图主要展示在商品详情页面及搜索列表页面等；透明主图主要在首焦、搜索、App 首页及微信手 Q 频道入口图等应用场景中呈现；全景主图呈现于商城主图第一帧，全景主图与主图视频不冲突，可同时上线。商品主图数量至少提供 5 张，赠品可提供 3 张；透明主图提供 1 张产品正面图即可。

京东平台对商品主图的基础要求为：图片尺寸为 800px×800px，图片分辨率为 72ppi，图片格式只能为 png 或 jpg 格式，图片容量小于 2M，图片中不能出现违禁信息。上传商品主图时，建议按照外观展示、基本信息展示、功能功效展示、保障信息展示的顺序上传。

深度解码

京东开放平台店铺命名规则

2. 商品名称和商品标语

在京东平台上传商品时，同样需要撰写商品名称，选填商品标语。2022 年 9 月，京东平台对商品命名规则进行了调整，商品名称字数由原来的 50 字调整为不得超过 60 个字符，命名规则为：品牌（中文/英文）+商品名称（类目产品词+合格证/外包装商品品名）+关键信息（商品描述或关键属性）+销售属性（型号/款号+颜色、尺码信息等）。商家可根据实际情况对标题内容略做调整，但不能将营销信息和与商品不符的信息、关键词等写在商品名称中。在商品名称中，滥用品牌、堆砌关键词或添加与商品无关的关键词，将会受到平台处罚。

3. 商品详情描述

商品详情描述设计的好坏，在一定程度上会影响商品转化。详情描述设计逻辑一般为吸引消费者注意，引发兴趣到唤起购买欲望，再到加深记忆，赢得信任，最后消费者打消疑虑，决定购买。京东商品详情描述框架和布局建议如表 6－7 所示。

表 6－7　京东商品详情描述框架和布局建议

框架	内容
焦点图	焦点图决定了消费者浏览页面的第一印象，背景应采用以氛围烘托产品的形象或突出产品主卖点的意境图，第一时间吸引消费者的注意力，引起消费者的兴趣
消费者的痛点、面临的问题	描述消费者的痛点，如展示消费者在生活中遇到的各种问题，引起消费者的共鸣
产品核心卖点、优势	可运用 FAB 法则构筑起一个大的框架，提供一个通顺合理的设计逻辑，总结出产品最具价值的特点和卖点，解决消费者痛点和问题： 1. Features（特征）：产品的基本特征。如产品名称、产地、材料工艺等 2. Advantages（优势）：产品的独特之处。如更大、更厚、更高档等 3. Benefits（利益）：能给消费者带来什么好处。如舒适、省电等
产品参数信息	清晰介绍产品规格参数，以便消费者了解
产品卖点详细介绍	更加详细地展示产品的卖点和特色
产品全方位展示	从多个角度展示产品的颜色、尺码、型号等信息，以便消费者辨别产品是否适合自己
产品细节展示	展示产品细节图，建议局部放大产品细节展示产品的材质、做工等属性信息
产品模特展示/使用场景图	不同类目产品可根据产品特点展示模特图或场景图，增强消费者的代入感
产品资质/认证	展示产品的真实资质证明，如质检报告、认证证书等，增加产品的可信性
售后保障/物流	介绍产品的售后服务，展示物流发货信息，打消消费者疑虑

（二）营销推广

1. 搜索排序

与其他电商搜索类似，京东搜索排序就是将匹配关键词的商品按照对消费者需求的满足程度依次展示，目的是帮助消费者快速方便地找到所需商品。当消费者输入关键词进行搜索的时候，系统会根据消费者输入的关键词去和系统中的商品进行匹配，并根据商品匹配程度和其他相关因素对商品进行排序，最后将结果展示给消费者。消费者还可以按照一定条件对商品进行精确筛选。

京东搜索排序考虑的因素主要有：

（1）文本相关性。京东平台会将消费者的搜索词和商品的描述信息进行对比，并根据匹配程度给予不同的评分，通过评分判断商品和搜索词的匹配程度高低。其中商品名称和关键词的相关度最为重要。要注意，录入商品名称时，不能为了提高曝光率而在其中堆砌和自身商品完全无关的关键词，使商品名称不规范，这样不仅会影响商品的文本相关性得分，还会影响消费者体验。被发现存在文本作弊的商品在搜索系统中将被屏蔽或做降权处理。

（2）类目相关性。在其他排名因素相同的情况下，类目会影响排序的综合得分，类目放置不恰当，会对商品排序造成负面影响，因此，放置或优化商品类目时，需确保放于正确且合理的类目，这样才可保证商品在消费者的精准搜索词下得到有效曝光。

（3）商品人气。商品人气也会影响商品排名，影响商品人气的因素主要有商品销量、销售额、消费者评论、商品属性和消费者关注度等。

（4）用户搜索反馈。

（5）京东平台风向标。商家京东平台风向标的表现会影响店铺商品的搜索排序结果，具体影响因素包括：用户评价、客服咨询、咚咚 30 秒应答率、咚咚平均响应时长、物流履约、售后服务、退换货返修率、售后服务时长、退换货处理满意度、交易纠纷、京东放心购等。

（6）京东好店。京东会根据京东平台风向标对店铺综合服务能力的评分，评选出京东好店，通过京东好店认证的商家，其店铺中的商品在京东搜索的排序会得到优化。图 6－12 所示为放心购和京东好店标识。

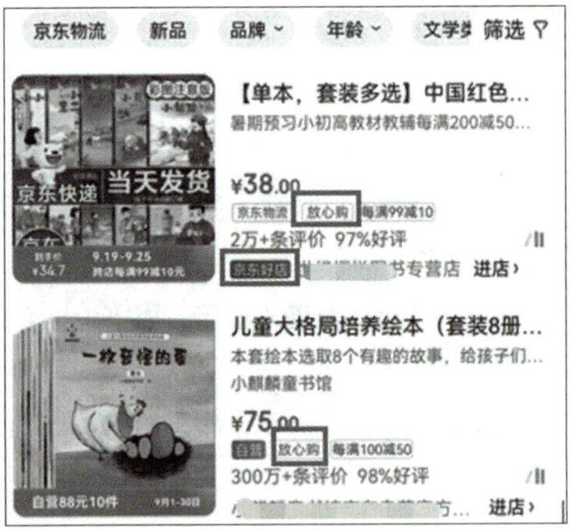

图 6－12　放心购和京东好店标识

（7）个性化排序。同一搜索词，不同的消费者可看到不同的搜索结果。

2. 京东店铺营销工具

京东 POP 商家后台提供的店铺营销工具有单品促销、店铺促销（包括总价促销、赠品促销）、优惠券、礼金促销、前 N 有礼、满减促销、满赠促销、满减送促销、多买优惠促销、套装促销、满额返券等，商家选择意向中的营销工具，点击进入工具页面，即可创建营销活动。

3. 京准通

京准通是京东旗下的数字营销推广平台，拥有多样化的广告营销产品、智能化的投放系统和完善的服务体系，可以为品牌及供应商客户提供精准、高效的一体化电商营销解决方案，帮助客户实现营销效果的最大化。京准通平台包括京东快车、京东直投、京挑客等广告产品。

（1）京东快车。

京东快车是京准通中的老牌广告产品，它基于京东站内推广，是按点击/千次展示付费（CPC/CPM）的实时竞价类广告营销产品。通过对搜索关键词或推荐广告位出价，能够将商家的推广商品、活动或店铺展示在京东站内丰富的广告位上。京东快车的推广类型包括商品推广、活动推广、店铺推广（腰带、精选）、秒杀计划。京东快车最核心的优势就是精准。

京东快车在 PC 端的展示位在搜索结果页左侧商品精选、底部商品精选、商品列表中带有广告标识的位置，如图 6－13 所示。在移动端，用户搜索关键词后，在商品展示页带有广告标识的为京东快车广告位。

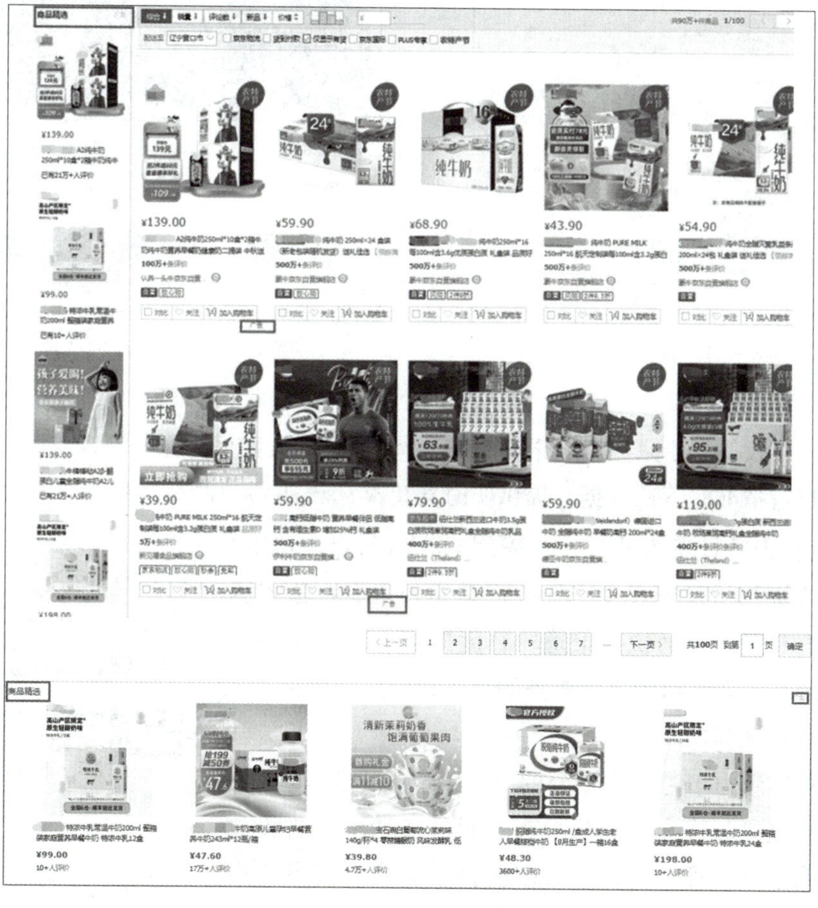

图 6－13　京东快车 PC 端展示位

投放店铺广告，有两种形式：一是腰带店铺广告，在 App 搜索结果页中第 20 个位置，广告位会展示店铺名称以及半年内销售额较高的三个单品 SKU（最小存货单位），第一个单品 SKU 是默认跟单的 SKU，如图 6－14 所示。二是品牌店铺广告，可以投放京选店铺广告，京选店铺广告按照千次展示（CPM）来计费，如果获得竞价第一名就可获得展示。当用户在京东手机端或者京东 PC 端搜索框中输入具有明确品牌意图的关键词（品牌词或品牌词＋后缀词）时，只要出价为第一名，即可在搜索结果页最上方的位置获得展现。京选店铺右下角有“广告”标识，如图 6－15 所示。

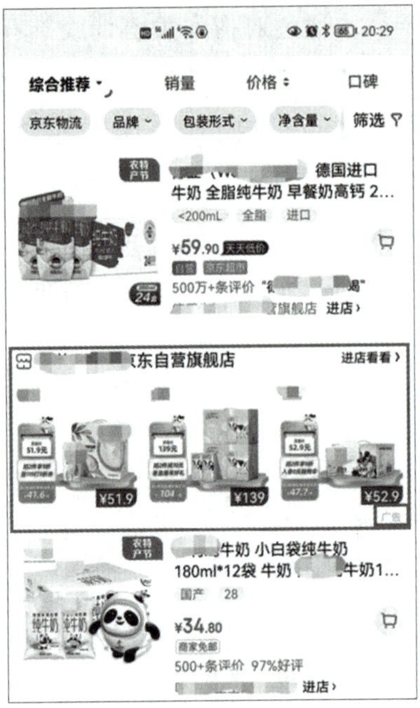

图 6－14　腰带店铺广告位

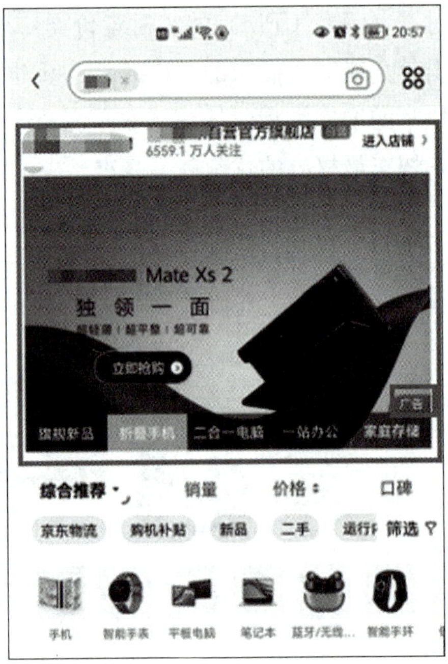

图 6－15　京选店铺广告

（2）京东直投。

京东直投是基于京东＋腾讯、京东＋头条/百度大数据合作，深入挖掘用户电商行为、打造精准的营销数据、提供实时竞价类广告的营销产品。京东直投除部分资源位采用 CPM 计费方式外，均采用 CPC（每点击成本）扣费竞价机制。京东直投广告位都是站外资源，覆盖腾讯渠道、头条渠道、快手渠道、百度渠道等海量优质资源位。图 6－16 所示为今日头条的京东直投广告效果。

图 6－16　今日头条的京东直投广告效果

（3）京挑客。

京挑客致力于为京东平台的自营商品及 POP 商家提供一种按照实际成交额给推广者支付服务费的广告投放模式，属于效果类广告，这种广告投放类型的显著特点是：免费展示、免费点击，成交后支付一定比例的技术服务费，是一种按投放效果付费的模式，风险相对较低。

深度解码

入驻天猫的操作流程是什么

素养提升站

从“自杀式物流”支援上海看企业社会责任

因为京东，我们了解了什么叫作“自杀式”的单向物流。作为一个企业，尤其是物流企业，对于它来说最重要的就是车队，这是它发展的根本。京东采取了这种送货方式之后就要在当地就地隔离，以相当于“自杀式”的送货方式来支援武汉，感动了全国人民。

京东物流的工作人员不顾自己的安危将物资一批批运进武汉是很不容易的。在这些运输的货物中，还包括了钟南山院士需要的 100 台呼吸机。

对于京东的表现，钟南山院士写了一封感谢信，信中写道：“感谢京东心系医疗援助一线，以最快的速度将急需医疗物资送达武汉。”这也证明了京东运送物资就是在和时间赛跑，和死神争夺生命。

2022 年 4 月，上海疫情严峻，无数的上海企业开始安排居家办公，很多商场开始关门歇业。在这样严峻的条件之下，京东物流以“自杀式”单向物流的方式，向上海运送必备的生活物资。

何谓“自杀式物流”？简单来说，就是通过“人海战术”将物资运送到上海，京东召集了3 000多名运输小哥，这些来自河南、湖北、西安、新疆、贵州等地区的人员共分为 14 批次，每天一批 200 多人跟随京东物资进入上海。当货物运送完毕之后，每批次人员连同运输司机和车辆立即集中隔离；一批又一批地进入、送货、隔离……按照 14 天隔离期来算，京东至少需要 14 批次的车队和人员才能完成物流运输的一次大循环。

京东的这种应急反应，是一种企业本能，说到底就是一种担当、一种社会责任。其实不仅仅是京东，在大是大非面前，还有许多企业和人群冲在了第一线，上海邮政累计运送民生保供和防疫物资 5 000 多吨，服务各类单位和小区近 2 000 个、惠及市民超过 200 万人；中粮集团集结数十辆货车，将约 6 万份面条、约 20 万听罐头配送到 52 个居民区及滞留区的社区。

素养提升小锦囊

“诚招天下客，誉从信中来”，任何时候，依法诚信经营都是企业安身立命之本，用诚信擦亮品牌，企业才能立得住、行得稳。

行动指南针

分组完成以下项目（5～6 人一组）：

首先，小组讨论本小组开店经营项目，初步确定经营商品类别，对该商品进行网上调研和市场分析。讨论并确定本小组网店名称、经营思想与策略，对小组进行分工，确定店铺掌柜、客服、营销推广、店面设计、物流人员。

其次，以店铺掌柜身份注册淘宝会员，以掌柜名义申请免费开店。

最后，访问京东平台，查看本小组确定的经营类目入驻资质和资费标准。

1. 淘宝网开店指南

(1) 用户注册。登录淘宝网首页，选择页面左上角“免费注册”或页面右侧“注册”，输入本人手机号码并进行验证，勾选“已阅读并同意以下协议”复选框，点击“注册”按钮完成淘宝账号注册，已经注册淘宝会员的可以直接登录，如图 6－17 所示。

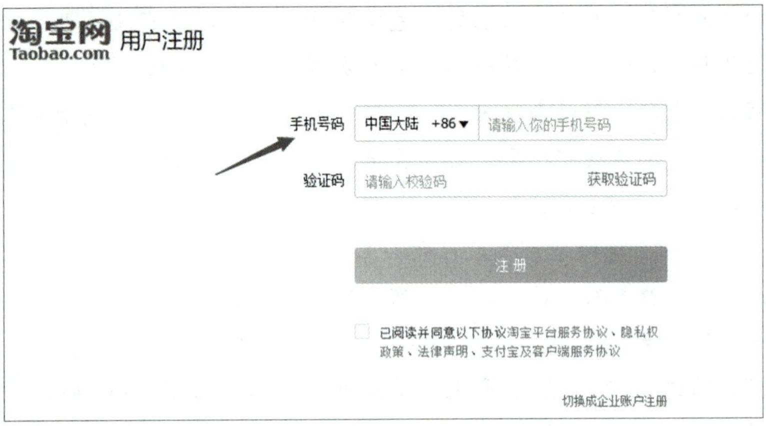

图 6－17　淘宝会员注册

(2) 创建店铺。会员登录后，点击页面右上角的“免费开店”。目前，淘宝平台可开设店铺的身份类型有普通商家、大学生商家、品牌商家，作为大学生，我们可以选择大学生商家身份入驻。输入店铺名称，点击“0 元开店”，进入支付宝认证页面，如图 6－18 至图 6－20 所示。

图 6－18　选择免费开店

(3) 支付宝认证。选择通过电脑端或手机支付宝进行认证，如图 6－21 所示。以电脑端支付宝认证为例，点击“去认证”，按照提示填写姓名和身份证号，点击“确认并提交”，完成支付宝实名认证，如图 6－22 所示。

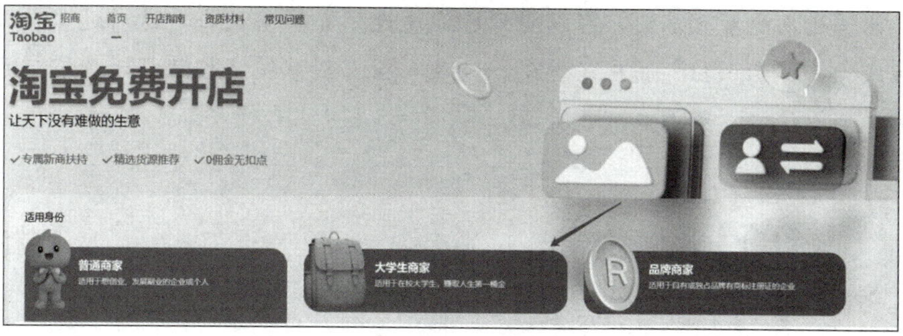

图 6－19 选择大学生商家开设个人店

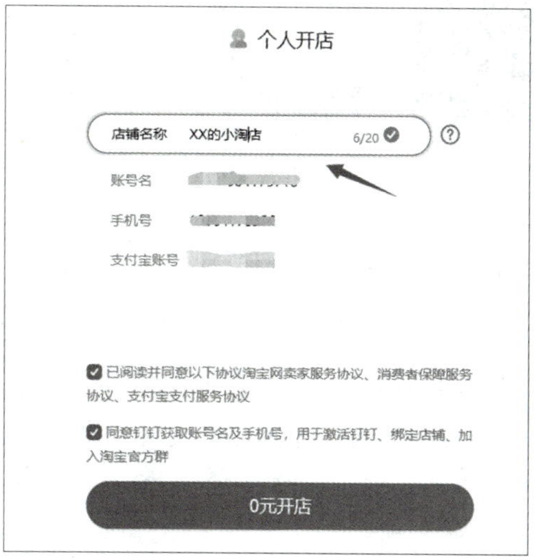

图 6－20 填写店铺名称

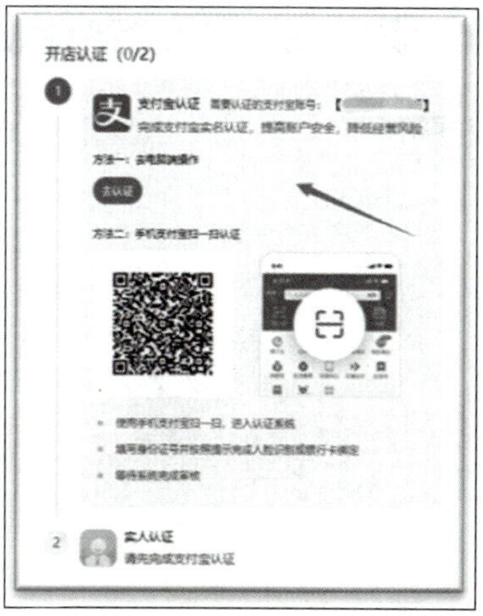

图 6－21 选择支付宝认证方式

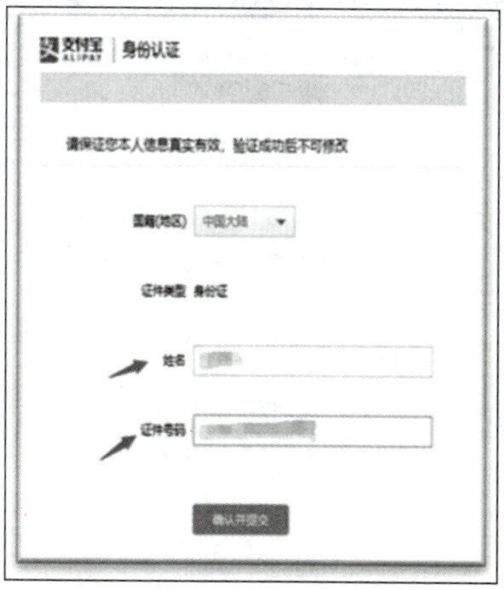

图 6－22 电脑端支付宝认证

（4）登记主体信息。个人商家还需登记个人证件图、经营地址、姓名、身份证号等信息。

（5）实人认证。在淘宝网上开店，除了需要通过支付宝认证，还需要通过实人认证。点击进入免费开店后，可以看到已经通过了支付宝认证，这时还需要使用手机淘宝或千牛“扫一扫”扫描二维码，进入人脸识别系统，按照提示内容完成动作即可完成实人认证，如图 6-23 所示。

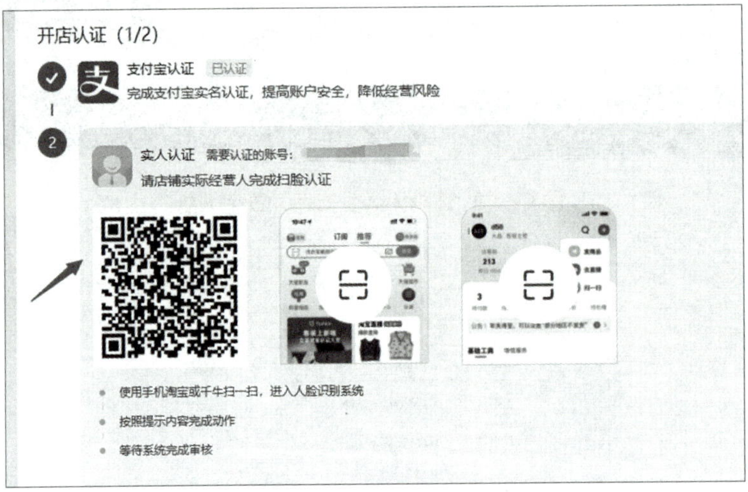

图 6-23　实人认证

（6）商品发布。店铺创建成功并设置好店铺基本信息后，就可以发布商品了。点击“去发布”，进入商品发布页面，可使用新版商品发布，也可在操作指南处选择返回旧版，使用旧版进行商品发布，如图 6-24、图 6-25 所示。

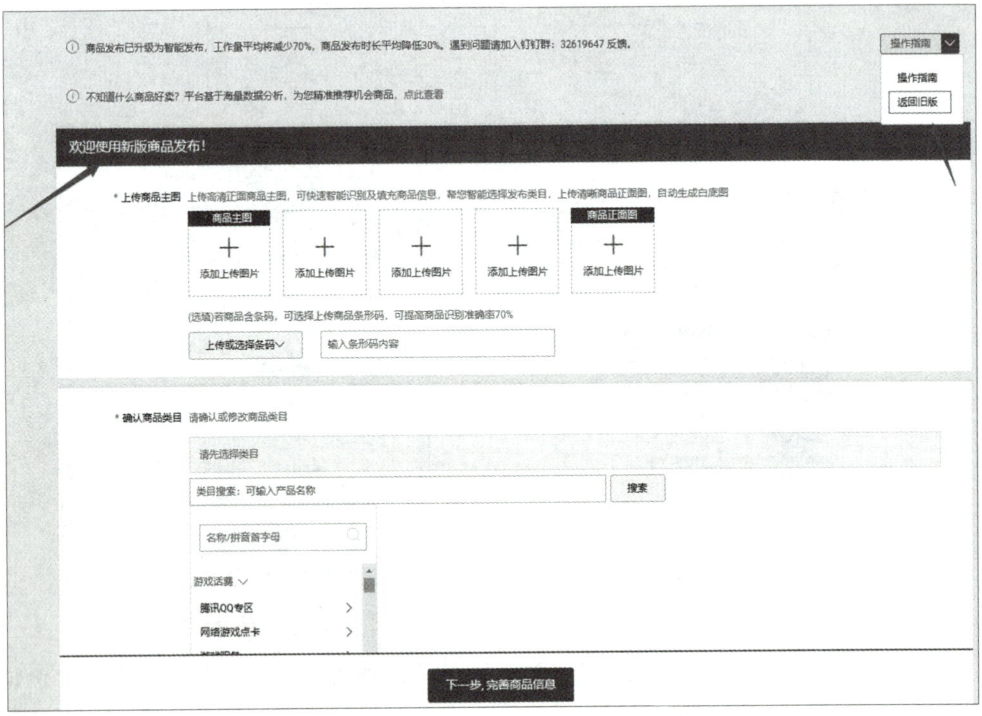

图 6-24　新版商品发布页面

图 6－25　旧版商品发布页面

以新版商品发布为例，需要完成商品图片上传，在选择商品类目后，进入完善商品信息页面，填写商品基础信息（宝贝标题、类目属性、宝贝类型等，商品销售信息包括商品颜色分类、价格、数量、编码等）、支付信息（付款方式、库存扣减方式、售后服务）、物流信息（运费模板和区域限售模板），上传商品图文描述（需要提前制作好），如果制作了短视频，也可以上传，全部完成后就可以发布宝贝了。

还可下载电脑端或手机端千牛工作平台，进行商品发布、客服服务、订单管理、查看数据等操作。

（7）网店推广。淘宝上有成千上万个店铺，不做推广，没人会知道你的小店，所以网店推广将是店铺下一步工作的核心。网店推广的方式很多，可以通过微信朋友圈、知乎、小红书、微博、贴吧、论坛等发表图文内容，通过抖音、快手、西瓜视频等发布视频获取站外流量，还可以通过优化商品标题、商品类目、商品描述及设置促销活动等方式获得站内流量，促进成交转化。

（8）订单处理。经过网店推广以后，店铺可能会产生订单，订单应该及时处理。登录淘宝后，在交易管理模块选择“已卖出的宝贝”，进入订单页面，可以查看不同状态的订单，如图 6－26 所示。

进入订单页面，找到订单核实后，再找到需要发货的订单，选择发货，确认收货信息、交易详情、发货信息后选择物流公司发货，如图 6－27 所示。

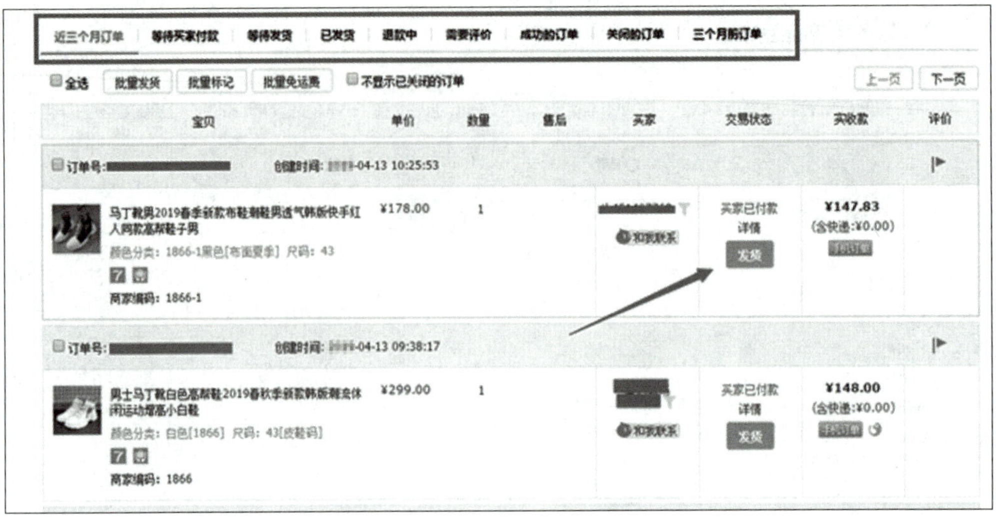

图 6-26　订单页面

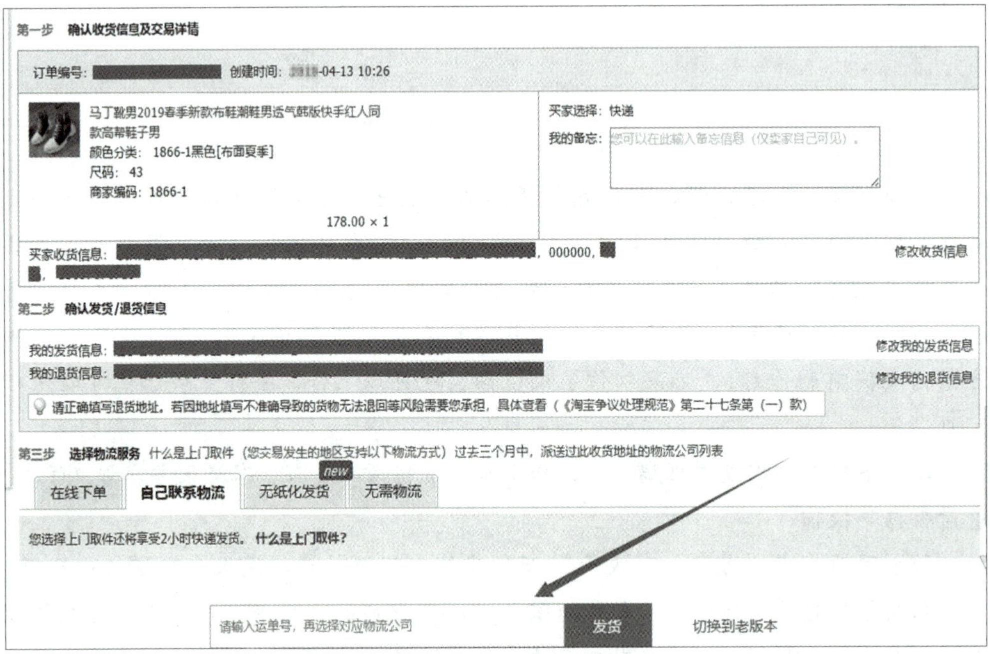

图 6-27　发货处理

2. 访问京东平台了解入驻资质及资费标准

(1) 登录京东账号，访问京东招商入驻页面，如图 6-28 所示。

(2) 选择“POP 商家”，点击“立即入驻”，进入京东 POP 招商页面，向下滑动页面，找到 POP 招商入驻指导，查看入驻流程，查询资费资质，如图 6-29 至图 6-31 所示。

图 6－28　京东招商入驻页面

图 6－29　京东 POP 招商页面

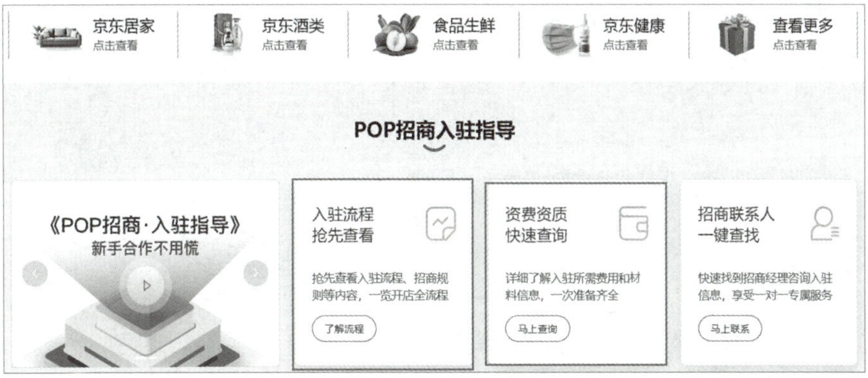

图 6－30　京东 POP 招商入驻指导

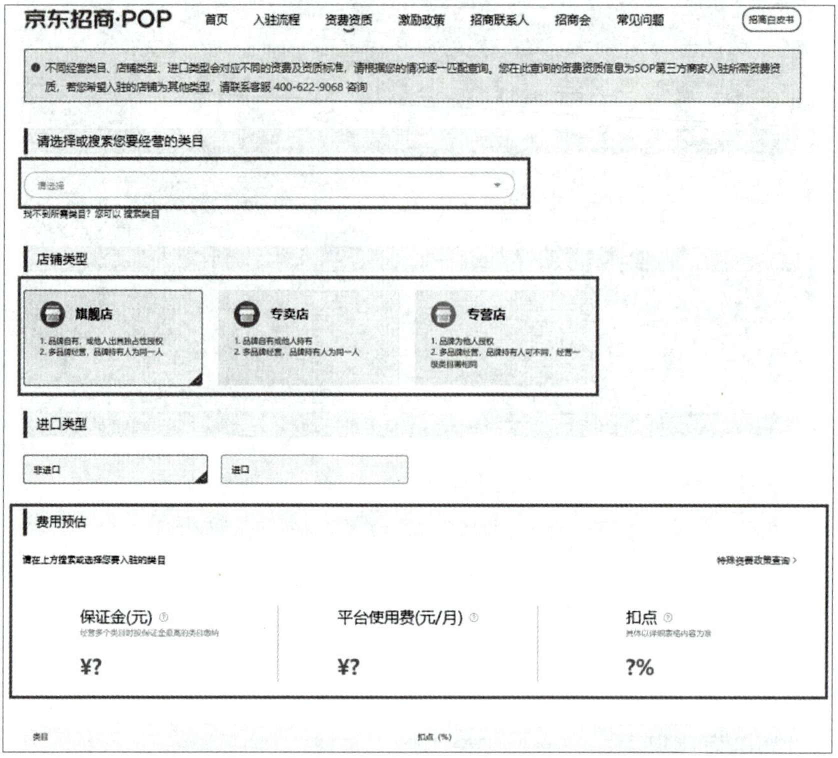

图 6 - 31　资费资质查询

实践心体会

除了淘宝平台、京东平台，你还能列举出哪些可以开店的电商平台？它们之间有什么区别？请将结果填写到下面横线上。

____

____

____

学习任务二 社交电商运营

学习任务单 6－2

学习情境	小米最近发现经常有同学给她分享某团购平台助力活动，也有些许久不联系的同学做起了微商，并不断向她发送商品推荐，小米感觉自己莫名成了社交网络的重要人物。此外，小米还听说有的同学通过做淘宝客在大学挣够了生活费，淘宝客是什么呢？淘宝客是怎样挣钱的呢？小米对这一切感到懵懂而好奇，她隐约感觉这些和近几年流行的社交电商有关系，那么，社交电商是什么？它与传统电商相比有哪些优势？社交电商如何运营？小米准备展开学习。
环境需求	1. 互联网接入。 2. 计算机（每人一台）；手机（每人一部）。 3. 全班分成若干小组，每组 5～8 人。 4. 学习任务考核单（可在教学资源包中下载电子版）。
任务描述	任务 1： 1. 小组内 1 名学生手机下载、注册拼多多 App，查看其主页模块及弹出窗口推荐，浏览不少于 3 款商品。 2. 访问个人中心—天天领现金模块。根据提示步骤完成领 100 元现金任务，邀请本组其他同学助力，查看最终是否能成功完成任务，小组共同总结天天领现金活动规则及目的，以及其通过哪些方式促进社交分享。 3. 选择一款商品，查看其下单购买方式，对比单独购买、拼单、免拼购买价格，选择一个已经发起的拼单活动，参与拼单（可不付款）。 4. 访问首页—免费领商品模块。选择一款心仪的商品，根据提示步骤完成免费领商品任务，邀请本组其他同学助力，查看最终是否能成功完成任务，小组共同总结免费领商品活动规则及目的，以及其通过哪些方式促进社交分享。 任务 2： 1. 小组学生手机下载、注册抖音 App，搜索“东方甄选”直播间，点击关注，加入粉丝群，查看其入群条件。 2. 小组成员浏览其他感兴趣的直播间，点击关注，加入粉丝群，查看其入群条件。 3. 小组共同总结抖音社群的入群条件，及设定条件的目的。 以上任务建议 2～3 学时完成。
素养提升	学习“素养提升站”内容，响应国家“电商助农”“乡村振兴”号召，利用所学知识，为农村电商发展助力
任务间歇	播放励志 MV（教学资源包提供）
课堂讨论	你如何评价拼多多的社交分享机制？
小调查	1. 你购买商品时，是喜欢直接上网搜索，还是询问朋友推荐产品？ □直接上网搜索　　　　　□询问朋友推荐 2. 你加入过什么网络社群？写出社群名称和类型。 社群名称和类型：＿＿＿＿＿＿＿＿＿＿＿＿＿＿＿＿
任务拓展	尝试在花生日记分享商品给朋友，体验社交分享

学习任务考核单 6-2

组名： 编号：6-2

序号	任务	分值	总结与归纳	成绩
1	拼多多平台天天领现金模块社交分享活动规则及目的。	25分		
2	拼多多平台参与拼单。	20分		
3	拼多多平台免费领商品模块社交分享活动规则及目的。	25分		
4	抖音粉丝群入群条件对比。	30分		
合　计				

理论充电站

一、社交电商概述

“社交电商”是电子商务的一种衍生模式，在国内可以追溯到2009年。随着互联网的发展，由于淘宝、天猫、京东等传统电商平台的流量获取成本不断增加，基于私域流量的社交电商成为新的行业风口。2021年商务部等部门发布的《“十四五”电子商务发展规划》中提出：发挥电子商务对价值链重构的引领作用，鼓励模式业态创新，推动社交电商等新业态健康发展。经过多年的发展，社交电商也深受资本力量的认可。网经社发布的《2023年（上）中国电子商务投融资数据报告》显示社交电商融资金额为6.15亿元，占融资总额的35.87%。社交电商是推动我国电商创新发展的重要形式之一，目前，国内关于社交电商的定义有狭义和广义两种。

（一）社交电商的狭义定义

根据商务部的定义，社交电商基于人际关系网络，利用互联网社交工具，从事商品交易或服务提供的经营活动，涵盖信息展示、支付结算以及快递物流等电子商务全过程，是新型电子商务的重要表现形式之一。在具体表现形式上，社交电商基于人际关系网络，借助社交媒介等传播途径，通过社交互动、用户生产内容等手段来辅助商品的购买，同时将关注、分享、互动等社交化的元素应用于交易过程之中，是电子商务和社交网络的融合，是以信任为核心的社交型交易模式。社交电商的狭义定义强调通过人际关系网络促进商品购买，侧重于交易导向。

（二）社交电商的广义定义

广义的社交电商不是简单地依托社交化平台，开展直接的交易导向的活动，而是为消费者创造更加个性化、多样化的消费场景，社交电商的范围拓展为拼购型、会员制、社区团购、内容型、直播型等，涵盖的平台更加广泛，活动形式更加复杂。

无论是狭义还是广义的定义，社交电商的核心都是用户和信任机制，强调以用户为中心，以信任为纽带，以内容为媒介，通过自建私域流量池完成商品和用户的链接。

小提示

当下，许多电商平台提供免费专业教学课程，引导学员添加微信获取课程素材，或加入微信/QQ群答疑，这也是社交电商的一种模式，属于社交电商的广义定义范畴。

（三）社交电商的优势

社交电商相较于传统电商具有明显的发展优势，表现在去中心化、流量成本低、流量精准化三个方面。

1. 去中心化

2003年淘宝网注册成立开启了我国的电子商务元年，自此以后以京东、天猫、当当网、唯品会等为代表的各种综合型、垂直型电商平台竞相发展壮大，使得网络购物产生“中心化”特征。在传统电商平台上，排名对用户选择产品起到至关重要的作用，在移动端，产品排名如果不能进入品类前三页，基本上得不到展现。而在社交电商模式下，以社交网络为纽带，商品基于用户个体传播，呈现出“去中心化”特点，每个社交节点均可以成为流量入口并产生交易，用户的信任机制由依托商品排名转向社交网络口碑推荐，使得更多质量好、性价比高的产品脱颖而出。

2. 流量成本低

传统电商行业经历了20年的发展，竞争日趋激烈，在此过程中一些大型电商平台如聚美优品、凡客诚品逐渐衰落。市场总增量达到饱和，存量流量争夺战拉开帷幕并迅速达到白热化状态。在此背景下，基于传统电商平台的中小卖家获取流量的成本不断增加，发展遭遇瓶颈。许多卖家转向社交电商谋求生存之路。社交电商的核心是人际网络、互动化社会关系、信任机制，将传统电商平台的公域流量转化为私域流量，大大降低了获取流量的成本。此外，依托社交裂变效应，很多用户既可以是推广者也可以是购买者，进一步降低了获取流量的成本。

3. 流量精准化

社交电商不仅能获取低成本私域流量，而且在很大程度上保证了获取流量的精准化。自媒体时代的社交属性可以迅速聚集具有相同兴趣爱好、需求的人群，形成基于微博、微信、抖音、小红书等各种平台的社群。精准流量是垂直领域运营的基础保障，能够较好地降低运营成本，提高转化率，显著提升投资回报率（ROI）。

深度解码

垂直领域和ROI

二、社交电商的发展阶段与趋势

随着互联网的发展及经济和技术水平的进步，社交电商的发展经历了四个典型阶段，社交电商的行业规模不断增长，《中国社交电商行业发展白皮书（2022）》的数据显示，2022 年社交电商市场规模达到 28 542.8 亿元，增长率为 20%。未来社交电商将呈现出职业自由化、价值链重构、精准定制、盈利多元化、金融结构重构、线上和线下融合的趋势。

（一）社交电商的发展阶段

1. 第一阶段——萌芽期

社交电商的雏形可以追溯到 2009 年淘宝客的成立。淘宝客指帮助淘宝卖家推广产品并按成交额获取佣金的人。早期淘宝客的推广渠道包括 QQ、博客、个人网站、论坛发帖等，随着社交 App 的发展，又扩展到微信、抖音、小红书等多种平台。2011 年左右，产生了一批在 QQ 空间和微博做代购销售的群体，这都为社交电商的进一步发展打下了基础。

2. 第二阶段——微商模式

2013 年腾讯推出了微信支付功能，使得在微信平台能够完成闭环交易。微商在这一时期应运而生，职场白领、家庭主妇、在校学生、待业青年等各类群体纷纷加入微商大军，销售产品涵盖了食品、美妆护肤用品、服饰等众多热门领域，微信朋友圈和微信群成为微商的主战场。但很快微商模式也暴露出很多问题，如法律法规不健全、缺乏平台监管、质量参差不齐、假货等，使广大消费者对微商产生了信任危机。

3. 第三阶段——产业链模式

这一时期的主要特点是搭建产业链，修复微商模式带来的信任危机。具体为：小商家以社群加小程序商城等形式分销，帮助供货商将商品销售给用户（如图 6－32 所示）。这种模式的优点是供货商可以以较为低廉的价格迅速推广产品，并负责质量和售后保障；小商家可以选择口碑好、性价比高的产品充实商城货品。但其缺点是不利于品牌的打造。

4. 第四阶段——KOL 模式

KOL（Key Opinion Leader）即关键意见领袖。自媒体网红经济和直播电商的发展促进了各个领域 KOL 的出现，他们往往自带粉丝和社群。KOL 在自己的领域内选择供货商进行分销，并以自己的专业知识和信誉度为产品背书。如某美妆领域 KOL，通过美妆知识分享在抖音平台积累了近 2 900 万粉丝，她可以利用其庞大的自有流量进行商品推荐。

社交电商的发展阶段如图 6－33 所示。

图 6－32　社群加小程序商城分销

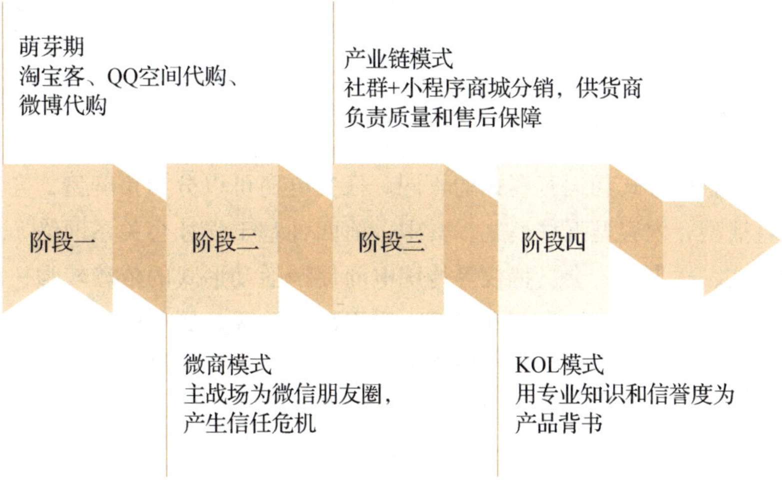

图 6－33　社交电商的发展阶段

（二）社交电商的发展趋势

1. 自由化

自由化具体指从业人员职业的自由化。社交电商本质是通过人与人之间的社交和影响力，互相传播、推荐商品。基于移动互联网的智能化社交平台在客服、配送、内容、IT 系统、培训等方面为社交电商从业者赋能，大大降低了社交电商从业者的门槛，使更多的自由从业者加入进来。

2. 价值链重构

未来，用户、社交电商从业者、社交电商平台与品牌商、供货商之间将会超越简单买卖的关系，互相信任，共同参与价值创造的业务活动环节。它们也将进一步基于各自资源、能力的不同，重新匹配业务活动，使得最具有资源能力的角色从事最合适的业务活动，形成新的合作机制和一体化关系。

3. 精准定制

基于大数据、云计算技术绘制消费者画像，进而根据需求洞察开展精准营销和精准定制，提升交易效率，降低交易成本。

4. 盈利多元化

社交电商平台的盈利来源将变得更加多元化，如：产品差价、会员费、广告费、第三方利益相关者收入、供货商的上架费等。

5. 金融结构重构

在生态系统视角下，审视资产结构、现金创造、现金管理、资金筹集、资产配置等重要的价值环节，进而重构社交电商生态系统的金融结构，实现整个生态系统的价值增值。

6. 线上和线下融合

随着语音图像识别、LBS（移动定位服务）、人工智能等技术的日趋成熟和大规模应用，社交电商也会由于消费体验、供应链效率、消费场景衍生等的变革而实现线上和线下的加速融合。

三、社交电商的模式

按照流量获取方式和运营模式的不同，社交电商可以分为拼购型、会员制、社区团购、直播型、内容型五种模式。其中，前四种基于强社会关系网络，对价格折扣、满减满赠、优惠券、会员特权等传统电商促销活动形式的依赖较强；内容型社交电商强调通过优质内容输出建立联系，吸引用户购买，属于弱社会关系网络。在当下自媒体时代，无论是何种社交电商模式，其主体既可以是平台、企业，也可以是个人用户。

（一）拼购型

拼购是指通过电商平台发起低价拼团和分享成团的方式下单交易。拼购门槛较低，2 人即可成团。拼团发起人通过微信、QQ 等社交平台分享和完成交易，以更低价格刺激用户分享的积极性。拼购型社交电商平台只需要花费一次引流成本，即可依靠用户自身社交圈裂变传播，获取双倍甚至多倍的成交订单。目前拼购已经成为很多电商企业日常的营销方式之一。

深度解码

拼多多社交电商运营模式

拼购型社交电商的主要特点是：目标用户为消费层级低的消费群体，以丰富的活动打造价格优势，以低门槛促销活动迎合用户心理，引导用户分享、拼团砍价，增强用户黏性，简化交易流程，达到销售裂变目的。拼购型社交电商的典型代表有京东拼购、苏宁拼购。其优点是可用低成本获得三、四线城市目标用户，用户基础庞大。其缺点是由于主打低价吸引流量，商品质量问题较多，容易导致平台在消费者心中被贴上“低价、低劣”的标签。

（二）会员制

会员制社交电商起源于代购及微商，在 2015 年微商陷入信任危机时，会员制社交电商承接了一部分微商流量，催生了一批店主。其具体内容为在社交的基础上，以 S2B2C 模式链接供货商与消费者，实现商品流通。分销平台（S）上游链接供货商，为 B 端店主提供供应链、物流、IT 系统、培训、售后等系列服务，再由 B 端店主负责为 C 端消费者提供商品销售及用户维护。用户通过缴纳会员费、完成任务的方式成为会员，入会后可以享受拉新奖励、购物返利等红利，如图 6 - 34 所示。会员制电商吸收了微商多级分销的体系，凭借强大的分销和带货能力进入爆发期。会员制社交电商的典型代表有云集、贝店、环球捕手、爱库存等。

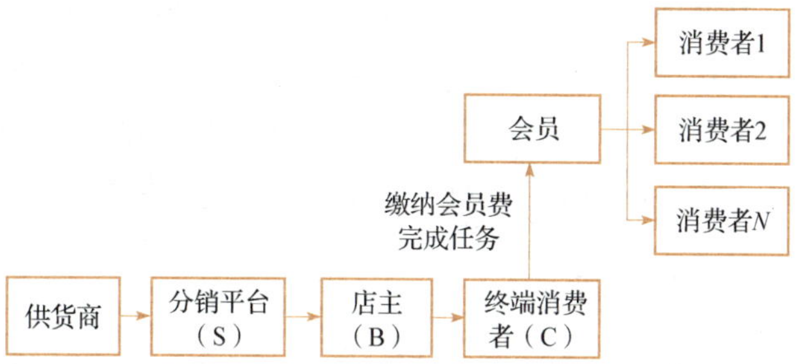

图 6 - 34 会员制社交电商模式

（三）社区团购

社区团购模式即平台提供产品、物流仓储和售后支持，团长（通常是宝妈或社区便利店店主）负责社群运营、商品推广、订单搜集和最终的货品分发。社区居民加入社群后，通过微信小程序、社区团购平台等工具下订单，社区团购平台将商品统一配送至团长处，消费者上门自取或由团长进行最后一公里的配送。社区团购模式最早兴起于生鲜品类和家庭消费品，2018 年进入爆发式增长期，并在次年达到白热化竞争态势。目前市场上的社区团购平台主要包括：美团优选、淘菜菜、每日优鲜、盒马优选等。

社区团购的核心是供应链管理。它的优点是团长负责商品推广销售，及最后一公里的配送，通过预售模式，实现规模经济，这些都大大降低了社交电商平台的运营成本。它的缺点是“预售＋爆款”的模式下，难以较好地满足用户个性化需求；此外，用户和团长的转移成本较低，很难形成用户忠诚度。

（四）直播型

2016 年是直播电商元年，此后短短几年内抖音、快手、淘宝、京东、唯品会、小红书等平台纷纷加入直播行业，呈现出“全民直播”的态势。直播型模式通过主播在直播时推荐产品完成销售，具有真实性、场景化、即时互动等特点。主播在直播中扮演了KOL的角色，他们通过粉丝运营、IP打造和优质内容提升转化率。如某抖音直播间为每个主播打造了独特的IP人设，通过知识分享吸引了一大批忠诚度较高的消费者，加上严格的源头品控，带货口碑和转化率较高。

（五）内容型

内容型社交电商以目标消费者为核心，以优质内容创作为基础，通过社会化媒体传播促进转化。内容型社交电商一般将具有相同兴趣爱好的群体聚集为一个社群，通过自己或他人持续不断输出高质量内容吸引海量用户访问，提高粉丝数量，增强粉丝黏性。如美柚App定位为关注女性备孕、怀孕、育儿的女性健康管理应用，通过专业知识+用户互动交流圈，聚集了大量忠诚度高的消费者。

内容型社交电商的典型特征包括两点：一是营销具有针对性。用户标签明显，有共同的兴趣爱好或需求点，可以进行有针对性的营销，针对共同的痛点和生活场景输出内容，容易激发用户自主传播，转化和复购的能力也较强。二是运营门槛高。显著区别于其他几种社交电商类型，内容型社交电商对内容的运营要求很高，需要有持续的高水平内容输出能力，搭建专业的内容团队，做好个人定位、经营策略谋划、营销推广。典型平台如知乎、小红书、美柚、喜马拉雅等。

视界瞭望台

新业态催生新动能：云南社交电商爆发式增长

四、社交电商运营策略

社交电商作为传统电商的新形式，也遵循引流、转化、留存的运营逻辑。但由于其以私域流量为基础，以人际网络中的信任机制为核心，因此在具体运营策略上，社交电商也有区别于传统电商的做法。社交电商运营策略具体包括产品运营、用户运营、内容运营、社群运营、活动运营五大模块，并且这五大模块交叉贯穿了引流、转化、留存全流程。

（一）产品运营

在产品运营中，选品和做好产品定位是社交电商运营的基础，也是引流环节的重要影响因素。

1. 选品

选品时应遵循以下基本原则：

第一，选择具有需求热度，但市场并未饱和的产品。

第二，选品应具有独特的卖点，并解决用户关注的痛点问题。

第三，优选附加值高的产品，如产品＋服务＋体验等模式。例如关注婴幼儿智力开发的产品，可以选择图书、益智玩具等实物产品搭配线下课程的方式。

第四，产品结构合理。流量款、利润款、爆款等设置合理。

2. 产品定位

确定某产品在消费者或用户心目中的形象和地位，即通过塑造产品或企业的鲜明个性或特色，树立产品在市场上的形象，从而使市场上的目标用户了解和认识本企业的产品，这就是产品定位。简而言之，产品定位就是消费者对某款产品的一个客观评价和提起这款产品时脑海中勾勒出的一幅图画。产品定位可以从以下三个方面着手：

第一，做什么（What）：对产品做一个综合性描述，概括产品能为用户提供什么价值。

第二，做给谁（Who）：描述产品和服务的对象。

第三，怎么做（How）：描述产品的发展目标和规划。

3. 产品结构

在转化与留存阶段，应持续优化流量款、利润款和爆款产品，调整产品结构。

（1）流量款产品。流量款产品一般选择用户需求量大、复购率高、消耗快的刚需产品，通过制定较低的价格引流，引导转化并沉淀用户。如某定位高品质产品的直播间的一款全麦吐司早餐面包，19.9 元一箱包邮，销量接近 12 万单。流量款产品占比建议在 5%～10%。

（2）利润款产品。利润款产品是店铺利润的主要来源，建议占比在 20%～40%。利润率高低可根据所选类目、营销活动进行调整。企业应根据阶段性运营数据筛选适合营销场景和营销目的的利润款产品。利润款产品也需要预留一定的打折空间。

（3）爆款产品。爆款产品指有高流量、高曝光率、高成交率的产品。此类商品可以促活粉丝，增强粉丝黏性，提高成交额和复购率。如某直播间爆款产品原味烤肠，销量 82.4 万，超过 9 万人回购。爆款产品占比建议在 15%～30%。

（二）用户运营

明确选品和产品定位后，下一步是确定用户画像，在引流阶段根据用户画像进行拉新；在转化阶段对用户进行分类管理，制定用户进阶通道，促进粉丝裂变；在留存阶段注重对沉默和流失用户进行召回。

1. 用户画像

通过百度指数、巨量算数、各大电商平台数据助手等数据采集工具，采集用户年龄、地区、性别、职业、兴趣、消费层级等信息，构建用户标签，描述目标用户特征。如某服装品牌用户标签为：30～40 岁/女性/一、二线城市/白领、公务员、教师/健身、旅游/客单价 800 元以上。

2. 引流阶段

在运营初期，通过社交媒体广告、促销活动、产品体验、权威人士推荐、用户口碑推荐、地推等形式，获取新用户流量，并积极做好新用户的维护。

3. 转化阶段

进行精细化运营，定义用户标签，制定用户进阶通道。通过成交笔数、成交金额、积分等条件划分用户等级。

（1）活跃用户。对于用户运营而言，培养用户使用产品的习惯，使其成为活跃用户至关重要。为活跃用户提供特权、加倍福利等，都能有效增强粉丝黏性。比如，美妆类 App 可为活跃用户提供“新品免费试用”等特权，有效提高粉丝的活跃度。

（2）付费用户。付费用户已经产生过购买行为，那么如何让用户持续付费呢？这就需要运营人员通过付费用户的付费频次、客单价、消费总额等综合判定，从而制定相应的营销策略。

（3）种子用户。这类用户具备高度信任、高度参与、高频互动等特性。种子用户会主动影响身边的朋友，积极参加并宣传商家组织的活动，利用自身的影响力吸引更多的目标用户，并积极反馈产品或服务的问题，为产品的快速更新及服务的完善提供不可替代的意见和支持。如小米手机的“米粉”就是典型的种子用户。

4. 留存阶段

定期通过互动、促销活动、特权福利等方式，提高活跃用户、付费用户和种子用户留存率。对于沉默或流失用户，可通过互动、专享优惠等方式召回。召回渠道可以是公众号、短信、电话、平台私信等方式。

（三）内容运营

内容是社交电商的“催化剂”，是分享传播的重要因素。内容运营包括内容的制作与发布。

1. 内容制作

以用户需求为导向，创作好的内容作品，应遵循以下原则：

第一，清晰简明。简单直接地讲述用户能够理解、记忆、掌握的内容。

第二，高质量。制作精良、言之有物，有一定的趣味性，易传播。

第三，真情实感。有感情、有故事，易于产生共鸣。

第四，聚焦、垂直。与特定的群体有相关性或对他们有特殊价值，代表一类人的特征或共同关注的问题。

第五，形式多样。内容可以以视频、音频、图片、文字等多种方式呈现。

第六，积极向上。积极向上的内容可以更好地凝聚社群，让社群成员有更好的参与感。

2. 内容发布

根据产品定位和用户画像，选择适合的内容发布平台，如快手主要面向三、四线及以下城市的低消费群体；今日头条主要面向 30 岁以上群体，学生用户群体少。在发布时间上，选择用户活跃度较高的时段，如 12～13 点、20～23 点等。内容发布后，通过社交平台进行广泛传播，产生裂变效应。

（四）社群运营

社群是社交电商打造私域流量池的重要场所，常见的社群形式有微信群、QQ

群、抖音粉丝群、微博粉丝群等。社群运营包括：明确建群目的、打造社群规则、社群管理与变现。

1. 明确建群目的

常见的建群目的有销售产品、提供服务、聚集兴趣、打造品牌等。

2. 打造社群规则

社群规则包括入群规则、交流规则、奖惩规则。

（1）入群规则。介绍本群的性质和作用，明确入群条件，初步筛选粉丝。如某抖音直播间粉丝群的入群条件包括：群主的 1 级以上直播粉丝团成员、关注群主超过 7 天、店铺会员、群主店铺的已购用户。

小提示

入群条件不可太低，否则达不到筛选粉丝的目的，也不可太高，否则会阻碍社群发展。

（2）交流规则。群成员的交流必须遵守平台规定，遵守互联网公约，管理员和社群成员之间相互监督，共同营造健康的社群环境。除此之外，社群还可以制定自己的交流规则，如：

第一，未经管理员许可，所有成员不得发布任何广告。

第二，文明沟通，在其他成员观点没有表达完之前，不要插话刷屏，或故意打断对方。

第三，允许质疑观点，但需要有充分的论述。

第四，可以有观点的争论，但不允许对其他成员发起言语攻击。

（3）奖惩规则。对于活跃度高、发布优质内容的成员，可以通过会员等级提升、积分奖励、特权奖励等方式进行激励；对于违反群规则的成员，可视情况剔除出社群。

3. 社群管理与变现

这是社群运营中促进用户转化与留存的关键。具体包括日常管理、促活管理、裂变管理。

（1）日常管理。包括邀请新成员、关注自动回复、群昵称管理、消息管理、内容互动、游戏互动等。

（2）促活管理。促进分享和转化，包括发起内容分享活动、社群打卡、福利分发、红包激励、组织线下聚会等。

（3）裂变管理。通过利益驱动（如新人邀请红包）或价值驱动（如干货分享）不断壮大社群，当社群达到一定规模，社群用户需求持续增多时，需要进行社群裂变，将用户按类型重新划分社群，或组建新的社群。

（五）活动运营

活动运营在用户引流、转化和留存全过程中都发挥着重要作用，包括活动策划和活动实施两个阶段。

1. 活动策划

（1）明确活动目的。围绕引流、转化、留存三个方面确定活动目的，目的不同，活动内容有所不同。

（2）策划活动内容。主要有拼团、秒杀、优惠券、定期优惠、折扣、分销、预售、支付有礼、知识付费等方式。此外，还应明确活动主题、活动时间和地点、活动对象和流程。

（3）设计传播文案。文案包括图文、视频、音频等多种形式，优质的活动传播文案不仅能较好地传递活动信息，促进转化，还能达到迅速裂变的效果。如何设计优质活动传播文案，可以参考内容运营部分。

2. 活动实施

活动实施过程包括前期预热、中期调控、后期复盘三个环节。

（1）前期预热。在活动开始前24～72小时内，通过社群、微信朋友圈、抖音、微博等多种渠道，进行宣传预热，烘托活动氛围，吸引粉丝关注。

（2）中期调控。在活动进行过程中，团队成员各司其职，按照策划方案流程执行，做好咨询、互动、下单、发货、售后等工作，确保活动转化率。对于突发紧急情况，团队领导人要快速应对处理，同时团队应形成有效的应急管理机制。

（3）后期复盘。复盘是对活动的一个全面回顾、分析和总结，以发现在整个活动过程中存在的不足，进行经验沉淀，为下一个阶段工作的顺利推进做支撑。在复盘时，数据分析是较为重要的一环，可以通过平台管理后台或专业数据分析工具获取活动运营数据，如展现量、点击量、分享量、互动量、活动转化率、客单价、新增粉丝数、粉丝活跃度、用户评价等。

素养提升站

伊利“马背局长”贺娇龙，鲜衣怒马只为家乡振兴

2020年12月，一位女子身披红色斗篷，在雪地中飒爽策马的短视频迅速走红网络。该短视频在抖音平台累计获得5.2亿次点击量，近900万转发量。视频的主人公是时任新疆伊犁昭苏县人民政府副县长的贺娇龙。

借助抖音平台的社交传播，贺娇龙账号粉丝数量半年内增长过百万，至2022年9月，其粉丝数量达到了466万，她成了伊犁行走的名片，很多人通过她知道了昭苏，了解了伊犁。走红后，贺娇龙开始布局：如何用好直播平台把昭苏县推向全国，让优质农产品、旅游资源发挥“磁铁”效应，带动昭苏经济发展，为乡村振兴助力。贺娇龙申请了“贺局长说昭苏”（后改名为“贺局长说伊犁”）直播间，每天休息时

间直播3～6小时。通过贺娇龙的直播，胜德水晶粉、昭露黑菜籽油、天弓奶酪、昭信蜂蜜等农副产品被越来越多的人知晓，销量翻倍增长，并带动了当地马铃薯、油菜等产业发展。下班后，她经常通过自媒体宣传昭苏县和伊犁市的旅游资源和产品，久而久之，她成了网民心目中的“伊犁旅游形象大使”。2021年，贺娇龙及其团队和助农企业帮助贫困企业直播带货突破1.4亿元，带动直接就业人数2 000多人，万余名老百姓实现了增收。

贺娇龙说：“父母一辈建设新疆，我们振兴新疆，我觉得这样的传承很有意义。”

贺娇龙的事迹影响并感染了很多人。直播间外，越来越多的人加入了乡村振兴中。

视界瞭望台

公益助农女主播：贺娇龙

素养提升小锦囊

广大青年一定要矢志艰苦奋斗。人类的美好理想，都不可能唾手可得，都离不开筚路蓝缕、胼手胝足的艰苦奋斗。我们的国家，我们的民族，从积贫积弱一步一步走到今天的发展繁荣，靠的就是一代又一代人的顽强拼搏，靠的就是中华民族自强不息的奋斗精神。当前，我们既面临着重要发展机遇，也面临着前所未有的困难和挑战。梦在前方，路在脚下。自胜者强，自强者胜。实现我们的发展目标，需要广大青年锲而不舍、驰而不息的奋斗。

行动指南针

如何使用淘宝客社交电商推广获取收益？

（1）在电脑上打开淘宝联盟平台（https://pub.alimama.com)（如图6－35所示），或在手机商城下载淘宝联盟App，使用淘宝账号授权登录，按照要求将信息补充完整。

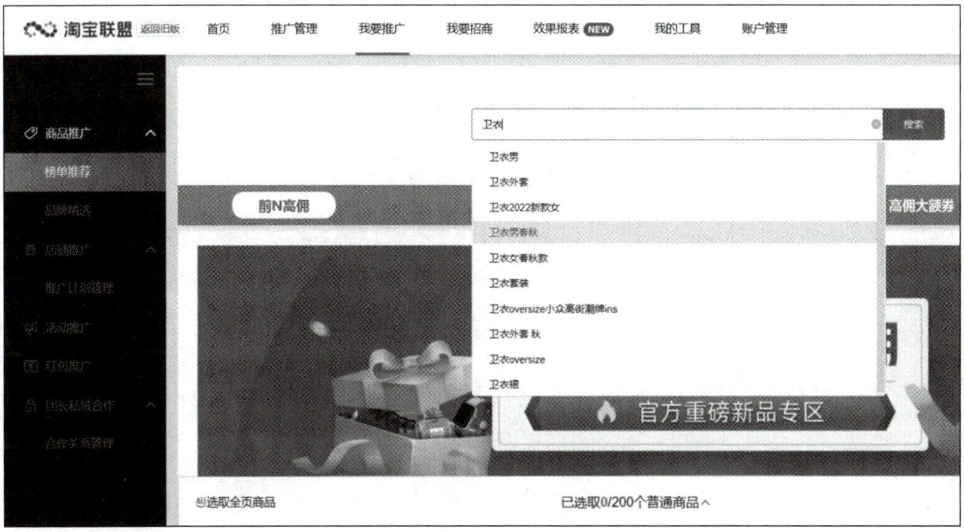

图6－35　淘宝联盟平台

（2）点击首页—联盟课堂，学习淘宝客推广课程。

（3）搜索感兴趣的商品，查看其产品介绍和推广佣金规则，选择至少一款产品，分享给微信好友或分享到微信朋友圈。

（4）后续如果自己或其他用户通过分享链接下单，返回淘宝联盟账号查看订单和佣金收益。

实践心体会

在注册成为淘宝客，并通过社交网络分享推广产品的过程中，你认为应怎样提高推广转化率，获取更高的收益？

____

____

____

学习任务三　直播（短视频）电商运营

学习任务单 6-3

学习情境	小米假期回家，发现父亲果园里的苹果成熟了，父亲正为苹果的销路发愁，小米想到了近年来比较火的电商直播带货，想利用直播平台进行苹果销售，可是做直播带货需要哪些知识和技能呢？对此小米感到很困惑，你能告诉小米吗？
环境需求	1. 互联网接入。 2. 计算机（每人一台）；手机；相机（每组一台）。 3. 全班分成若干小组，每组 5～8 人。 4. 身份证。 5. 学习任务考核单（可在教学资源包中下载电子版）。
任务描述	任务 1： 调查同学中有电商直播间购物经历的比例，并请同学们谈谈购物经历和对电商直播平台的初步了解。 任务 2： 观看一场完整的抖音平台主播带货，查看主播带货开通的是橱窗还是小店，结合自身的学习，说说抖音小店开通步骤、选品结构及利用哪些方法进行直播间引流，并填写学习任务考核单。 任务 3： 以小组为单位登录抖音账号，按照直播带货流程开通直播，进行一场直播练习。 以上任务建议 2～3 学时完成
素养提升	学习“素养提升站”内容，了解直播带货行业规范，促进行业良性发展。
任务间歇	播放励志 MV（教学资源包提供）。
课堂讨论	抖音直播与淘宝直播有什么差别？
小调查	你有朋友或亲属做直播吗？ 直播平台：________________________________
任务拓展	尝试在直播平台开一场直播。

学习任务考核单 6-3

组名：　　　　　　　　　　　　　　　　　　　　　　　　　　　　　编号：6-3

直播平台：				
直播形式：				
序号	**任务**	**分值**	**总结与归纳**	**成绩**
1	抖音小店开通步骤。	30分		
2	抖音直播选品结构。	30分		
3	抖音直播引流方式。	40分		
合　计				

理论充电站

随着互联网的飞速发展，网络直播行业呈现出井喷式的发展态势。在直播电商模式下，目前主流的直播平台分为两大阵营：电商类平台和泛娱乐平台。电商类平台除了最早的淘宝直播以外，还有京东、拼多多等；泛娱乐平台主要有抖音和快手。近年来抖音以其自带流量的优势快速发展，下面以抖音直播为例展开讲解。

一、抖音直播平台简介

抖音是由今日头条孵化的一款音乐创意短视频社交软件。2020年，抖音开始大力布局直播带货，并成功签约一些知名人士的直播首秀，同时也成立了电商部门，专门推动直播电商发展，在直播电商方面与淘宝网和快手展开了激烈的竞争。

抖音直播平台有以下特点。

（一）用户群体量大

抖音平台用户群体量大，截至2023年1月，日活跃用户量已突破10亿，而且用户活跃度高、使用频率高，用户对抖音平台的黏性也不断增强。

（二）短、平、快

抖音短视频的时长一般比较短，创作周期短，制作门槛低，仅需一部智能手机，每个人都可以参与创作。用户只需手指轻轻划动屏幕就可以快速浏览视频。

（三）通过算法精准推送

抖音直播流量推荐方式是重算法轻粉丝的逻辑，平台会依据用户偏好和浏览习惯将内容和用户通过算法进行精准匹配。

（四）注重内容

抖音对原创的、优质的、垂直定位的视频内容给予一定的政策扶持。这些短视频内容更容易受到用户的欢迎，也会受到平台的大力推荐。

二、开通抖音直播

（一）开通抖音直播权限

抖音直播有两种形式，即抖音内容直播和抖音直播带货。抖音内容直播的开通很简单，只要完成实名认证就可以直播，主播可以在直播间唱歌、跳舞、品尝美食等。主播要想在抖音直播带货，不仅需要开通直播功能，还要开通直播带货权限。另外，抖音直播带货还需要开通商品橱窗功能。

（二）开通商品橱窗

抖音商品橱窗是商品分享功能开通后拥有的功能，是达人带货功能。它会在抖音个人主页上显示，同时也可以上传商品到商品橱窗，用户点击商品橱窗后就能看到或购买上传的全部商品。有了商品橱窗还会同时获得小黄车权限，在直播间或短视频里可以把商品橱窗的商品添加进小黄车，这样用户刷到短视频和直播间的时候就能看到或购买小黄车里面的商品。开通商品橱窗要求账号粉丝量超过 1 000 人，个人主页的视频数（公开且审核通过）不得少于 10 条，还需要交 500 元保证金。其间只要没出现违规操作，就可以在不想做的时候申请全部提现。如果出现违规行为会对保证金进行冻结、划扣，严重的会永久关闭商品分享功能且将保证金全部扣除。

深度解码

达人带货权限

小提示

小黄车是用于在直播、视频里添加商品带货的，橱窗是添加商品到橱窗页面，在抖音主页展示带货。开通了橱窗功能，才可以直接挂商品到小黄车。

（三）开通抖音小店

抖音小店是抖音电商为商家提供的带货工具，是提供线上电商店铺解决方案，帮助商家拓宽内容变现渠道，提升流量价值的一站式商家生意经营平台。用户可以在抖音、抖音火山版内进行内容获取，下单用户可以直接转化为品牌方账号粉丝，形成完整的流量转化。

抖音小店入驻流程如图 6－36 所示。

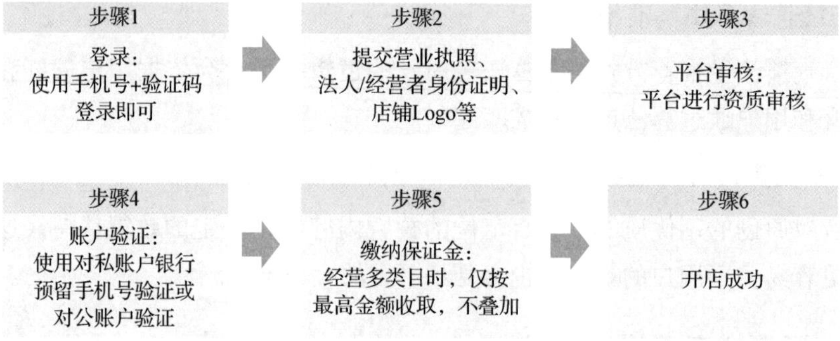

图 6－36　抖音小店入驻流程

小提示

区分抖音小店和橱窗

1. 属性不同

抖音小店是店铺，与淘宝店铺性质相同。

抖音橱窗是抖音的电商功能。开通抖音橱窗之后，你可以在视频、直播间添加商品，商品会以小黄车（购物车）的形式显示在直播间或视频里。而且不管是直播间的商品还是视频带货的商品，都需要先添加至商品橱窗，才能添加至视频和直播间里面。抖音小店的商品，在抖音 App 端同样也是显示在商品橱窗里面的。

2. 商品来源和添加商品方式不同

抖音小店相当于是售卖自己的产品，需要自己有货源，自己备货、发货，就像开淘宝店一样。开通抖音小店店铺后，商家可以在 PC 端商家管理后台进行商品创建和管理、订单查询、发货、售后、结算等基础操作。在绑定了小店和抖音号后，抖音端添加商品的页面会出现小店商品列表，支持添加到抖音商品橱窗、视频和直播里。小店卖货的账款可以在 PC 端商家管理后台查看和管理。在符合平台要求的情况下，抖音小店也可申请加入精选联盟（商品和达人的 CPS 平台，商家可以为商品设置佣金，由达人选品推广）。

深度解码

精选联盟

商品橱窗功能开通之后，可以添加淘宝、京东、考拉、唯品会等不同来源的商品，也可以直接在精选联盟里面添加商品，通过帮其他店铺推广商品赚取佣金。无须自己有货源，也不需要自己备货、发货。

也就是说，如果你没有京东、淘宝、考拉、唯品会这些平台的店铺，但是又想卖自己的产品，那就需要开通抖音小店。如果你没有产品、没有货源，但是也想带货，开通商品橱窗就够了。

3. 收益不同，提现方式也不同

抖音小店卖的是自己的产品，所得收益除了平台会扣除一定比例的技术服务费，其他的全部归自己所有，资金结算也是在PC端商家管理后台查看和管理。

商品橱窗相当于第三方的推广身份，帮别人或自己的淘宝店铺、京东店铺、考拉店铺、唯品会推广产品，赚取的是商品佣金。佣金比例由商家自己设置。

如果推广的是淘宝、天猫的商品，佣金需要在淘宝联盟后台提现。如果推广的是精选联盟的商品，则在抖音精选联盟后台提现。

三、抖音直播选品

直播运营人员在选品时要懂得遵循一些基本原则，采用有效的方法，并做好商品结构的规划。直播间的选品不仅会影响直播间的销售业绩，还会影响直播间抵御风险的能力。

（一）选品的基本原则

抖音直播选品的基本原则有五点，即及时满足需求、匹配度高、性价比高、好演示、使用体验好。

1. 及时满足需求

主播选择的商品要满足当前的活动需求。在活动日目标用户集中、购买力强、影响力最大时，把商品准备充足，保证商品符合活动主题。同时，主播要及时关注粉丝的需求，据此来选择商品品类，满足粉丝需求。

2. 匹配度高

选品要与主播人设、账号定位相关联，这样，一方面主播对商品的熟悉度较高，另一方面也符合粉丝对账号的预期，有助于提高商品的转化率。

3. 性价比高

高性价比、低客单价的商品对用户的吸引力大，会在直播带货中占优势。很多主播会给粉丝“最低价”而且承诺“无条件退换”，一方面保证了粉丝的权益，另一方面也让粉丝对主播产生了信任，提高了回头率。

4. 好演示

好演示指可视化程度很高。因为直播是视听语言，所以商品要符合视听呈现的特点和规律。例如美食、穿搭、美妆等都是好演示的商品类目。相对地，一些商品需要用户亲自体验，不能通过演示展现其优势和功效，这样的商品理论上就不适合在直播间这样即时互动的销售场景进行营销。

5. 使用体验好

主播及其团队可以对产品进行试用，判断产品的使用体验，选择体验好的产品，这样在营销呈现、售后服务、产品复购、产品口碑，以及粉丝积累上都是积极持续的发展趋势。

（二）选品的有效方法

具体来说，抖音直播选品的方法有以下几种。

（1）利用第三方数据平台，比如蝉妈妈数据，查看直播商品榜选择类目，找到排名靠前的商品，这些商品推广力度较大，曝光率也较高，可纳入选品清单。

（2）选择自己关注的达人橱窗中销量高的商品。

（3）选择在视频信息流中刷到的爆品。

（4）选择商家或厂家推荐的新品，长期合作的商家或厂家一般都会定期推出一些新品，这时候可以让他们推荐，看是否适合自己直播间去带货，如果合适，也可以纳入选品清单中。

（5）重点关注公屏区粉丝高频提问的一些产品，例如图 6－37 中所示的“坚果”可以纳入选品清单中。

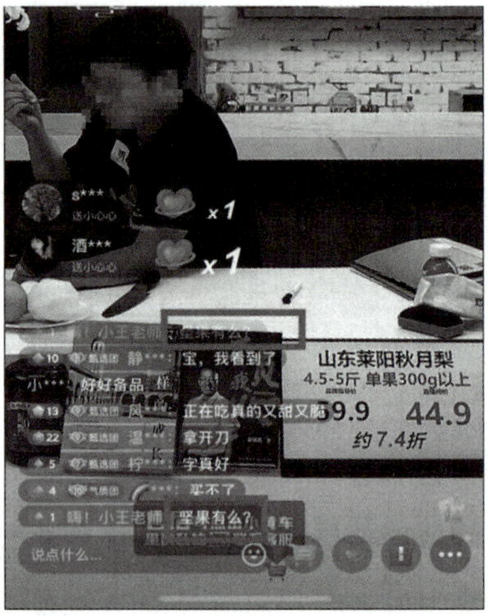

图 6－37　直播间高频需求品

（三）选品的结构规划

直播间商品结构会影响直播带货的商品购买转化率。通常来说，一个直播间内的商品有以下四种类型。

1. 引流款

引流款指的是给直播间带来流量的商品，有热度的商品、低价的商品、品牌商品都可以作为引流款。引流款一般放在直播间开始阶段，如 9.9 元包邮商品等。

2. 跑量款

这些商品以提高销量为主要目的，为了增强竞争力，通常会设一个较低的价格，实现薄利多销。一个直播间可以设置多款跑量款，有节奏地穿插着分批推出。跑量款一定要保证货源充足。

3. 利润款

利润款指的是利润高的商品，主播必须推出利润高的商品，而且利润高的商品要在所有商品中占有很高的比例。如一些高客单价的商品，是能够给直播间带来高利润的商品。

4. 形象款

形象款可以提升直播间的形象。它的意义在于引导用户驻足观看，但又让用户觉得价格和价值略高于预期，所以形象款要选择一些高品质、高格调、大品牌的商品。

小提示

抖音直播间禁止分享的商品品类：（1）仿真枪、军警用品、危险武器类。（2）易燃易爆品、有毒化学品、毒品类。（3）反动等破坏性信息类。（4）色情低俗、催情用品类。(5) 涉及人身安全、隐私类。(6) 药品、医用器械、保健品类。(7) 非法服务、票证类。(8) 动植物、动植物器官及动物捕杀工具类。(9) 涉及盗取等非法所得及非法用途软件、工具或设备类。(10) 未经允许、违反国家行政法规或不适合交易的商品。(11) 虚拟类。(12) 舆情重点监控类。(13) 不符合平台风格的商品。

四、抖音直播引流

(一) 发布直播短视频引流

主播一般在开播前 3 小时发布短视频为直播预热，在开播时就会有更多的用户进入直播间，抖音流量巨大，具有引爆传播的潜在属性；抖音也可以为品牌提供碎片化、更视觉化的品牌内容输出。短视频引流一般有 5 种方式。

1. 短视频常规内容＋直播预热

“短视频常规内容＋直播预热”方式是指在短视频的前半段输出与平时风格相同的垂直内容，吸引固定的粉丝观看，然后在后半段进行直播预热。主播不要直接在一开始就告诉粉丝自己要直播，而要像往常一样输出垂直领域的内容，只是在快要结束的时候才宣布直播的主题和时间。

2. 纯直播预告

图 6-38　某抖音账号主播直播预告

纯直播预告是指主播采用真人出镜的方式，通知用户具体的开播时间。这种形式可以给人更真实、更贴近粉丝的感觉。例如，某抖音账号的主播会在平时的短视频中向粉丝介绍各种服装的穿搭技巧，在直播预告中一般也会以真人出镜的形式口播直播的时间和主题，如图 6-38 所示。由于该账号的粉丝黏性较强，因此粉丝在看到直播预告后进入直播间观看直播的可能性较大。

3. 视频植入直播预告

对于没有关注主播的用户来说，如果主播的话在直播预热视频中没有强大的诱惑力，他们是很难进入直播间的，所以主播可以在视频中添加利益点。例如，主播在直播间抽奖，奖品有新款手机等，这样可以激发用户的兴趣，使其定时进入直播间。

4. 添加卖点

主播可以在日常发布视频时植入直播预

告，并在预告中添加卖点，让用户在不知不觉中对直播时间、直播主题及卖点产生印象。

5. 发布直播片段视频

很多影视剧在正式播出之前会放出很多花絮片段，目的是让用户对成片感兴趣。开直播之前发布直播片段也是如此。如果上一场直播中发生过一些有趣的事情，主播可以截取出来发短视频，为即将开始的下一场直播引流造势。

（二）平台内付费推广

主播还可以在抖音平台直播时通过付费对直播间进行推广。

（1）投放 DOU+：DOU+是抖音平台推出的促进更高效传播的内容加热工具，可将直播间推荐给更多兴趣用户，以提升直播间的播放量和互动量，达到精准触达的目的。DOU+投放门槛很低，抖音的新注册用户 50 元起投，老用户 100 元起投。

（2）投放 FEED 流：FEED 流广告可以在抖音推荐页将需要推广的直播间呈现给目标用户，是专门为带货直播间引入精准流量的直播间付费推广模式。FEED 流采用的是广告竞价投放模式，投资回报率是最核心的考核指标，直播间环境和主播能力是最重要的条件。除了要具备能稳定进行转化的重要条件之外，投放 FEED 流还要有充足的预算和最起码的信息流相关产品的操盘能力。

小提示

DOU+与 FEED 流的区别，如表 6-8 所示。

表 6-8　DOU+与 FEED 流的区别

区别点	DOU+	FEED 流
投放条件	针对个人用户（已成年）	针对企业用户
投放端口	手机端进行投放	PC 端进行投放
投放时长的可选项	DOU+加热直播间预先设置好之后中途不可暂停和终止	FEED 流在直播开始后，也可以随时暂停投放计划
投放金额	新用户 50 元起投，老用户 100 元起投	需要在巨量引擎后台开户，开户金额最低 2 万元起。300 元起投
给谁投	可给自己或他人直播间投放	只能给自己直播间投放

五、直播数据分析

直播后，运营人员要想知道本场直播的效果好坏以及是否达到预定目标，就需要对本场直播进行效果数据分析。直播效果可以利用内容吸引力数据、用户活跃度数据、转化效果数据这三种数据进行分析。

（1）内容吸引力代表直播内容吸引消费者注意力，影响消费者情绪的能力。内容吸引力具体指标如下：

1）观看人数：单场直播累计观看人数。

2）观看次数：单场直播累计观看次数。

3）人均观看时长：单场直播中总停留时长/直播中观看人数。

内容吸引力不高会出现在线人数少、观看次数少、在线时长低、在线人数不稳定等情况，可以固定开播时间养成老用户观看习惯；强化直播间预告，提高新用户转化为老用户的概率；组建粉丝群，引导老用户快速进入直播间；把控好直播节奏，稳定在线人数。

小提示

个人浏览多次，观看人数按一人计算；观看次数一般是观看人数的 2 到 3 倍。

（2）用户活跃度代表用户在直播间与直播间或主播的互动情况。用户活跃度具体指标如下：

1）点击数：单场直播中用户对直播间进行点赞的次数。

2）关注数：单场直播间累计新增的粉丝数。

3）评论数：单场直播中用户对直播间进行评论的次数。

用户活跃度低会出现两种情况：第一，新关注用户少。主播可通过引导、关注有礼等互动方式让用户成为粉丝，同时注意直播内容的丰富性。第二，点赞、评论、分享等互动量低。可以加强主播互动引导能力的培训，设计多样化的互动形式，让运营人员下场参与互动等。

（3）转化效果反映直播间与产品相关的转化情况。转化效果具体指标如下：

1）商品浏览量：单场直播时间内直播间商品详情页被访问的次数。

2）销售额：单场直播所有商品的销售总额。

3）客件数：直播间购买用户人均成交数。

4）订单量：直播间用户的下单数量。

如果直播间转化效果不好，可以查看直播间的在线人数等直播内容吸引力数据或互动量等用户活跃度数据。若吸引力数据与活跃度数据有问题，参考前面的解决方案。若吸引力数据与活跃度数据没问题，再排查是销售额的问题还是退货率的问题。

素养提升站

《网络直播营销行为规范》让“直播带货”有规可循

直播电商进入“全民直播”时代，在全国遍地开花，关于直播带货的相关规则也不断出台。2020年6月24日，中国广告协会正式发布了《网络直播营销行为规范》，并于2020年7月1日开始实施，重点规范电商直播中刷单、虚假宣传等直播乱象。《网络直播营销行为规范》共有6章，包括总则、商家、主播、网络直播营销平台、其他参与者、鼓励与监督，共44条。关于商家和主播的部分条款如下：

商家：

第12条　商家是在网络直播营销中销售商品或者提供服务的商业主体。商家应具有与所提供商品或者服务相应的资质、许可，并亮证亮照经营。

第13条　商家入驻网络直播营销平台时，应提供真实有效的主体身份、联系方式、相关行政许可等信息，信息若有变动，应及时更新并告知平台进行审核。

第16条　商家应当按照网络直播营销平台规则要求提供真实、合法、有效的商标注册证明、品牌特许经营证明、品牌销售授权证明等文件。

第17条　商家发布的产品、服务信息，应当真实、科学、准确，不得进行虚假宣传，欺骗、误导消费者。涉及产品、服务标准的，应当与相关国家标准、行业团体标准相一致，保障消费者的知情权。

商家营销商品和服务的信息属于商业广告的，应当符合《中华人民共和国广告法》的各项规定。

第18条　商家应当依法保障消费者合法权益，积极履行自身作出的承诺，依法提供退换货保障等售后服务。

商家与主播之间约定的责任分担内容和方式等，应当遵守法律、法规规定，遵循平台规则。

主播：

第20条　主播应当了解与网络直播营销相关的基本知识，掌握一定的专业技能，树立法律意识。

主播入驻网络直播营销平台，应提供真实有效的个人身份、联系方式等信息，信息若有变动，应及时更新并告知。

主播不得违反法律、法规和国家有关规定，将其注册账号转让或出借给他人使用。

第21条　主播入驻网络直播营销平台应当进行实名认证，前端呈现可以采用符合法律法规要求的昵称或者其他名称。

主播设定直播账户名称、使用的主播头像与直播间封面图应符合法律和国家有关规定，不得含有违法及不良有害信息。

第22条　主播的直播间及直播场所应当符合法律、法规和网络直播营销平台规则的要求，不得在下列场所进行直播：

（1）涉及国家及公共安全的场所；

（2）影响社会正常生产、生活秩序的场所；

（3）影响他人正常生活的场所。

直播间的设置、展示属于商业广告的，应当符合《中华人民共和国广告法》规定。

第 23 条　主播在直播营销中应坚持社会主义核心价值观，遵守社会公德，不得含有以下言行：

（1）带动用户低俗氛围，引导场内低俗互动；

（2）带有性暗示、性挑逗、低俗趣味的；

（3）攻击、诋毁、侮辱、谩骂、骚扰他人的；

（4）在直播活动中吸烟或者变相宣传烟草制品（含电子烟）的；

（5）内容荒诞惊悚，以及易导致他人模仿的危险动作；

（6）其他违反社会主义核心价值观和社会公德的行为。

第 24 条　主播发布的商品、服务内容与商品、服务链接应当保持一致，且实时有效。法律、法规规定需要明示的直接关系消费者生命安全的重要消费信息，应当对用户进行必要、清晰的消费提示。

第 25 条　主播在直播活动中，应当保证信息真实、合法，不得对商品和服务进行虚假宣传，欺骗、误导消费者。

第 26 条　主播在直播活动中做出的承诺，应当遵守法律法规，遵循平台规则，符合其与商家的约定，保障消费者合法权益。

主播应当遵守法律、法规，遵循平台规则，配合网络直播营销平台做好参与互动用户的言论规范管理。

第 27 条　主播在网络直播营销活动中不得损害商家、网络直播营销平台合法利益，不得以任何形式导流用户私下交易，或者从事其他谋取非法利益的行为。

第 28 条　主播向商家、网络直播营销平台等提供的营销数据应当真实，不得采取任何形式进行流量等数据造假，不得采取虚假购买和事后退货等方式骗取商家的佣金。

视界瞭望台

网络主播行为规范

行动指南针

抖音直播开通方法

（1）打开抖音 App，点击下方的“+”按钮，如图 6－39 所示。

（2）进入拍摄界面，在下方菜单最右侧点击“开直播”按钮，然后点击“开始视频直播”按钮，如图 6－40 所示。

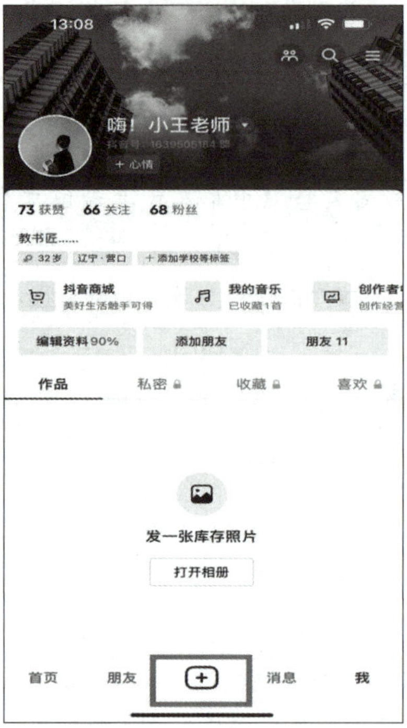

图 6-39　点击“+”按钮

图 6-40　进入拍摄界面

(3) 打开“实名认证”界面，输入真实姓名、身份证号等信息，并勾选“已阅读并同意实名认证服务协议，直播主播入驻协议”选项，如图 6-41 所示。实名认证通过后，即可开通直播。

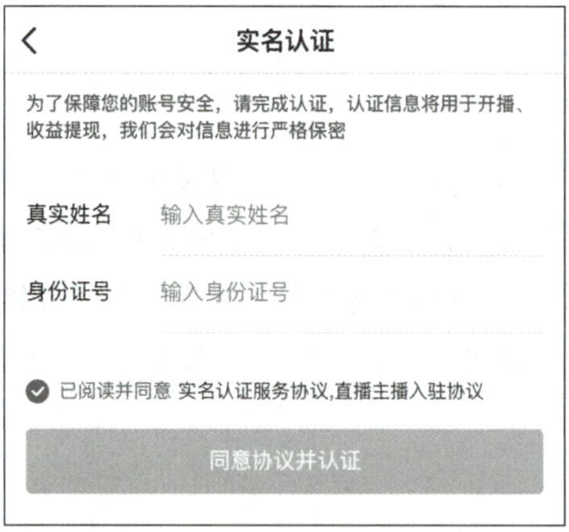

图 6-41　填写实名认证信息

(4) 抖音开通商品橱窗的方法。

1) 打开抖音 App，在下方点击“我”按钮，选择“创作者服务中心”选项，如图 6-42 所示。

2) 在打开的界面中点击“商品橱窗”按钮，如图 6-43 所示。

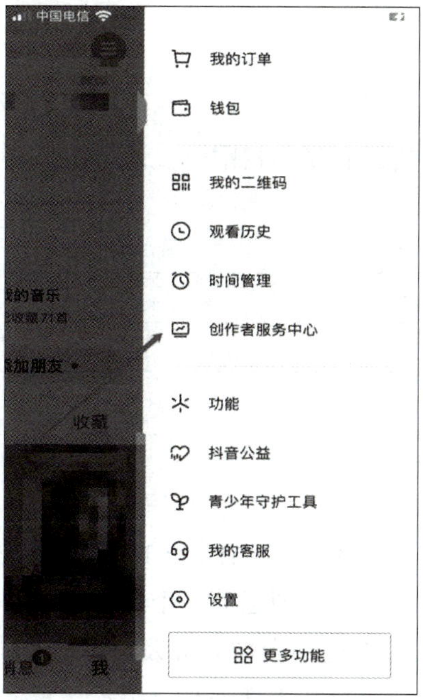

图 6-42　进入创作者服务中心

图 6-43　点击“商品橱窗”按钮

3）进入“带货权限申请”界面，查看申请要求及获得权益，然后点击“立即申请”按钮，如图 6-44 所示。

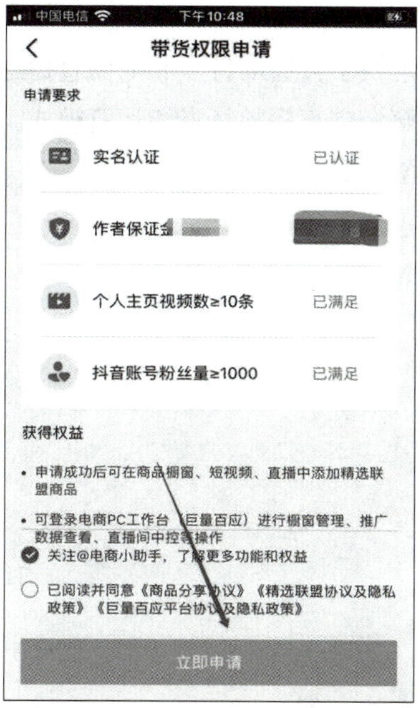

图 6-44　申请开通带货权限

实践心体会

除了商品橱窗的开通，你知道抖音达人带货还有哪些权限吗？请将结果写到下面横线上。

____

____

____

项目小结

随着电商行业的发展，新业态不断兴起，本项目兼顾目前常见的电商运营模式，包含平台电商运营、社交电商运营、直播（短视频）电商运营三个学习任务。通过本项目的学习，学生要重点掌握：淘宝、京东等电商平台的入驻及日常运营方法；社交电商的主要模式和经营策略；开通抖音直播、抖音直播选品、引流、数据分析的方法。

知识小测验

项目六

拓展课余练

1. 下载快手 App，了解快手直播的特点和电商直播运营模式。
2. 下载点淘 App，了解淘宝直播的特点和运营模式。
3. 利用抖音拍一段大学生活短视频。

项目七

电子商务安全与法规

项目简介

本项目主要包括电子商务安全技术、电子商务立法及相关法律两个学习任务，学生可借助互联网资源和教学资源包提供的资料展开自学、模拟、实操、网上调研等，充分认识电子商务交易中存在的威胁与安全隐患，对电子商务安全引起重视，了解电子商务相关法律法规，在生活中和今后的工作中遵守法规，合法经营。

项目目标

★知识目标：

1. 了解电子商务安全需求和现状；
2. 掌握电子商务面临的安全威胁；
3. 了解电子商务法律法规立法情况；
4. 掌握电子商务法律法规主要约束内容。

★能力目标：

1. 能够掌握电子商务安全防范的基本技术；
2. 能够掌握电子商务法律对从业者的基本要求。

★素养目标：

1. 认识电子商务对促进我国经济社会发展的重要性；
2. 增强对我国电子商务行业发展的自信，能够合法经营。

项目实施

通过案例分析、学生自学、课堂讨论等形式，教师作为组织者、指导者和共同学习者与学生共同完成本项目的学习，并进行总结。

引导案例

谁动了我的账户？

近日，李先生发现自己网上银行账户内的 1 万元被盗用。李先生说，因为网上银行盗取的钱没法转走，更不能提现，所以只能消费。据悉，盗窃李先生账户的诈骗者分两天盗用了共 1 万元人民币，诈骗者先在腾讯官方网站购买了 4 000 元的 Q 币，剩下的 6 000 元人民币在淘宝网站进行了消费。公安机关通过淘宝网查询了交易买家、卖家的淘宝账号，并查到了诈骗者登录的 IP 地址。公安机关传讯了买家、卖家的账户主人，证实与本案无关。后来淘宝网证实，买家、卖家的账户都是诈骗者通过盗用获得的，买家、卖家的登录地址一样。由于腾讯的 Q 币作为一种虚拟网络货币可以控制，只要公安机关查证交易属于盗窃他人账号购买，腾讯公司作为交易平台和虚拟货币的监控者，就应该归还受害者李先生损失的 4 000元。所以从这方面分析，李先生经过合法的手续即可追回一部分损失，腾讯公司也已经答应处理此事：取消偷盗者使用 QQ 的虚拟 Q 币，退还李先生 4 000 元现金。但是，通过在淘宝网上进行真实货物的交易，李先生失窃的6 000 元已经被诈骗者“套现”，而且淘宝网、买家和卖家都不愿承担责任，在公安机关未破案之前，李先生只能独吞苦果。

一位姓薛的淘宝用户说，某天下午，他要给家里汇款 7 000 元，发现账户里的 7 000 多元被盗走了，从工行打印出来的个人进出账明细表看，收款人的姓名分别是“东莞杨某”“金华市婺城区某服务部”。无独有偶，另一位受害的淘宝网用户也是被“金华市婺城区某服务部”划去了现金，该用户是 12 月中旬查询其网银余额时发现被盗的。他说：“我 1 号开通的网上银行账户，在我上网买东西之前账户并没有被盗，当我买了第一样商品后，第二天我的钱就被划走了。”通过搜索引擎查找“金华市婺城区某服务部”，发现近期的多起工商银行网上银行被盗事件都与此公司有关。经查询，这些被盗款项均被转到中国网络游戏服务网（原金华市婺城区某服务部）的账户上。而这些受害者与中国网络游戏服务网没有任何交易关系，甚至没有上过该网站。这些钱是怎么跑到中国网络游戏服务网账户上的呢？

思考：

当前电子商务交易过程中面临的风险有哪些？如何有效避免这些风险？

学习任务一　电子商务安全技术

学习任务单 7－1

学习情境	小米和同学的网店经营得还算顺利，一天小米无意中听说外系一位同学的QQ号码被盗了，这位同学很郁闷。小米想QQ号码能被偷，那网银或者支付宝账号也有被偷的危险啊！想到这儿小米就紧张起来，她到网上一搜索，吓了一跳，交易安全事件真是层出不穷啊，那么怎么才能保障自己账号和交易的安全呢？你能告诉小米吗？
环境需求	1. 互联网接入。 2. 计算机（每人一台）。 3. 学习任务考核单（可在教学资源包中下载电子版）。
任务描述	任务1： 1. 百度搜索“钓鱼网站”了解钓鱼网站的存在。 2. 搜索“网络安全大事记”，通过搜索，认识电子商务安全风险的存在。 任务2： 百度搜索电子商务安全问题案例，并进行总结： 问题1：结合以上案例总结当前电子商务交易各方所面临的威胁。 问题2：目前，无论是电子商务交易，还是电子商务网站本身，都存在大量的不安全因素。假定某公司怀疑自己的电子商务网站受到不怀好意的人的攻击，从技术人员的角度讨论该电子商务网站的服务器可能会受到哪些安全威胁，并对此给出相应的防范策略。 问题3：面对如此多的黑客、病毒和蓄意破坏者，作为网络消费者的我们应从哪些方面进行防范？ 问题4：电子商务交易安全中都有哪些技术保障？ 任务3： 1. 登录360官网（https://www.360.cn），下载360免费杀毒软件，进行安装、设置和升级，之后对本人使用的计算机进行病毒查杀，将查杀结果填入学习任务考核单。 2. 登录360官网，下载360安全卫士最新版，进行安装和设置，之后进行电脑体检、清理插件、修复漏洞、木马查杀，并将木马查杀报告填入学习任务考核单。 3. 使用360杀毒系统中的“急救箱”对本机进行深度查杀。 4. 手机商店下载360手机安全卫士App或手机管家App，安装并对自己的手机进行安全检测和病毒查杀。 5. 对个人手机进行安全设置，对手机端支付宝和微信支付进行安全设置，并给个人支付宝安装数字证书。 以上任务建议2～4学时完成。
素养提升	学习“素养提升站”内容，思考入侵他人电脑是否犯法、利用软件漏洞获利怎么处罚，树立守法意识。
课堂讨论	如何规避电子商务中的安全隐患？

续表

小调查	1. 你的 QQ 号被盗过吗？ □被盗过　□没有 2. 你在网上购物中上过当吗？ □上过当　□没有 3. 你的电脑时常中病毒吗？ □是的　□没有
任务拓展	你知道哪些杀毒软件和防火墙？登录火绒安全网站（https://www.huorong.cn）下载火绒安全软件并安装设置（要先卸载电脑原有防病毒软件再安装）。

学习任务考核单 7-1

组名：　　　　　　编号：7-1

序号	任务	分值	总结与归纳	成绩
1	了解网络安全大事记。	20 分		
2	电子商务交易所面临的威胁。	20 分		
3	网络消费者如何防范安全威胁。	20 分		
4	电子商务安全技术有哪些？	20 分		
5	病毒查杀报告。	10 分		
6	木马查杀报告。	10 分		
合　计				

理论充电站

一、电子商务的安全需求

由于电子商务是在开放的网络上进行的，支付信息、订单信息、谈判信息、机密的商务往来文件等大量的商务信息会在计算机系统中存放、传输和处理，因此，其安全问题显得尤为重要。IP 欺骗、计算机病毒等造成的商业信息窃取、篡改、破坏和伪造，以及机器出错、程序出错、误操作、传输错误造成的失误和失效，都严重地危害到了电子商务系统的安全。因此，保证商务信息的安全是进行电子商务的前提。

电子商务安全是一个复杂的系统问题，它不仅与其支持平台有关，还与电子商务的应用环境、交易模式、人员素质、电子商务安全立法等诸多因素有关。有关电子商务的安全要求主要体现在以下几个方面。

（一）保密性

电子商务依托的是一个开放的网络环境，因此商业信息的保密是电子商务应用全面推广的重要保障。所谓保密性，是指信息在传输或存储过程中不被他人窃取。交易中的商务信息具有保密的要求，如信用卡的账号信息、订单信息等，因此，电子商务信息在传播过程中一般均有加密的要求，以防止信息泄露。

（二）完整性

完整性指的是在数据存储和传输过程中，要求能保证数据的一致性，防止数据被非授权建立、修改和破坏。数据在存储、传输过程中，可能会由于数据输入时的意外差错或欺诈行为，或数据传输过程中的信息丢失、信息重复或信息传送的次序差异或信息被篡改等不确定因素导致交易各方信息的差异，从而影响交易各方的交易和经营策略。因此，保证交易各方信息的完整性是电子商务应用的基础。

（三）不可否认性

商情千变万化，当交易一方发现交易行为对自己不利时，就有可能否认交易行为，这样必然造成另一方利益受损。在传统贸易中，双方通过在合同、契约等书面文件上手写签名或加盖印章来约束交易双方，防止抵赖行为的发生。在电子交易中，一般是通过对发送信息进行数字签名，来实现交易的不可抵赖性（发送方在发送信息后不能抵赖，接收方在接收信息后也不能抵赖）。

（四）可靠性

可靠性指的是电子商务系统的可靠程度。任何一个电子商务系统在运作过程中都会遭受计算机失效、程序出错、传输出错、硬件故障、系统软件故障、计算机病毒和自然灾害等潜在威胁。如何采取一系列的控制和预防措施来防止数据信息资源受到破坏，决定了电子商务系统的可靠程度。

二、我国电子商务中的安全隐患

从安全和信任的角度来看，传统的买卖双方是面对面的，因此很容易保证交易过程的安全性和建立起信任关系。但在电子商务过程中，买卖双方通过网络来联系，由于双方的不可见性，因而建立交易双方的信任关系比较困难。电子商务交易双方面临着不同的安全隐患。

（一）卖方角度存在的安全隐患

（1）系统中心安全性易被破坏：入侵者假冒成合法用户来改变用户数据（如商品送达地址）、解除用户订单或生成虚假订单。

（2）竞争者的威胁：恶意竞争者以他人的名义来订购商品，从而了解有关商品的递送状况和货物的库存情况。

（3）商业机密被泄露：客户资料被竞争者获悉。

（4）假冒的威胁：不诚实的人建立与销售者服务器名字相同的另一个服务器来假冒销售者；虚假订单；获取他人的机密数据，如某人想要了解另一人在销售商处的信誉时，他以另一人的名义向销售商订购昂贵的商品，然后观察销售商的行动，假如销售商认可该订单，则说明被观察者的信誉高，否则说明被观察者的信誉不高。

（5）信用威胁：买方提交订单后不付款。

（二）买方角度存在的安全隐患

（1）虚假订单：一个冒名者可能会以客户的名字来订购商品，而且客户有可能真的收到商品，客户被要求付款或返还商品。

（2）付款后收不到商品：在要求客户付款后，销售商中的内部人员不将订单和钱款转发给执行部门，导致客户收不到商品。

（3）货不对板：客户付款后，收到的货与所订的货在颜色、货号、质量等方面存在差异。

（4）机密性丧失：客户有可能将秘密的个人数据或自己的身份数据（如 PIN、口令等）发送给冒充销售商的机构，这些信息也可能会在传递过程中被窃听。

（5）拒绝服务：攻击者可能向销售商的服务器发送大量的虚假订单来挤占它的资源，从而使合法用户无法得到正常的服务。

（三）黑客攻击电子商务系统的手段

买卖双方从事网上交易时所面临的安全隐患，常常成为黑客攻击的目标。从买卖双方的情况分析，黑客们攻击电子商务系统的手段可以大致归纳为以下四种：

（1）中断（攻击系统的可用性）：破坏系统中的硬件、硬盘、线路、文件系统等，使系统不能正常工作。

（2）窃听（攻击系统的机密性）：通过搭线与电磁泄漏等手段造成泄密，或对业务流量进行分析，获取有用情报。

（3）篡改（攻击系统的完整性）：篡改系统中数据的内容；修改消息次序、时间（延时和重放）。

（4）伪造（攻击系统的真实性）：将伪造的假消息注入系统；假冒合法人介入系统，重放截获的合法消息实现非法目的；否认消息的接收和发送等。

三、电子商务安全技术保障

（一）防病毒、黑客、木马技术

1. 计算机病毒防范

《中华人民共和国计算机信息系统安全保护条例》明确规定，计算机病毒是指编制或者在计算机程序中插入的破坏计算机功能或者破坏数据，影响计算机使用，并能自我复制的一组计算机指令或者程序代码。计算机病毒本身具有隐蔽性、传染性、触发性、破坏性和不可预见性的特点。

（1）计算机病毒的种类。

1）引导型病毒；2）文件型病毒；3）复合型病毒；4）宏病毒；5）蠕虫病毒。

（2）计算机病毒的防范。

计算机病毒主要是通过读写文件和网络传播的，但这些操作又是不可缺少的，因此必须根据其传播途径采取适当措施加以防范。

1）避免多人共用一台计算机。在多人共用的计算机上，由于使用者较多，各自的病毒防范意识不一样，软件使用频繁且来源复杂，会大大增加病毒传染的机会。

2）杜绝使用来源不明的软件或盗版软件。不要在自己的计算机上使用他人的U盘、移动硬盘，也不要把自己的U盘、移动硬盘随便借给他人使用，更不能使用盗版的软件（文件、程序、游戏），因为它们极可能携带病毒。

3）下载文件要到知名大网站。近年来，计算机病毒通过网络传播已成为主流，网络也使病毒的传播达到了前所未有的疯狂程度，因此网上下载要谨慎，一定要到安全可靠的知名网站、大型网站，不要选择一些小型网站。使用网上下载的东西之前最好先做病毒扫描，确保安全无毒。

4）管好、用好电子邮件（E-mail）系统和即时通信软件。

5）安装品质优良的正版杀毒软件，开启病毒防火墙。

2. 黑客与木马防范

（1）黑客、木马的含义。

黑客是英文Hacker的音译，“Hacker”有“恶作剧”的意思，尤指那些手法巧妙、技术高明的恶作剧，可见，至少是在早期，“黑客”这个称谓并无贬义。

骇客是英文Cracker的音译，就是“破坏者”的意思。这些人做的事情更多的是破解商业软件、恶意入侵别人的网站并造成损失。

小提示

骇客具有与黑客同样的本领，只不过在行事上有些差别而已，这也是人们常常很难分清黑客与骇客的原因之一。其实，黑客与骇客之间并无绝对的界限，都是非法入侵者，既然是非法入侵，再去区分什么善意和恶意也没有什么意义。这里要提醒大家的是，无论是善意还是恶意的入侵，都有可能给被入侵者造成一定的损失。

“木马”全称是“特洛伊木马”（Trojan Horse）。木马的名称来源于古希腊特洛伊木马的故事，希腊人围攻特洛伊城，很多年不能得手后想出了木马藏兵的计策。他们把士兵藏匿于巨大的木马中，在敌人将其作为战利品拖入城内后，木马内的士兵爬出来，与城外的部队里应外合攻下了特洛伊城。

计算机木马的设计者采用了同样的思路，把木马程序插入正常的软件、邮件等宿主中。在受害者执行这些软件的时候，木马就可以悄悄地进入系统，向黑客开放进入计算机的途径。

（2）黑客、木马的防范与查杀。

目前黑客获取非法信息主要通过木马程序来实现，因此对于木马的防范不能疏忽。我们在检测清除木马的同时，还要注意对木马的预防。要做到防患于未然，可以从以下几个方面着手：

1）不随意打开来历不明的邮件；

2）不随意下载来历不明的软件；

3）及时修补漏洞和关闭可疑的端口；

4）尽量少用共享文件夹；

5）安装反黑客防火墙和木马及恶意软件防控程序，实时监控；

6）经常升级系统和更新病毒库，定期对电脑进行全面查杀。

（二）防火墙技术

在古代，人们总是在房子之间垒一道砖墙，当火灾发生时可以防止火势蔓延，从而达到防火的目的，这道墙就被称为防火墙。这一概念应用到网络安全中，指的是如果一个内部网络与互联网相连，用户就可以与外部网络通信，同样，外部网络也可以访问内部网络并与之交互，为了安全考虑，一般在内部网络与互联网之间放一个中介系统，竖起一道安全屏障，用以阻止外部的非法访问和侵入，使所有的外流和内流信息都通过这道屏障的审核，这种中介系统就叫作“防火墙”，如图 7－1 所示。

图 7－1　防火墙示意图

1. 防火墙的工作原理

防火墙是在内部网和互联网之间构筑的一道屏障，是在内外有别处及需要区分处设置有条件的隔离设备，用以保护内部网中的信息、资源等不受来自互联网中非法用户的侵犯。简单来说，防火墙是一类硬件及软件。

防火墙按照事先规定好的配置和规则，检测并过滤所有通向外部网和从外部网传来的信息，只允许授权的数据（防火墙系统中安全策略允许的数据）通过。防火墙还应该能够记录有关的链接来源、服务器提供的通信量以及试图闯入者的任何企图，以方便管理员检测和跟踪，并且防火墙本身也必须能够免于各种攻击的影响。简单地说，防火墙成为一个进入内部网的信息都必须经过的限制点，它只允许授权信息通过，而其本身不能被渗透。如果把局域网比作一个要塞，那防火墙就是保护要塞的城墙。

2. 防火墙类型的选择

常见的防火墙体系结构主要有四种类型：包过滤防火墙、双宿网关防火墙、屏蔽主机防火墙、屏蔽子网防火墙。在实际应用中，用户可根据对防火墙的规则要求、安全策略以及预算等问题，确定合适的防火墙体系机构。

（三）加密技术

加密技术是实现电子商务安全的一种重要手段，目的是防止合法接收者之外的人获取机密信息。

1. 加密的两个元素：加密算法和密钥

加密算法是用数学计算方法与一串数字（密钥）对普通的文本（信息）进行编码，产生不可理解的密文的一系列步骤。密钥是用来对文本进行编码和解码的数字。将这些文字（称为明文）转成密文的程序称为加密程序。发送方在将消息发送到公共网络或互联网之前进行加密，接收方收到消息后对其进行解码，所用的程序称为解密程序，这是加密的逆过程。加密算法和密钥对保护信息安全至关重要，在各国都有专门的机构控制加密算法的发布。

2. 加密的类型：对称加密和非对称加密

（1）对称加密又称私有密钥加密，它用且只用一个密钥对信息进行加密和解密。由于加密和解密用的是同一密钥，因此发送者和接收者都必须知道密钥。

（2）非对称加密也称公开密钥加密，它用两个数学相关的密钥对信息进行编码，即公钥和私钥。公钥与私钥是通过一种算法得到的一个密钥对。公钥是密钥对中公开的部分，私钥是非公开的部分。用公钥加密数据就必须用私钥解密，用私钥加密数据就必须用公钥解密。

（四）认证技术

采用认证技术可以直接满足身份认证、信息完整性、不可否认和不可修改等多项网上交易的安全需求，较好地避免网上交易面临的假冒、篡改、抵赖、伪造等威胁。目前广泛使用的认证技术有：数字摘要、数字签名、数字时间戳、数字证书。

1. 数字摘要

数字摘要是用哈希（Hash）算法加密而得到的一种特殊形式的密文。数字摘要技术的应用可以保证交易文件的完整性。发送方采用单向 Hash 函数对文件进行变换运算得到消息摘要，并把消息摘要和文件一同发送给接收方，接收方收到文件后，用相同的 Hash 函数对文件进行变换计算，用得出的消息摘要与发送来的消息摘要进行比较来判断文件是否被篡改。

2. 数字签名

在传统商务合同或支付单据中，一般需要人为签字或盖章，其作用有两种：一是证明合同或支付单据是由签名者发送并认可的，负有法律责任，不能抵赖；二是保证合同或单据是真实的，不是伪造的，不经签名或者许可不得更改。在电子商务中，为了保证电子合同、电子单据等的真实性和不可否认性，可以使用数字签名。

数字签名是指在要发送的信息报文上附加一个特殊的唯一代表发送者个人身份的标记（数字标签），从而证明信息报文是由发送者发送的。数字签名是密钥加密和数字摘要相结合的技术，把 Hash 函数和公钥算法结合使用，在保证数据完整性的同时，也能保证数据的真实性和不可否认性。

3. 数字时间戳

在书面合同中，文件签署的日期和签名一样是十分重要的，是防止文件被伪造和篡改的关键性内容，在电子商务交易过程中同样如此。在电子商务交易中应对交易文件的日期和时间信息采取安全措施，需要在经过数字签名的交易上打上一个可信赖的时间戳，而数字时间戳服务有效地为文件发布时间提供了佐证，从而有利于解决一系列的实际和法律问题。与寄信用的邮戳一样，数字时间戳服务是用来证明消息的收发时间的。数字时间戳产生的过程为：用户首先将需要加时间戳的文件用哈希算法运算形成消息摘要，然后将该消息摘要发送给第三方机构；第三方机构在加入收到消息摘要的日期和事件信息后对该文件进行加密（数字签名），然后送达用户。

4. 数字证书

数字证书是标志网络用户唯一身份信息的一系列数据，用来在网络通信中识别通信各方的身份，即在互联网上解决“我是谁”的问题，就如同现实中证明个人身份的身份证。数字证书作为现实实体在虚拟网络中的唯一身份标识，必须由权威公正的第三方认证机构即数字证书认证中心颁发，认证中心要负责在发行证书前证实个人身份和密钥所有权。

数字证书可用于发送安全电子邮件、访问安全站点、网上证券、网上签约、网上办公、网上缴费、网上税务等网上安全电子事务处理和安全电子交易活动。数字证书主要有以下四种类型：

（1）用户证书：这种证书证实用户身份和密钥所有权；

（2）服务器证书（站点证书）：这种证书证实服务器的身份和公钥；

（3）安全邮件证书：这种证书证实电子邮件用户的身份和公钥；

（4）认证中心机构证书：这种证书证实认证中心身份和认证中心的签名密钥。

素养提升站

入侵他人电脑犯法吗？利用软件漏洞获利怎么处罚？

有以下行为之一，属于违法行为，情节严重的，会构成犯罪：

(1) 侵入国家事务、国防建设、尖端科学技术领域的计算机信息系统；

(2) 对计算机信息系统功能进行删除、修改、增加、干扰，造成计算机信息系统不能正常运行；

(3) 对计算机信息系统中存储、处理或者传输的数据和应用程序进行删除、修改、增加的操作，后果严重的；

(4) 利用计算机实施金融诈骗、盗窃、贪污、挪用公款、窃取国家秘密或者其他犯罪。

利用软件漏洞获利属于盗窃罪，非法所得 1 万元处 3 年以下有期徒刑、拘役或者管制，并处或者单处罚金。非法所得 10 万元处 3 年以上 10 年以下有期徒刑，并处罚金。

视界瞭望台

大学生利用漏洞获利 20 余万元，被判两年半

素养提升小锦囊

“偷个鸡蛋吃不饱，一个臭名背到老”，有些人利用自己的技术随意入侵他人电脑窃取他人信息，这其实与偷盗没有区别。法网恢恢，疏而不漏，等待他们的必是法律的严惩！

学习任务二 电子商务立法及相关法律

学习任务单 7-2

学习情境	小米在学习中发现，我国电子商务在高速发展的过程中也暴露出网络欺诈、电商价格战、虚假促销、售后服务不当、个人信息被泄露，以及合同问题、知识产权问题、信息安全问题、纳税问题等多种问题，那么，如果将来自己遇到这些问题该怎么办呢？应该如何拿出法律武器保护自己呢？我国目前的电子商务法律法规有哪些呢？
环境需求	1. 互联网接入。 2. 计算机（每人一台）。 3. 学习任务考核单（可在教学资源包中下载电子版）。
任务描述	任务 1： 1. 百度搜索“中华人民共和国电子商务法”关键词进入百度百科词条，了解《中华人民共和国电子商务法》（以下简称《电子商务法》）的立法背景、法律定义、发展状况、保护权益等具体内容。 2. 仔细阅读《电子商务法》全文（可以直接网上阅读，也可在教学资源包中下载文档阅读）。 任务 2： 1. 百度搜索“网络交易监督管理办法”关键词进入百度百科词条，了解该办法制定经过，阅读办法全文。 2. 深入学习办法内容解读。 以上任务建议 2 学时完成。
素养提升	学习“素养提升站”内容，体会保护客户隐私、诚信经营的重要性，向泄露个人隐私、“大数据杀熟”说“不”。
课堂讨论	1. 电子商务法与网络交易监督管理办法的关系。 2. 消费者权益保护法与电子商务法的关系。
小调查	你如果在网购中遇到纠纷，会如何解决？ □报警　□找客服人员　□其他　□无所谓
任务拓展	利用业余时间，学习《中华人民共和国民法典》中关于合同的规定和《中华人民共和国消费者权益保护法》。

学习任务考核单 7-2

组名：　　　　　　　　　　　　　　　　编号：7-2

序号	任务	分值	总结与归纳	成绩
1	《电子商务法》主要内容。	30 分		
2	《网络交易监督管理办法》主要内容。	30 分		
3	其他电子商务相关法律法规。	40 分		
合　计				

理论充电站

一、电子商务法的定义

电子商务法指调整平等主体之间通过电子行为设立、变更和消灭财产关系和人身关系的法律规范的总称，是政府调整企业和个人以数据电文为交易手段、通过信息网络产生、因交易形式所引起的各种商事交易关系，以及与这些商事交易关系密切相关的社会关系、政府管理关系的法律规范的总称。

二、《电子商务法》立法背景

2012 年，中国电子商务迅猛发展，交易额同比增长超 30%，按此发展趋势，中国将成为全球规模最大的电子商务市场，电子商务产业将成为最具发展潜力、最有国际竞争力的产业。与电子商务迅猛发展的实践相比，当时尚未对电子商务进行专门立法，实践中规范、指导电子商务发展主要依靠部门规章。当时的电子商务法律法规亟待梳理、补充、修改和完善。促进电子商务持续健康发展迫切需要加强立法。

2013 年 12 月 7 日，全国人大常委会在人民大会堂召开了《电子商务法》第一次起草组的会议，正式启动了《电子商务法》的立法进程。

历经 5 年，2018 年 8 月 31 日，十三届全国人大常委会第五次会议表决通过《电子商务法》，自 2019 年 1 月 1 日起施行。

深度加油站

《中华人民共和国电子商务法》全文

三、《电子商务法》的作用与影响

《电子商务法》分总则、电子商务经营者、电子商务合同的订立与履行、电子商务争议解决、电子商务促进、法律责任和附则七章。《电子商务法》的颁布和实施是我国电子商务发展史上的一个里程碑。

（一）电子商务服务将更加规范

《电子商务法》首次明确了电子商务法律法规不仅监管通过互联网等信息网络销售商品的行为，还监管通过互联网等信息网络提供服务的行为，因此网约车、外卖、旅游、家政等各种通过网络平台提供的服务也都属于《电子商务法》所管辖的范围。这些服务不仅要接受相应行业主管部门制定的管理规章的约束，还要接受《电子商务法》的监管，在双重监管下会变得更加规范。

小提示

微商、直播销售纳入规范

近年来，电子商务新形态不断产生，通过微信、网络直播等形式销售商品、提供服务的情况日益增多，同时也产生了很多消费维权新问题。《电子商务法》通过“其他网络服务”将这些新形态和涉及主体纳入其中，明确了利用微信朋友圈、网络直播等方式从事商品、服务经营活动的主体属于电子商务经营者，有利于加强对相关领域的监管，也有利于更好地解决消费纠纷。

（二）电子商务经营将更加公开透明

《电子商务法》要求电子商务经营者应当依法办理市场主体登记和履行纳税义务，使得监管部门对电子商务经营者信息有了更加全面的了解和掌握，能够有效地支撑国家在电子商务方面政策的制定。同时，《电子商务法》要求电子商务经营者应当在其首页显著位置持续公示营业执照信息以及与其经营业务有关的行政许可信息，当信息发生变更时要求经营者及时更新公示信息，该措施使得消费者对经营者的信息有了更加全面的了解，经营者的合法性得到进一步认可。

（三）不诚信经营行为将得到有效遏制

《电子商务法》从多个方面对电子商务经营者诚信经营提出了相应要求。一是《电子商务法》要求电子商务经营者不得以虚构交易、编造用户评价等方式进行虚假或者引人误解的商业宣传，欺骗、误导消费者，这使得刷单、诱导好评等不诚信经营行为受到法律的严格管制。二是《电子商务法》要求电子商务平台经营者不得删除消费者对其平台内销售的商品或者提供的服务的评价，从法律层面保障了消费者的评价权，堵住了不诚信企业企图通过平台删除用户真实评价的监管漏洞。

（四）电商平台对数据的利用将更加规范

《电子商务法》要求电子商务经营者根据消费者的兴趣爱好、消费习惯等特征提供商品或者服务的搜索结果的，应当同时向该消费者提供不针对其个人特征的选项，这规范了平台利用个人数据做精准广告营销的行为，保障了消费者对商品自由选择的权利。同时，《电子商务法》要求电子商务经营者不得对用户信息查询、更正、删除以及用户注销设置不合理条件，这规范了平台对个人数据的控制行为，保障了个人对信息的查询、删除和销毁等权益。

（五）垄断竞争将逐步得到遏制

《电子商务法》要求电子商务经营者因其技术优势、用户数量、对相关行业的控制能力以及其他经营者对该电子商务经营者在交易上的依赖程度等因素而具有市场支配地位的，不得滥用市场支配地位，排除、限制竞争。

四、《电子商务法》的特点

（一）技术性

电子商务通过互联网进行商务活动，商务活动涉及的签字、确认等环节均通过电子签名、加密等技术来实现，《电子商务法》对相关技术的规定是传统的民商法所没有的。

（二）安全性

《电子商务法》对电子商务的安全性问题进行了规定，可有效预防和打击计算机网络犯罪，从而保证电子商务交易活动的安全。

（三）开放性

《电子商务法》是关于数据电文的法律制度，而数据电文在形式上是多样化的，并且在不断的发展和变化中，以开放的态度对待任何技术手段与信息媒介，设立开放的规范，有利于电子商务的发展。

（四）复合性

电子商务交易关系的复合性来源于其技术手段上的复杂性和多样性，通常表现为当事人必须在第三方的协助下完成交易活动。

五、《电子商务法》所呈现的权益保护的特色

《电子商务法》填补了网购监管的空白，实现了市场经营行为全环节、全链条的监督与管理，使电子商务行业更加规范，电子商务市场的产品质量得到提升，惩治手段更加有效。《电子商务法》保障了消费者在网上购物时的基本权益，除此之外，其对以下几个方面的权益保护也有显著提高。

（一）捆绑销售必须有显著提示

针对捆绑销售，《电子商务法》规定：电子商务经营者搭售商品或者服务，应当以显著方式提请消费者注意。不得将搭售商品或者服务作为默认同意的选项。

（二）保证押金顺利退还

针对押金退还难的问题，《电子商务法》规定：电子商务经营者按照约定向消费者收取押金的，应当明示押金退还的方式、程序。不得对押金退还设置不合理条件。消费者申请退还押金，符合押金退还条件的，电子商务经营者应当及时退还。

（三）向“大数据杀熟”说“不”

《电子商务法》规定：电子商务经营者根据消费者的兴趣爱好、消费习惯等特征向其提供商品或者服务的搜索结果的，应当同时向该消费者提供不针对其个人特征的选项，尊重和平等保护消费者合法权益。

（四）个人信息保护加强

《电子商务法》规定：电子商务经营者收集、使用其用户的个人信息，应当遵守法律、行政法规有关个人信息保护的规定。

六、电子商务活动其他相关法律法规

自电子商务开始发展以来，除《电子商务法》以外，我国在电子商务方面颁布

的其他法律法规还有很多（如表 7-1 所示），这些法律法规都是电子商务经营活动中需要遵守的，是解决纠纷的法律依据。

表 7-1　电子商务其他相关法律法规

电子商务领域	相关法律法规
网站域名方面	《中国互联网络域名注册暂行管理办法》《中国互联网络域名注册申请程序》《互联网 IP 地址备案管理办法》等
交易方面	《民法典》《网络交易监督管理办法》《消费者权益保护法》《网络购买商品七日无理由退货暂行办法》《产品质量法》《电子签名法》等
支付方面	《非金融机构支付服务管理办法》《非金融机构支付服务管理办法实施细则》等
信息方面	《计算机信息系统安全保护条例》《非经营性互联网信息服务备案管理办法》《互联网信息服务管理办法》等
网络方面	《计算机信息网络国际联网安全保护管理办法》等

以下重点解读《网络购买商品七日无理由退货暂行办法》和《网络交易监督管理办法》。

（一）《网络购买商品七日无理由退货暂行办法》

2017 年 1 月，为保障《消费者权益保护法》七日无理由退货规定的实施，保护消费者合法权益，促进电子商务健康发展，国家工商行政管理总局根据《消费者权益保护法》等相关法律、行政法规，制定了《网络购买商品七日无理由退货暂行办法》。2020 年 10 月 23 日国家市场监督管理总局令第 31 号又对其进行了修订。

消费者为生活消费需要通过网络购买商品，自收到商品之日起七日内依照《消费者权益保护法》第 25 条规定退货的，适用该办法。网络商品销售者应当依法履行七日无理由退货义务。

小提示

不适用退货的商品范围和商品完好标准

下列商品不适用七日无理由退货规定：

（1）消费者定作的商品；

（2）鲜活易腐的商品；

（3）在线下载或者消费者拆封的音像制品、计算机软件等数字化商品；

（4）交付的报纸、期刊。

下列性质的商品经消费者在购买时确认，可以不适用七日无理由退货规定：

（1）拆封后易影响人身安全或者生命健康的商品，或者拆封后易导致商品品质发生改变的商品；

（2）一经激活或者试用后价值贬损较大的商品；

（3）销售时已明示的临近保质期的商品、有瑕疵的商品。

消费者退回的商品应当完好。商品能够保持原有品质、功能，商品本身、配件、商标标识齐全的，视为商品完好。消费者基于查验需要而打开商品包装，或者为确认商品的品质、功能而进行合理的调试不影响商品的完好。

（二）《网络交易监督管理办法》

2021 年 3 月 15 日，国家市场监督管理总局出台《网络交易监督管理办法》（以下简称《办法》），自 2021 年 5 月 1 日起施行，《网络交易管理办法》同时废止。

《办法》是贯彻落实《电子商务法》的重要部门规章，共 5 章、56 条。

针对网络经营主体登记问题，《办法》对《电子商务法》规定的“便民劳务”和“零星小额”两类免于登记情形进行了具体界定，即个人通过网络从事保洁、洗涤、缝纫、理发、搬家、配制钥匙、管道疏通、家电家具修理修配等依法无须取得许可的便民劳务活动，或者年交易额累计不超过 10 万元的，依法无须进行登记。

针对网络交易新业态监管问题，《办法》对当前“社交电商”“直播带货”等网络交易活动中的经营者定位做出了明确规定。网络社交、网络直播等网络服务提供者为经营者同时提供网络经营场所、商品浏览、订单生成、在线支付等网络交易平台服务的，应当依法履行网络交易平台经营者的义务。通过上述网络交易平台服务开展网络交易活动的经营者，应当依法履行平台内经营者的义务。

针对压实平台责任问题，《办法》规定了平台应当每半年向住所地省级市场监管部门报送平台内经营者身份信息；平台要对平台内的经营活动建立检查监控制度，并对违法行为及时处置和报告；平台不得干涉平台内经营者的自主经营，不得通过各种手段禁止或者限制平台内经营者自主选择多平台经营、自主选择快递物流等交易辅助服务提供者等。

针对消费者权益保护问题，《办法》要求，经营者不得将搭售商品等选项设定为消费者默认同意，不得将消费者以往交易中选择的选项设定为消费者默认选择；要求自动展期、自动续费服务的经营者应当在消费者接受服务前以及展期、续费前五日，以显著方式提请消费者注意，由消费者自主选择等。

针对个人信息保护问题，《办法》规定了网络交易经营者应当明示收集、使用消费者个人信息的目的、方式和范围，并经消费者同意；不得强迫或者变相强迫消费者同意收集、使用与经营活动无直接关系的信息；在收集、使用个人敏感信息前，必须逐项取得消费者同意；未经被收集者授权同意，不得向包括关联方在内的任何第三方提供。

深度解码

《网络交易监督管理办法》全文

《办法》还针对虚构交易、误导性展示评价、虚构流量数据等新型不正当竞争行为进行了明确规制，禁止各类网络消费侵权行为。

素养提升站

保护客户隐私、诚信经营！向泄露个人隐私、"大数据杀熟"说"不"

视界瞭望台

大数据杀熟，最高罚款5 000万元

一位姓廖的消费者称，自己经常通过某旅行服务网站预订某酒店的房间，长年价格在380～400元。偶然一次，她通过前台了解到，酒店房间淡季的价格在300元上下，用朋友的账号在该旅行服务网站查询后发现，果然是300元，但用自己的账号查询还是380元。为什么会是这样呢？原来目前电子商务经营者积累了大量用户的个人信息、交易记录等，并利用大数据对消费者进行个人画像，有目的地提供搜索结果，进行精准营销，一些不诚信企业平台就会利用大数据"杀熟"。其实"大数据杀熟"是明令禁止的。廖女士可以拿起法律武器保护自己的权益。《电子商务法》规定：电子商务经营者根据消费者的兴趣爱好、消费习惯等特征向其提供商品或者服务的搜索结果的，应当同时向该消费者提供不针对其个人特征的选项，尊重和平等保护消费者合法权益。

同学们！让我们学好法律，用好法律，依法诚信经营，依法保护好自己的权益。

> **素养提升小锦囊**
>
> "人背信则名不达"，电子商务经营者不仅要诚信经营，更要合法经营。随着新技术的发展，商业模式也不断创新，为了避免掉入违法陷阱，同学们一定要多学点法律知识。

项目小结

安全和法律问题一直是制约电子商务快速发展的重要因素。本项目主要介绍了电子商务交易中的安全威胁及针对威胁所采用的电子商务安全技术，同时介绍了国家针对电子商务出台的一些法律法规，着重阐述了《电子商务法》及相关法律法规。结合案例与电子商务交易中实际存在的安全与法律问题，应重点学习以下内容：对电子商务安全的认识、电子商务安全要求以及当前的一些电子商务安全技术；《电子商务法》的立法背景、作用与影响，《电子商务法》权益保护的特色和《网络交易监督管理办法》部分内容解读。

知识小测验

项目七

拓展课余练

利用杀毒软件、反木马和流氓软件对你的个人电脑进行全面查杀，就结果写一篇查杀记录或日志并提交。